Alemán

para el viajero

geoPlaneta

geoPlaneta
Av. Diagonal 662-664. 08034 Barcelona
viajeros@lonelyplanet.es
www.geoplaneta.com - www.lonelyplanet.es

Lonely Planet Global Limited
Lonely Planet Global Limited, Digital Depot, The Digital Hub,
Dublín D08 TCV4, Irlanda
(Oficinas también en Reino Unido, Estados Unidos y Australia)
Contacta con Lonely Planet en: lonelyplanet.com/contact

Alemán para el viajero
5ª edición en español – junio del 2018
Traducción de *German Phrasebook & Dictionary,* 7ª edición – septiembre del 2018
© Lonely Planet Global Limited
1ª edición en español - noviembre del 2006

Editorial Planeta, S.A.
Con la autorización para la edición en español de Lonely Planet Global Limited
A.B.N. 36 005 607 983, Lonely Planet Global Limited, Digital Depot, The Digital
Hub, Dublín D08 TCV4, Irlanda

Fotografía de cubierta
Maurizio Rellini/4Corners

ISBN: 978-84-08-18013-5
Depósito legal: B. 22.586-2017
© Textos: Lonely Planet, 2018
© Edición en español: Editorial Planeta, S.A., 2018
Asesoramiento lingüístico, traducción y transliteración: Pol Capdevila

Agradecimientos
Cames Hardy, Sandie Kestell, Campbell McKenzie, Angela Tinson, Juan Winata

Impresión y encuadernación: Gráficas Estella
Printed in Spain – Impreso en España

Reservados todos los derechos. No se permite la reproducción total o parcial de este libro, ni su incorporación a un sistema informático, ni su transmisión en cualquier forma o por cualquier medio, sea este electrónico, mecánico, por fotocopia, por grabación u otros métodos, sin el permiso previo y por escrito del editor. La infracción de los derechos mencionados puede ser constitutiva de delito contra la propiedad intelectual (Art. 270 y siguientes del Código Penal).

Diríjase a CEDRO (Centro Español de Derechos Reprográficos) si necesita fotocopiar o escanear algún fragmento de esta obra. Puede contactar con CEDRO a través de la web www.conlicencia.com o por teléfono en el 91 702 19 70 / 93 272 04 47.

Lonely Planet y el logotipo de Lonely Planet son marcas registradas de Lonely Planet en la Oficina de Patentes y Marcas de EE UU y otros países. Lonely Planet no autoriza el uso de ninguna de sus marcas registradas a establecimientos comerciales tales como puntos de venta, hoteles o restaurantes. Por favor, informen de cualquier uso fraudulento a www.lonelyplanet.com/ip.

El papel utilizado para la impresión de este libro es cien por cien libre de cloro y está calificado como papel ecológico.

Atención a los siguientes iconos:

Frase corta
Atajos para decir lo mismo con menos palabras

Preguntas y respuestas
Se plantean preguntas y, a continuación, las posibles respuestas

Se buscará
Frases habituales en señales, menús, etc.

Se oirá
Frases con las que se pueden dirigir al viajero

Sobre el idioma
Una mirada a los entresijos de la lengua

Sobre la cultura
Una mirada a la cultura local

Cómo leer las frases:
- Las palabras y frases en color son transcripciones fonéticas para que la pronunciación sea lo más precisa posible.
- Las listas de expresiones de los recuadros en color ofrecen opciones para completar la frase inmediatamente anterior.

Abreviaturas para escoger las palabras o frases correctas en cada caso:

f	femenino	**lit**	literal	**sg**	singular
for	formal	**m**	masculino		
inf	informal	**pl**	plural		

SOBRE ESTE LIBRO
Sumario

PÁGINA 6 — **Sobre el alemán**
Nociones para familiarizarse con la gramática y la pronunciación del italiano.

Introducción	6
Frases imprescindibles	8
Pronunciación	10
Gramática	14

PÁGINA 27 — **Frases para el viaje**
Una frase para cada situación: comprar billetes, reservar hoteles y mucho más.

Lo básico — 27

Hacerse entender	28
Números y cantidades	30
Horas y fechas	32

En práctica — 37

Transporte	38
Cruce de fronteras	51
Direcciones	53
Alojamiento	56
De compras	69
Comunicaciones	79
Dinero y bancos	86
Negocios	90

Turismo	92
Mayores y discapacitados	97
Viajar con niños	99

💬 Relacionarse — 101

Conocer gente	102
Intereses	114
Sentimientos y opiniones	119
Ocio	124
El arte de seducir	129
Creencias y cultura	134
Deporte	136
Al aire libre	142

➕ Viajar seguro — 147

Urgencias	148
Policía	150
Salud	152

🍽 Comida — 161

Comer fuera	162
Comprar y cocinar	179
Comida vegetariana y de dieta	184

PÁGINA 187

📕 Glosario gastronómico
Guía de platos e ingredientes, para pedir comida con conocimiento de causa.

PÁGINA 197

📖 Diccionario bilingüe
Práctico vocabulario de referencia con más de 3500 palabras.

Diccionario español–alemán	197
Diccionario alemán–español	233

Índice	267

INTRODUCCIÓN

Alemán
Deutsch doich

¿Quién habla alemán?

LENGUA OFICIAL
ALEMANIA
AUSTRIA
LIECHTENSTEIN
BÉLGICA
SUIZA
LUXEMBURGO

No agobiarse

No hay que asustarse ante el hecho de que el alemán tienda a unir palabras para expresar una idea; no es tan difícil descubrir las partes de un compuesto y se puede intentar reconocer los componentes de palabras como *Fussballweltmeisterschaftsqualifikationsspiel* ("partido calificatorio para la Copa Mundial de Fútbol").

Sonidos distintivos

La ü (una i pronunciada con los labios redondeados como si se fuera a pronunciar una u) y la r (parecida a la r francesa).

100 MILLONES tienen el alemán como primera lengua

80 MILLONES tienen el alemán como segunda lengua

El alemán en el mundo

No se suele calificar de romántica, pero hay que reconocer que el alemán ha desempeñado un papel fundamental en la ciencia y que es la lengua de algunas de las obras más famosas de todos los tiempos, solo hay que pensar en Goethe, Nietzsche, Freud y Einstein.

El alemán en Alemania

Todos los años la Gesellschaft für deutsche Sprache (Sociedad de la Lengua Alemana) hace pública la *Unwort des Jahres* (la palabra fea del año) y diversas finalistas, palabras poco afortunadas que han dominado los medios de comunicación durante el año. En el 2010 la *Unwort* del año fue *alternativelos* (que significa 'sin alternativas').

Falsos amigos

Algunas palabras alemanas se parecen a palabras españolas pero tienen un significado diferente, por ejemplo *komisch koh·mish*, que significa extraño y no cómico, que es *lustig lus·tish*.

La familia lingüística

Germánico occidental. Entre las lenguas emparentadas están el inglés, el holandés, el afrikaans, el frisón y el yidish.

Hay que saber que...

las palabras alemanas pueden acabar de manera diferente dependiendo de su papel en la frase. También es posible dirigirse a las personas de modo formal o informal (*Sie* sih equivale a usted y *du* duh a tú).

Préstamos al español

Algunos ejemplos son *kindergarten, kitsch,* vals, aspirina, hámster

8

5 frases que hay que saber

1 > **¿Aceptan tarjetas de crédito?**
Nehmen Sie Kreditkarten?
neh·men sih kreh·*dit*·kar·ten

El dinero en efectivo es habitual en Alemania, así que no hay que pensar que se va poder pagar con tarjeta en cualquier lugar.

---

2 > **¿Qué cerveza recomendaría?**
Welches Bier empfehlen Sie?
vel·shes *bih*·a emp·*feh*·len sih

¿A quién mejor que a los alemanes para pedir consejo sobre la cerveza?

---

3 > **¿Es posible tomar esto sin carne?**
Kann ich das ohne Fleisch bekommen?
kan ish dass *oh*·ne *flaish* be·*ko*·men

En la tierra del *Wurst* y el *Schnitzel* puede resultar difícil conseguir platos vegetarianos, principalmente en pueblos pequeños.

---

4 > **Una mesa para no fumadores, por favor.**
Einen (Nicht)rauchertisch, bitte.
ai·nen (*nishts* ·) rau·ja·tish *bi*·te

Alemania y Austria tienen zonas para fumadores, de modo que se puede elegir en donde sentarse en los cafés y restaurantes.

---

5 > **¿Ponen las películas en versión original?**
Spielen auch Originalversionen?
shpih·len auj o·ri·*gui*·*nahl*·ver·sio·nen

Los cines en Alemania suelen doblar las películas, pero también es posible buscar cines que proyecten versiones originales.

10 expresiones muy alemanas

¡Hola!	**Hey!**	hei
¡Estupendo!	**Toll!**	tol
¡Guay!	**Spitze!**	*shpi*·tse
No hay problema.	**Kein Problem.**	kain pro·*blehm*
Claro.	**Klar!**	klah
Quizá.	**Vielleicht.**	fi·*laisht*
¡De ningún modo!	**Auf keinen Fall!**	auf *kai*·nen fal
Vale.	**Alles klar.**	*a*·les klah
¡Qué pena!	**Schade!**	*shah*·de
No importa.	**Macht nichts.**	majt nishts

SOBRE El alemán

Pronunciación

Sonidos vocálicos

En alemán las vocales pueden ser cortas o largas. Las vocales cortas equivalen más o menos a las vocales españolas en duración y son siempre abiertas, mientras que las largas no tienen correspondencia en español y siempre son cerradas (excepto ä). Las vocales largas se pronuncian, alargando la duración de la sílaba. Téngase en cuenta que la h después de vocal marca una duración más larga de la misma.

SÍMBOLO	EQUIVALENTE ESPAÑOL	EJEMPLO ALEMÁN
a	p**a**ra	h**a**t
ah	(como la a española pero más larga)	h**a**be
e	g**e**nte	B**e**tt/M**ä**nner
eh	(como la e española pero más larga)	l**e**ben
i	p**i**ntar	m**i**t
ih	(como la i española pero más larga)	fl**i**egen
o	h**o**la	K**o**ffer
oh	(como la o española pero más larga)	B**o**ot
u	s**u**bir	**u**nter
uh	(como la u española pero más larga)	Sch**u**he
ö	(e pronunciada con los labios redondeados, como para pronunciar o)	H**ö**lle
öh	(como la ö pero más larga)	H**ö**hle
ü	(i pronunciada con los labios redondeados, como para pronunciar u)	zur**ü**ck

üh	(como la ü pero más larga)	fühlen
èh	(sonido intermedio entre e y a, más abierto que una e normal y más cerrado que una a)	bäten
ai	aire	mein
au	como en la palabra inglesa 'house'	Haus
oi	soy	Leute/Häuser

Sonidos consonáticos

No todos los sonidos consonánticos alemanes existen en español, como por ejemplo sh, r o s. El sonido sh es parecido al que se produce al pedir silencio (shhhhh) y puede escribirse de diferentes maneras, como por ejemplo 'sch' en 'schön', 'sp' en 'Spanien' o 'st' en 'Stadt'. También es parecido el sonido de la consonante ch después de e e i, que se pronuncia casi como el sonido sh. Para simplificar las cosas, en este libro se ha usado solamente el símbolo sh para ambos sonidos. La r posee dos sonidos: al principio de una palabra o de una sílaba se pronuncia en el fondo de la garganta, prácticamente como el sonido de la g, pero con una ligera fricción, como gargarizando. Al final de sílaba, la r se pronuncia como una vocal neutra, entre a y e, que para simplificar se ha representado como una a. La s en alemán es un sonido sonoro que no existe en español, pero sí en inglés en 'zero' o en francés en 'onze'. El sonido sordo de la 's' en español equivale en alemán a las grafías 'ss' y 'ß' (ss). La s entre consonantes y en el pronombre 'es' es sorda.

SÍMBOLO	EQUIVALENTE ESPAÑOL	EJEMPLO ALEMÁN
b	ambiente	Bett
ch	chico	Tschüss
d	andar	dein
f	fiesta	vier
g (con 'a', 'o', 'u') gu (con 'e', 'i')	gato/guiso	gehen
h	(aspirada como en inglés en hit)	helfen
k	kilo, casa	kein

j	jarabe	Sprache
l	loud	laut
m	mando	Mann
n	no	nein
ng	tengo	singen
p	piso	Preis
r	(parecida a la 'r' francesa)	Reise
s	('s' sonora, parecida a un moscardón)	sitzen
ss	salir ('s' sorda, como la española)	heiß/mussen
sh	show (sonido parecido al emitido cuando se manda callar)	schön/ich
t	timbre	Tag
ts	(como en inglés hits)	Zeit
v	(sonido intermedio entre 'v' y 'f'; se pronuncia con los dientes superiores sobre el labio inferior)	wohnen
y	ya	ja
zh	(como la 'll' en Argentina)	Garage

Acentuación

La acentuación es sencilla: casi todas las palabras alemanas autóctonas se pronuncian con acento en la primera sílaba.

Algunos prefijos no se acentúan, como ver- en el verbo verstehen fea·*shteh*·en (comprender). Además, los términos tomados de otras lenguas mantienen su acento original, como Organisation or·ga·ni·sa·*tsion* (organización) y Student shtu·*dent* (estudiante).

Aunque hojear estas normas pueda resultar práctico, siempre se puede confiar en la guía de pronunciación coloreada, que señala en cursiva la sílaba donde recae el acento.

Entonación

Normalmente, si se hace una pregunta, la voz se intensifica al final, como en español: Bist du fertig? bist duh *fea*·tish (¿Estás listo?) o Tee? teh (¿Té?). Sin embargo, cuando se empieza por un pronombre interrogativo, el tono de voz baja: Woher kommst du? vo·*heh*·a komst duh (¿De dónde eres?).

Lectura y escritura

Los ejemplos de las tablas de las páginas anteriores muestran la correspondencia entre los sonidos (en la primera columna) y la forma cómo se escriben normalmente (en la tercera columna). Sin embargo, hay algunas características que merece la pena destacar:

» la letra ß equivale a ss (pero las normas sobre cuándo usar ß o ss son confusas hasta para los propios nativos, ¡así que mejor ignorarlas!)
» las letras sp y st al principio de palabra se pronuncian como shp y sht (p. ej. Sport (deporte) se pronuncia shport)
» las d, g, y b finales son 'sordas', es decir que se pronuncian más bien como t, k y p (p. ej. Geld (dinero) se pronuncia guelt)

No hay que dejarse intimidar por la extensión de algunos términos. A diferencia del español, que suele usar varias palabras separadas para expresar una única idea o noción, el alemán tiende a unir las palabras al escribirlas. Pasado un tiempo, se empiezan a reconocer las diferentes partes de las palabras y resulta más fácil entender vocablos más largos. Las palabras compuestas largas se pronuncian como si estuvieran separadas, es decir, pueden tener más de una sílaba tónica, que se señala en la guía de pronunciación en cursiva.

~ **ALFABETO ALEMÁN** ~

A a ah	**B b** be	**C c** tse
D d de	**E e** eh	**F f** ef
G g gue	**H h** ha	**I i** ih
J j iot	**K k** ka	**L l** el
M m em	**N n** en	**O o** oh
P p pe	**Q q** ku	**R r** ea
S s es	**T t** te	**U u** uh
V v fau	**W w** ve	**X x** iks
Y y *üp*·si·lon	**Z z** tset	

14

SOBRE El alemán

Gramática

Esta capítulo está diseñado para explicar las principales estructuras gramaticales que se necesitan para construir frases. Bajo cada uno de los títulos figura información sobre las funciones que estas categorías gramaticales expresan en una frase. Por ejemplo, los demostrativos se emplean para dar instrucciones. Al final del capítulo se incluye un glosario de términos gramaticales.

Adjetivos y adverbios

Describir personas/cosas • Hacer cosas

Los adjetivos no cambian su terminación cuando van detrás de 'ser/estar'. Sin embargo, si preceden a un sustantivo, hay que añadir terminaciones que pueden ser 'fuertes' (si el sustantivo no va acompañado de un artículo) o 'débiles' (si se usa con artículo). Las terminaciones 'fuertes' siguen el mismo patrón que el artículo definido y cambian para indicar el género, el número y el caso del sustantivo; las terminaciones débiles no lo indican. Véanse **Artículos**, **Caso**, **Género** y **Plurales**.

Mi comida está fría.	Mein Essen ist kalt. (lit: mi-**nom-n-sg** comida está fría) main *e*·ssen ist kalt
comida fría	kaltes Essen (lit: comida fría-**nom-n-sg**) *kal*·tes *e*·ssen
la comida fría	das kalte Essen (lit: la-**nom-n-sg** comida fría) dass *kal*·te *e*·ssen

~ TERMINACIONES DÉBILES ~				~ TERMINACIONES FUERTES ~			
	m sg	f sg	n sg	pl	m sg	f sg	n sg	pl
nom	-e	-e	-e	-en	-er	-e	-es	-e
acc	-en	-e	-e	-en	-en	-e	-es	-e
dat	-en	-en	-en	-en	-em	-er	-em	-en
gen	-en	-en	-en	-en	-en	-er	-en	-er

La mayoría de los adjetivos en alemán se pueden usar como adverbios en su forma básica (sin terminaciones) y suelen aparecer al final de la frase.

Un restaurante tranquilo	ein ruhiges Restaurant (lit: un-nom-n-sg restaurante tranquilo-nom-n-sg) ain *ruh*·i·gues res·to·*rahnt*
¡Estate tranquilo!	Sei ruhig! (lit: estate tranquilo) sai *ruh*·ig

Artículos

Nombrar personas/cosas

En alemán existen varias formas tanto del artículo definido ('el/la' en castellano) como del indefinido ('un/una') dependiendo del género, número y caso del sustantivo (véanse **Caso**, **Género** y **Plural**). Si se emplea el nominativo (la forma que aparece en el diccionario) también nos entenderán.

~ ARTÍCULO DEFINIDO ('EL/LA') ~

	m sg	f sg	n sg	pl
nom	der *deh*·a	die dih	das dass	die dih
acc	den den	die dih	das dass	die dih
dat	dem dem	der *deh*·a	dem dem	den den
gen	des des	der *deh*·a	des des	der *deh*·a

~ ARTÍCULO INDEFINIDO ('UN/UNA') ~

	m sg	f sg	n sg	pl
nom	ein *ain*	eine *ai·ne*	ein *ain*	keine * *kai·ne*
acc	einen *ai·nen*	eine *ai·ne*	ein *ain*	keine *kai·ne*
dat	einem *ai·nem*	einer *ai·ner*	einem *ai·nem*	keinen *kai·nen*
gen	eines *ai·nes*	einer *ai·ner*	eines *ai·nes*	keiner *kai·ner*

*_kein_ kain es la forma negativa del artículo indefinido y significa ningún/ninguna.

Ser/estar

Describir personas/cosas • Hacer afirmaciones

Como todos los verbos en alemán, el verbo *sein* ('ser/estar') cambia dependiendo del sujeto de la frase.

~ SEIN (SER/ESTAR) – PRESENTE ~

yo	soy	ich	bin	ish	bin
tú	eres	du	bist	duh	bist
usted	es	Sie	sind	sih	sind
él/ella	es	er/sie/es	ist	*eh·a*/ sih/es	ist
nosotros	somos	wir	sind	*vih·a*	sind
vosotros	sois	ihr	seid	*ih·a*	sait
ustedes	son	Sie	sind	sih	sind
ellos	son	sie	sind	sih	sind

Caso

Hacer cosas • Dar instrucciones • Indicar lugar • Nombrar personas/cosas • Poseer

El alemán cuenta con un sistema de cuatro casos (que se muestran en las terminaciones de las palabras) que se emplean para indicar el papel de ciertas palabras en una frase (si son un sujeto, un objeto directo o indirecto). Los pronombres, adjetivos y artículos tienen terminaciones diferentes según el caso, mientras que los sustantivos toman las terminaciones solamente en casos concretos; el caso del sustantivo normalmente se indica mediante el artículo o el adjetivo que lo acompaña (véanse **Adjetivos y adverbios** y **Artículos**).

Las listas de palabras, el **Glosario gastronómico** y los **Diccionarios** de este libro presentan las palabras en nominativo. Las principales funciones de los cuatro casos se explican a continuación.

~ CASO ~

	NOMINATIVO nom – muestra el sujeto de una frase
El guía turístico es guapo.	Der Reiseführer ist schön. (lit: el-nom guía turístico-nom es guapo) *deh*·a *rai*·se·*füh*·ra ist *shöhn*
	ACUSATIVO acc – muestra el objeto directo de una frase
Me encanta el guía turístico.	Ich liebe den Reiseführer. (lit: Me encanta el-acc guía turístico-acc) ish *lih*·be dehn *rai*·se·*füh*·ra
	DATIVO dat – muestra el objeto indirecto de una frase
He dado mi billete al guía turístico.	Ich habe dem Reiseführer meine Fahrkarte gegeben. (lit: He al-dat guía turístico-dat mi-acc billete-acc dado) ish *hah*·be dem *rai*·se·*füh*·ra *mai*·ne *fahr*·kar·te gue·*gue*·ben
	GENITIVO gen – indica posesión
¿Cuál es el nombre del guía turístico?	Wie ist der Name des Reiseführers? (lit: cuál es el-nom nombre-nom del-gen guía turístico-gen) vih ist *deh*·a *nah*·me des *rai*·se·*füh*·ra

Demostrativos

Dar instrucciones • Indicar lugar • Señalar cosas

La manera más fácil de señalar algo en alemán es usar *das ist* dass ist (esto/eso es) y *das sind* dass sind (estos/esos son).

Estas construcciones se usan independientemente del género, lo único que hay que tener en cuenta es si el objeto señalado es singular o plural.

Esa es mi bolsa; esas son sus maletas.	Das ist meine Tasche; das sind ihre Koffer. (lit: esa es mi-nom-f-sg bolsa; esas son sus-nom-m-pl maletas) dass ist *mai*·ne *ta*·she dass sind *ih*·re *ko*·fa

El demostrativo *dieser dih*·sa (este) cambia en función del género, número y caso (véanse **Caso**, **Género** y **Plural**). La tabla que se incluye a continuación muestra todas las formas, que siguen el mismo patrón que el artículo definido (véase **Artículos**).

~ DEMOSTRATIVOS ~

	m sg	f sg	n sg	pl
nom	dieser *dih*·sa	diese *dih*·se	dieses *dih*·ses	diese *dih*·se
acc	diesen *dih*·sen	diese *dih*·se	dieses *dih*·ses	diese *dih*·se
dat	diesem *dih*·sem	dieser *dih*·sa	diesem *dih*·sem	diesen *dih*·sen
gen	dieses *dih*·ses	dieser *dih*·sa	dieses *dih*·ses	dieser *dih*·sa

Género

Nombrar personas/cosas

En alemán, todos los sustantivos, palabras que denotan una persona, un lugar, una cosa o concepto tienen género masculino, femenino o neutro. En la lengua escrita es realmente sencillo distinguir los sustantivos, ya que siempre empiezan con mayúscula. Es posible deducir el género de un sustantivo a través del artículo, demostrativo, posesivo o cualquier otro adjetivo que acompañe al nombre, pues estas palabras cambian para concordar con el género del sustantivo (véanse **Adjetivos y adverbios**, **Artículos**, **Demostrativos**, **Posesivos**). El género de las palabras también se indica en el **Diccionario**, pero hay algunas reglas generales:

- » los sustantivos que terminan en *-er, -ig* o *-ing* suelen ser masculinos
- » los sustantivos que terminan en *-in, -heit* o *-keit* suelen ser femeninos
- » los sustantivos que hacen referencia a personas jóvenes y animales son neutros

En este libro el género de las palabras se indica con m (masculino), f (femenino) y n (neutro) cuando se considera relevante. Véase también el recuadro **M antes de F** en la p. 131.

Tener

Poseer

Existen varias formas de indicar posesión en alemán (véase también **Posesivos**). Una de las posibilidades es emplear el verbo *haben hah·ben* (tener), que se muestra a continuación. Para las formas negativas, véase **Negativos**.

~ HABEN (TENER) – PRESENTE ~

yo	tengo	ich	habe	ish	*hah·be*
tú	tienes	du	hast	duh	hast
usted	tiene	Sie	haben	sih	*hah·ben*
él/ella	tiene	er/sie/es	hat	*eh·a/sih /es*	hat
nosotros	tenemos	wir	haben	*vih·a*	*hah·ben*
vosotros	tenéis	ihr	habt	*ih·a*	hapt
ustedes	tienen	Sie	haben	sih	*hah·ben*
ellos	tienen	sie	haben	sih	*hah·ben*

Negación

Negar

Para hacer una frase negativa en alemán, solo hay que añadir la palabra *nicht* nisht (no) después del verbo o antes del objeto si se incluye.

No fumo.	Ich rauche nicht. (lit: Yo fumo no) ish *rau*·je nisht
No te quiero.	Ich liebe dich nicht. (lit: Yo quiero a ti-acc-sg-inf no) ish *lih*·be dish nisht

En las frases en las que aparece el artículo indeterminado *ein* ain (un) o sin artículo, se emplea el artículo negativo *kein* kain en lugar de *nicht*.

Veo un taxi.	Ich sehe ein Taxi. (lit: Yo veo un-acc-n-sg taxi) ish *seh*·e ain *tak*·si
No veo ningún taxi.	Ich sehe kein Taxi. (lit: Yo veo ningún-acc-n-sg taxi) ish *seh*·e kain *tak*·si

Pronombres personales

Hacer afirmaciones • Nombrar personas/cosas

Los pronombres personales ('yo', 'tú', etc.) cambian su forma en función de la persona, el número y el caso (véase **Caso**). Es parecido al castellano, que tiene las formas 'yo' y 'me' dependiendo de si el pronombre actúa de sujeto o de objeto directo.

También existen dos formas para la segunda persona. Se usa *Sie* sih cuando uno se dirige a una o varias personas que no conoce bien y *du* duh (singular) y *ihr* ih·a (plural) solo con personas que se conocen bien o que son más jóvenes. Las frases de este libro usan el pronombre formal o informal adecuado a cada situación. Si se emplean las dos formas, se indica con for e inf.

~ PRONOMBRES PERSONALES ~

	nom		acc		dat		gen	
yo	ich	ish	mich	mish	mir	*mih·a*	meiner	*mai·na*
tú	du	du	dich	dish	dir	*dih·a*	deiner	*dai·na*
usted	Sie	sih	Sie	sih	Ihnen	*ih·nen*	Ihrer	*ih·ra*
él	er	*eh·a*	ihn	ihn	ihm	ihm	seiner	*sai·na*
ella	sie	sih	sie	sih	ihr	*ih·a*	ihrer	*ih·ra*
ello (para cosas)	es	es	es	es	ihm	ihm	seiner	*sai·na*
nosotros	wir	*vih·a*	uns	uns	uns	uns	unser	*un·sa*
vosotros	ihr	*ih·a*	euch	oij	euch	oij	euer	*oi·a*
ustedes	Sie	sih	Sie	sih	Ihnen	*ih·nen*	Ihrer	*ih·ra*
ellos	sie	sih	sie	sih	ihnen	*ih·nen*	ihrer	*ih·ra*

Plural

Nombrar personas/cosas

Las maneras más habituales de formar el plural en alemán son las siguientes:

» no se añade terminación de plural pero sí una diéresis sobre la vocal, habitualmente en el caso de sustantivos masculinos que terminan en consonante.
Spiegel shpih·guel (espejo), *Spiegel shpih·guel* (espejos); *Boden bo·den* (suelo), *Böden bö·den* (suelos)

» añadir *-e* y en muchos casos una diéresis sobre la vocal en el caso de sustantivos que terminan en una consonante, normalmente palabras masculinas de una sola sílaba.
Tag tahk (día), *Tage tah·gue* (días); *Zug tsuhk* (tren), *Züge tshü·gue* (trenes)

» añadir *-er* y a menudo una diéresis sobre la vocal, normalmente en el caso de nombres neutros de una sola sílaba.
Bild bilt (imagen), *Bilder bil·da* (imágenes); *Blatt blat* (hoja), *Blätter ble·ta* (hojas)

- » añadir *-s* a todos los sustantivos que terminan en vocal, excepto aquellos que terminan en *-e*, y a algunos préstamos del inglés.
  Auto au·to (coche), *Autos* au·tos (coches); *Park* park (parque), *Parks* parks (parques)
- » añadir *-n* a los sustantivos que acaban en *-e*, y añadir *-en* a casi todos los sustantivos femeninos.
  Junge yun·gue (chico), *Jungen* yun·guen (chico); *Frau* frau (mujer), *Frauen* frau·en (mujeres)

Posesivos

Poseer

Una manera habitual de indicar posesión es mediante el empleo de un posesivo antes del nombre al que hace referencia. Al igual que otros adjetivos, los posesivos concuerdan con el nombre en género, número y caso (véanse también **Caso**, **Género** y **Plural**). La tabla que se incluye a continuación muestra solo el caso nominativo en singular; para obtener información sobre otros casos y para el plural, véase **Demostrativos**, pues siguen el mismo patrón.

~ **ADJETIVOS POSESIVOS** ~

	m sg		f sg		n sg	
mi	mein	main	meine	*mai*·ne	mein	main
tu	dein	dain	deine	*dai*·ne	dein	dain
su for sg	Ihr	*ih*·a	Ihre	*ih*·re	Ihr	*ih*·a
su (de él)	sein	sain	seine	*sai*·ne	sein	sain
su (de ella)	ihr	*ih*·a	ihre	*ih*·re	ihr	*ih*·a
su (de ello)	sein	sain	seine	*sai*·ne	sein	sain
nuestro	unser	*un*·sa	unsere	*un*·se·re	unser	*un*·sa
vuestro	euer	*oi*·a	eure	*oi*·re	euer	*oi*·a
su for pl	Ihr	*ih*·a	Ihre	*ih*·re	Ihr	*ih*·a
su	ihr	*ih*·a	ihre	*ih*·re	ihr	*ih*·a

Preposiciones

Dar instrucciones • Indicar lugar • Señalar cosas

Como en castellano, el alemán usa las preposiciones para explicar dónde están las cosas en el tiempo o el espacio. Todas las preposiciones en alemán requieren que el nombre que las acompaña esté en un determinado caso (véase **Caso**), que normalmente suele ser el dativo.

~ PREPOSICIONES ~

hacia	nach	naj	de/desde	von	fon
a (hora)	um	um	en (lugar)	in	in
ante	vor	*foh·a*	a	zu	tsuh

Preguntas

Hacer preguntas • Negar

La manera más fácil de hacer preguntas a las que se puede responder con sí o no es añadir *nicht wahr* nisht vahr (algo así como '¿no es cierto?' o como el habitual '¿no?') al final de la frase. También es posible convertir una frase afirmativa en una pregunta poniendo el verbo antes del sujeto de la frase.

El hotel está cerca, ¿no?	Das Hotel ist nahe, nicht war? (lit: el-nom-n-sg hotel está cerca no verdad) dass ho·*tel* ist *nah*·e nisht vahr
¿Está cerca el hotel?	Ist das Hotel nahe? (lit: está el-nom-n-sg hotel cerca) ist dass ho·*tel nah*·e

Al igual que en castellano, existen pronombres interrogativos (véase el recuadro en la p. 24) para construir preguntas específicas. Estos pronombres van al inicio de la frase, seguidos por el verbo.

~ PRONOMBRES INTERROGATIVOS ~

cómo	wie	vih	dónde	wo	voh
qué	was	vass	quién	wer	*veh*·a
cuándo	wann	van	por qué	warum	va·*rum*

Verbos

Hacer cosas

La mayoría de los verbos alemanes son regulares y su infinitivo termina en *-(e)n*. Los tiempos se forman añadiendo a la raíz verbal diferentes terminaciones para cada persona. La raíz verbal es la forma del diccionario sin la terminación *-(e)n*. Véanse también **Ser**/**estar**, **Haber**/**tener** y **Negativos**.

~ PRESENTE– SAGEN (DECIR) ~

yo	digo	ich	sage	ish	*sah*·gue
tú	dices	du	sagst	duh	sahgst
usted	dice	Sie	sagen	sih	*sah*·guen
él/ella/ello	dice	er/sie/es	sagt	eh·a/sih/es	sagt
nosotros	decimos	wir	sagen	*vih*·a	*sah*·guen
vosotros	decís	ihr	sagt	*ih*·a	sahgt
ustedes	dicen	Sie	sagen	sih	*sah*·guen
ellos	dicen	sie	sagen	sih	*sah*·guen

~ PASADO– SAGEN (DECIR) ~

yo	dije	ich	sagte	ish	*sahg*·te
tú	dijiste	du	sagtest	duh	*sag*·test
usted	dijo	Sie	sagten	sih	*sahg*·ten
él/ella/ello	dijo	er/sie/es	sagte	eh·a/sih/es	*sahg*·ten
nosotros	dijimos	wir	sagten	*vih*·a	*sahg*·ten
vosotros	dijisteis	ihr	sagtet	*ih*·a	*sahg*·tet
ustedes	dijeron	Sie	sagten	sih	*sahg*·ten
ellos	dijeron	sie	sagten	sih	*sahg*·ten

Para el futuro, se usa la construcción 'werden + infinitivo' (similar a 'ir a...' en castellano). El verbo *werden veh·a·den* (lit: 'volverse') cambia para concordar con cada una de las personas, tal como se muestra en la tabla siguiente:

Voy a viajar a Berlín.	Ich werde nach Berlin fahren. (lit: Yo voy-a a Berlín viajar) ish *vehr·*de naj beh·a·*lihn fah·*ren

~ FUTURO ~					
Yo	voy a	ich	werde	ish	*vehr·*de
tú sg inf	vas a	du	wirst	duh	vihrst
usted sg for	va a	Sie	werden	sih	*vehr·*den
él/ella/ello	va a	er/sie/es	wird	eh·a/sih/es	vihrt
nosotros	vamos a	wir	werden	*vih·*a	*vehr·*den
vosotros pl inf	vais a	ihr	werdet	*ih·*a	*vehr·*det
ustedes pl for	van a	Sie	werden	sih	*vehr·*den
ellos	van a	sie	werden	sih	*vehr·*den

Orden de las palabras

Hacer afirmaciones

En una afirmación sencilla, el verbo es el segundo elemento, normalmente después del sujeto de la frase (esto no significa necesariamente que sea la segunda palabra, pues el primer elemento puede constar de más de una palabra). Sin embargo, si la frase empieza con un adverbio, como por ejemplo 'mañana', el orden del sujeto y el verbo se invierte para mantener el verbo en segunda posición. Véanse también **Negaciones** y **Preguntas**.

Voy a Berlín.	Ich gehe nach Berlin. (lit: Yo voy a Berlín) ish *geh·*e naj beh·a·*lihn*
Mañana voy a Berlín.	Morgen gehe ich nach Berlin. (lit: mañana voy yo a Berlín) *mohr·*guen *geh·*e ish naj beh·a·*lihn*

~ GLOSARIO GRAMATICAL ~

adjetivo	una palabra que describe algo – 'La cerveza alemana está entre las **mejores** del mundo'
adverbio	una palabra que explica cómo se realiza una acción – '**Supuestamente** no produce resaca'
artículo	las palabras 'el/la/los/las' y 'un/una/unos/unas'
caso (marca)	terminación verbal que indica la función de una cosa o persona en la frase
demostrativo	una palabra que significa 'este', 'ese' o 'aquel'
objeto directo	cosa o persona a la que se dirige la acción del verbo – 'la mayoría de los visitantes bebe **cerveza**'
género	clasificación de los nombres en clases (como masculino, femenino y neutro)
objeto indirecto	la persona o cosa que recibe la acción – 'otros van a **fábricas de cerveza**'
infinitivo	forma verbal que aparece en el diccionario – 'para **conocer** el proceso de elaboración'
nombre	una cosa, persona o idea – 'y su **producción**'
número	si una palabra es singular o plural – '**las fábricas de cerveza** usan cuatro **ingredientes: malta, levadura, lúpulo, agua**'
pronombre personal	una palabra que significa 'yo', 'tú', etc.
adjetivo posesivo	una palabra que significa 'mi', 'tu', etc.
pronombre posesivo	una palabra que significa 'mío', 'tuyo', etc.
preposición	una palabra como 'a', 'para', 'en' en español
sujeto	la cosa o persona que realiza la acción del verbo – 'los **monasterios** todavía producen cerveza'
tiempo	forma del verbo que indica si la acción del verbo se desarrolla en el presente, pasado o futuro, por ejemplo 'bebo' (presente), 'bebí' (pasado), 'beberé' (futuro)
verbo	una palabra que indica que ha ocurrido una acción – 'mucha gente los **visita** en los circuitos sobre la fabricación de la cerveza'
raíz verbal	es la parte del verbo que no cambia – ej. '**beb**' en '**beb**er' y '**beb**iendo'

Lo básico

HACERSE ENTENDER	28
NÚMEROS Y CANTIDADES	30
HORAS Y FECHAS	32

Hacerse entender

FRASES ÚTILES

¿Habla español?	Sprechen Sie Spanish? for	*shpre*·jen sih *shpa*·nish
¿Hablas español?	Sprichst du Spanish? inf	shprijst duh *shpa*·nish
No entiendo.	Ich verstehe nicht.	ish fea·*shteh*·e nisht
¿Qué significa ...?	Was bedeutet ...?	vass be·*doi*·tet...

P ¿Habla español?
Sprechen Sie Spanisch? for
shpre·jen sih *shpa*·nish

¿Hablas español?
Sprichst du Spanisch? inf
shprijst duh *shpa*·nish

P ¿Hay alguien que hable español?
Spricht hier jemand Spanisch?
shprijt *hih*·a *yeh*·mant *shpa*·nish

R Hablo un poco de (alemán).
Ich spreche ein bisschen (Deutsch).
ish *shpre*·je ain *bis*·shen (doich)

P ¿Me entiende?
Verstehen Sie (mich)?
fea·*shteh*·en sie (mish)

R No entiendo.
Ich verstehe (nicht).
ish fea·*shteh*·e (nisht)

Me gustaría practicar alemán.
Ich möchte Deutsch üben.
ish *mösh*·te (doich) *üh*·ben

SOBRE EL IDIOMA — Formalismos

Como en español, en alemán existen dos formas para el pronombre de segunda persona singular. La forma *Sie* sih se usa con las personas que no se conocen demasiado y *du* duh con las que se conocen bien. Las frases de este capítulo usan *Sie* a menos que se indique lo contrario.

¿Qué significa 'Kugel'?	Was bedeutet 'Kugel'?	vass be·*doi*·tet *kuh*·guel
¿Cómo se pronuncia esta palabra?	Wie spricht man dieses Wort aus?	vih shprijt man *dih*·ses vort auss
¿Cómo se dice 'billete' en alemán?	Wie sagt man 'ticket' auf Deutsch?	vih sagt man *ti*·ket auf doich
¿Cómo se escribe 'Schweiz'?	Wie schreibt man 'Schweiz'?	vih shraipt man shvaits
¿Podría repetir, por favor?	Könnten Sie das bitte wiederholen?	*kön*·ten sih dass *bi*·te vih·da·*hoh*·len
¿Podría escribirlo?	Könnten Sie das bitte aufschreiben?	*kön*·ten sih dass *bi*·te *auf*·shrai·ben
¿Podría hablar más despacio, por favor?	Könnten Sie bitte langsamer sprechen?	*kön*·ten sih *bi*·te *lang*·sa·ma *shpre*·jen
¡Más despacio, por favor!	Langsamer, bitte!	*lang*·sa·ma *bi*·te

LO BÁSICO HACERSE ENTENDER

Números y cantidades

FRASES ÚTILES

¿Cuánto/a?	Wieviel?	vih·*fihl*
¿Cuántos/as?	Wie viele?	vih *fih*·le

Números cardinales

0	null	nul
1	eins	ains
2	zwei	tsvai
3	drei	drai
4	vier	*fih*·a
5	fünf	fünf
6	sechs	seks
7	sieben	*sih*·ben
8	acht	ajt
9	neun	noin
10	zehn	tsehn
11	elf	elf
12	zwölf	tsvölf
13	dreizehn	*drai*·tsehn
14	vierzehn	*fih*·a·tsehn
15	fünfzehn	*fünf*·tsehn
16	sechzehn	*seks*·tsehn
17	siebzehn	*sihb*·tsehn
18	achtzehn	*ajt*·tsehn
19	neunzehn	*noin*·tsehn
20	zwanzig	*tsvan*·tsij

21	einundzwanzig	*ain*·unt·tsvan·tsij
22	zweiundzwanzig	*tsvai*·unt·tsvan·tsij
30	dreißig	*drai*·tsij
40	vierzig	*fih*·a·tsij
50	fünfzig	*fünf*·tsij
60	sechzig	*seks*·tsij
70	siebzig	*sihb*·tsij
80	achtzig	*ajt*·tsij
90	neunzig	*noin*·tsij
100	hundert	*hun*·dert
1000	tausend	*tau*·sent
1,000,000	eine Million	*ai*·ne mi·*lion*

Números ordinales

1º	erste	*ers*·te
2º	zweite	*tsvai*·te
3º	dritte	*dri*·te

Cantidades

¿Cuánto/a?	Wieviel?	vih·*fihl*
¿Cuántos/as?	Wie viele?	vih *fih*·le
un cuarto	ein Viertel	ain *fih*·a·tel
un tercio	ein Drittel	ain *dri*·tel
una mitad	eine Hälfte	ai·*ne* helf·te
todo/nada	alles/nichts	*a*·les/nishts
menos/más	weniger/mehr	*veh*·ni·ga/*meh*·a
(solo) un poco	(nur) ein bisschen	(*nuh*·a) ain *bis*·shen
mucho	viel	fihl
algunos/as	einige	*ai*·ni·gue
muchos/as	viele	*fih*·le

Para otras cantidades útiles, véase **Comprar y cocinar** (p. 181).

Horas y fechas

FRASES ÚTILES

¿Qué hora es?	Wie spät ist es?	vih shpëht ist es
¿A qué hora?	Um wie viel Uhr?	um vih fihl *uh*·a
¿En qué fecha?	Welches Datum?	*vel*·shes *dah*·tum

Decir las horas

Para referirse al período de tiempo entre las 12.00 y las 18.00 se emplea *nachmittags* *naj*·mi·tahks y para el período entre las 18.00 y las 24.00 se emplea *abends* *ah*·bents.

P ¿Qué hora es?	Wie spät ist es? vih shpëht ist es
R Son las diez en punto.	Es ist zehn Uhr. es ist tsehn *uh*·a
La una y cuarto.	Viertel nach eins. *fih*·a·tel naj ains
La una y veinte.	Zwanzig nach eins. *tsvan*·tsij naj ains
La una y media.	Halb zwei. (lit: media dos) halp tsvai
La una menos veinte.	Zwanzig vor eins. *tsvan*·tsij *foh*·a ains
La una menos cuarto.	Viertel vor (eins). *fih*·a·tel *foh*·a ains
Son las 14.12.	Es ist 14:12. es ist *fih*·a·tsehn *uh*·a tsvölf

33

P ¿A qué hora?	Um wie viel Uhr?	
	um vih fihl uh·a	
R A las ...	Um ...	
	um ...	
de la mañana	vormittags	
	foh·a·mi·taks	
de la tarde	nachmittags/abends	
	naj·mi·taks/ah·bents	

El calendario

lunes	Montag m	*mohn·tahk*
martes	Dienstag m	*dihns·tahk*
miércoles	Mittwoch m	*mit·voj*
jueves	Donnerstag m	*do·ners·tahk*
viernes	Freitag m	*frai·tahk*
sábado	Samstag m	*sams·tahk*
domingo	Sonntag m.	*son·tahk*
enero	Januar m	*ya·nu·a*
febrero	Februar m	*feh·bru·a*
marzo	März m	*merts*
abril	April m	*a·pril*
mayo	Mai m	*mai*
junio	Juni m	*yuh·ni*
julio	Juli m	*yuh·li*
agosto	August m	*au·gust*
septiembre	September m	*sep·tem·ba*
octubre	Oktober m	*ok·toh·ba*
noviembre	November m	*no·vem·ba*
diciembre	Dezember m	*de·tsem·ba*

LO BÁSICO | HORAS Y FECHAS

verano	Sommer m	*so*·ma
otoño	Herbst m	*herpst*
invierno	Winter m	*vin*·ta
primavera	Frühling m	*früh*·ling

¿En qué fecha?	Welches Datum?	
	vel·shes *dah*·tum	
🗨 **¿A qué día estamos?**	Der Wievielte ist heute?	
	deh·a *vih*·fihl·te ist *hoi*·te	
🅁 **Hoy es 18 de octubre.**	Heute ist (der 18 Oktober).	
	hoi·te ist (*deh*·a *aj*·tsehn·te ok·*toh*·ba)	

Presente

ahora	jetzt	*yetst*
justo ahora	jetzt gerade	*yetst* gue·*rah*·de
hoy	heute	*hoi*·te
esta noche	heute Abend	*hoi*·te *ah*·bent
esta tarde	heute Nachmittag	*hoi*·te *naj*·mi·tahk
esta tarde	heute Morgen	*hoi*·te *mor*·guen
esta semana	diese Woche	*dih*·se *vo*·je
este mes	diesen Monat	*dih*·sen *moh*·nat
este año	dieses Jahr	*dih*·ses *yahr*

Pasado

antes de ayer	vorgestern	*foh*·a·gues·tern
ayer por la noche	vergangene Nacht	fea·*gan*·gue·ne *najt*

la semana pasada	letzte Woche	*lets*·te *vo*·je
el mes pasado	letzten Monat	*lets*·ten *moh*·nat
el año pasado	letztes Jahr	*lets*·tes yahr
desde (mayo)	seit (Mai)	sait (mai)
hace un momento	vor einer Weile	*foh*·a *ai*·na *vai*·le
hace media hora	vor (einer halben) Stunde	*foh*·a (*ai*·na *hal*·ben) *shtun*·de
hace (tres) días	vor (drei) Tagen	*foh*·a (drai) *tah*·guen
hace (cinco) años	vor (fünf) Jahren	*foh*·a (fünf) *yah*·ren
ayer	gestern	*gues*·tern
ayer por la tarde	gestern Nachmittag	*gues*·tern *naj*·mi·tahk
ayer por la noche	gestern Abend	*gues*·tern *ah*·bent
ayer por la mañana	gestern Morgen	*gues*·tern *mor*·guen

Futuro

pasado mañana	übermorgen	*üh*·ba·*mor*·guen
dentro de (seis) días	in (sechs) Tagen	in (seks) *tah*·guen
dentro de (cinco) minutos	in (fünf) Minuten	in (fünf) mi·*nuh*·ten
el mes que viene	nächsten Monat	*nèhjs*·ten *moh*·nat
la próxima semana	nächste Woche	*nèhjs*·te *vo*·je
el próximo año	nächstes Jahr	*nèhjs*·tes yahr
mañana	morgen	*mor*·guen

mañana por la tarde	morgen Nachmittag	*mor*·guen *naj*·mi·tahk
mañana por la noche	morgen Abend	*mor*·guen *ah*·bent
mañana por la mañana	morgen früh	*mor*·guen früh
hasta (junio)	bis (Juni)	bis (*yuh*·ni)
dentro de un mes	in einem Monat	in *ai*·nem *moh*·nat
dentro de una hora	in einer Stunde	in *ai*·na *shtun*·de

Durante el día

Es temprano.	Es ist früh.	es ist früh
Es tarde.	Es ist spät.	es ist shpèht
tarde (parte del día)	Nachmittag m	*naj*·mi·tahk
amanecer	Dämmerung f	*de*·me·rung
día	Tag m	tahk
atardecer	Abend m	*ah*·bent
mediodía	Mittag m	*mi*·tahk
medianoche	Mitternacht f	*mi*·ta·najt
mañana	Morgen m	*mor*·guen
noche	Nacht f	najt
mediodía	Mittag m	*mi*·tahk
amanecer	Sonnenaufgang m	*so*·nen·auf·gang
añochecer	Sonnenuntergang m	*so*·nen·un·ta·gang

En práctica

TRANSPORTE	38
CRUCE DE FRONTERAS	51
DIRECCIONES	53
ALOJAMIENTO	56
DE COMPRAS	69
COMUNICACIONES	79
DINERO Y BANCOS	86
NEGOCIOS	90
TURISMO	92
MAYORES Y DISCAPACITADOS	97
VIAJAR CON NIÑOS	99

Transporte

FRASES ÚTILES

¿A qué hora es el próximo autobús?	Wann fährt der nächste Bus?	van fèhrt deh·a nèhjs·te bus
Un billete a (Berlín).	Eine Fahrkarte nach (Berlin).	ai·ne fahr·kar·te naj (beh·a·lin)
¿Me podría decir a qué hora llegamos a (Kiel)?	Könnten Sie mir bitte sagen, wann wir in (Kiel) ankommen?	kön·ten sih mih·a bi·te sah·guen van vih·a in (kihl) an·ko·men
Por favor, lléveme a (esta dirección).	Bitte bringen Sie mich zu (dieser Adresse).	bi·te brin·guen sih mish tsuh (dih·sa a·dre·sse)

Desplazarse

¿A qué hora sale el barco/avión?	Wann fährt das Boot/Flugzeug ab? van fèhrt dass boht/fluhk·tsoik ab
¿A qué hora sale el autobús/tren?	Wann fährt der Bus/Zug ab? van fèhrt deh·a buss/tsuhk ab
¿A qué hora llega?	Wann kommt es an? van komt es an
¿A qué hora sale el primer autobús?	Wann fährt der erste Bus? van fèhrt deh·a ers·te buss
¿A qué hora sale el último autobús?	Wann fährt der letzte Bus? van fèhrt deh·a lets·te buss

🔊 SE OIRÁ

Es ist ausgebucht.	es ist *aus*·gue·bujt Está completo.
... ist gestrichen.	... ist gue·*shtri*·shen ... se ha cancelado.
... hat Verspätung ...	... hat fea·*shpèh*·tung ... tiene retraso.
Dieser Halt ist ...	*dih*·sa halt ist ... Esta parada es ...
Der nächste Halt ist ...	*de*·a *nèhjs*·te halt ist ... La siguiente parada es ...

¿A qué hora es el próximo autobús?	Wann fährt der nächste Bus? van fèhrt *de*·a *nèhjs*·te buss
¿Cuánto retraso tiene?	Wie viel Verspätung wird es haben? vih fihl fea·*shpèh*·tung virt es *hah*·ben
¿Está libre este asiento?	Ist dieser Platz frei? ist *dih*·sa plats frai
✂ **¿Está libre?**	Ist hier frei? ist *hih*·a frai
Ese es mi asiento.	Dieses ist mein Platz. *dih*·ses ist main plats
¿Me podría decir a qué hora llegamos a (Kiel)?	Könnten Sie mir bitte sagen, wann wir in (Kiel) ankommen? *kön*·ten sih *mih*·a *bi*·te *sah*·guen van *vih*·a in (kihl) *an*·ko·men
Quiero bajarme aquí.	Ich möchte hier aussteigen. ish *mösh*·te *hih*·a *aus*·shtai·guen

¿Podemos llegar allí con transporte público?	Können wir mit öffentlichen Verkehrsmitteln dahin kommen? *kö·nen vih·a mit ö·fent·li·shen fea·keh·a·mi·teln dah·hin ko·men*
Prefiero ir caminando.	Ich gehe lieber zu Fuß dahin. *ish gueh·e lih·ba tsuh fuss dah·hin*

Billetes

¿Dónde puedo comprar un billete?	Wo kann ich eine Fahrkarte kaufen? *voh kan ish ai·ne fahr·kar·te kau·fen*
¿Tengo que hacer una reserva?	Muss ich einen Platz reservieren lassen? *muss ish ai·nen plats re·sa·vih·ren la·ssen*
Un billete de ... a (Berlín).	Eine ... nach (Berlin). *ai·ne ... naj (beh·a·lin)*

1ª clase	Fahrkarte erster Klasse	*fahr·kar·te ers·ta kla·sse*
2ª clase	Fahrkarte zweiter Klasse	*fahr·kar·te tsvai·ta kla·sse*
niño	Kinderfahrkarte	*kin·da·fahr·kar·te*
ida	einfache Fahrkarte	*ain·fa·je fahr·kar·te*
ida y vuelta	Rückfahrkarte	*rük·fahr·kar·te*
estudiante	Studentenfahrkarte	*shtu·den·ten·fahr·kar·te*

Comprar un billete

¿A qué hora sale el próximo ...?
Wann fährt der/das nächste ... ab? m/n
van fèhrt *de·a*/dass *nèhjs*·te ... ab

 barco Boot n *boht*

 autobús Bus m *buss*

 tren Zug m *tsuhk*

Un billete ..., por favor.
Eine .... bitte.
ai·ne ... bi·te

 de ida einfache Fahrkarte *ain*·fa·je *fahr*·kar·te

 de ida y vuelta Rückfahrkarte *rük*·fahr·kar·te

Querría un asiento ...
Ich hätte gern einen ...
ish *he*·te guèhrn *ai*·nen ...

de pasillo Platz am Gang plats am gang

de ventana Fensterplatz *fens*·ta·plats

¿De qué andén sale?
Auf welchem Bahnsteig fährt es ab?
auf *vel*·shem *bahn*·shtaik fèhrt es ab

Dos (billetes de ida y vuelta), por favor.	Zwei (Rückfahrkarten) bitte. tsvai (*rük*·fahr·kar·ten) *bi*·te
Querría un asiento de pasillo.	Ich hätte gern einen Platz am Gang. ish *he*·te guèhrn *ai*·nen plats am gang
Querría un asiento de ventana.	Ich hätte gern einen Fensterplatz. ish *he*·te guèhrn *ai*·nen *fens*·ta·plats
¿Cuánto dura el viaje?	Wie lange dauert die Fahrt? vih *lan*·gue *dau*·ert dih fahrt
¿Es una ruta directa?	Ist es eine direkte Verbindung? ist es *ai*·ne di·*rek*·te fea·*bin*·dung
¿Puedo comprar un billete stand-by?	Kann ich ein Standby-Ticket bekommen? kan ish ain stand·*bai*·ti·ket be·*ko*·men
billete de día	Tageskarte f *tah*·gues·kar·te
billete semanal	Wochenkarte f *vo*·jen·kar·te
billete múltiple	Mehrfachfahrkarte f *meh*·a·faj·fahr·kar·te
Querría ... mi billete, por favor.	Ich möchte meine Fahrkarte bitte ... ish *mösh*·te *mai*·ne *fahr*·kar·te *bi*·te ...

cancelar	zurückgeben	tsu·*rük*·gueh·ben
cambiar	ändern lassen	*en*·dern *la*·ssen
recoger	abholen	ab·*ho*·len
confirmar	bestätigen lassen	be·*shteh*·ti·guen *la*·ssen

> **SOBRE EL IDIOMA**
>
> **Tipos de billetes**
> En alemán se distinguen diferentes tipos de viaje dependiendo del transporte empleado: *Fahrt* fahrt para viajes por carretera o en tren; *Flug* fluhk para viajes en avión. Esta distinción se refleja en los nombres de los billetes de estos viajes: *Fahrkarte* fahr·kar·te para billetes de tren/autobús/metro; *Flugticket* fluhk·ti·ket para billetes de avión. En este capítulo se usa *Fahrkarte*, pero hay que asegurarse de usar la palabra adecuada al comprar los billetes.

Equipaje

Mi equipaje ha resultado dañado.	Mein Gepäck ist beschädigt. main gue·*pek* ist be·*shèh*·dikt
Me han perdido el equipaje.	Mein Gepäck ist gestohlen worden. main gue·*pek* ist gues·*toh*·len *vor*·den
Mi equipaje no ha llegado.	Mein Gepäck ist nicht angekommen. main gue·*pek* ist nisht *an*·gue·ko·men
Querría una consigna para el equipaje.	Ich hätte gern ein Gepäckschließfach. ish *he*·te guèhrn ain gue·*pek*·shlihss·faj

Autobús

¿Cuál es el autobús para (Colonia)?	Welcher Bus fährt nach (Köln)? *vel*·sha buss fèhrt naj (köln)
¿Qué autobús va a (la estación)?	Welcher Bus fährt (zum Bahnhof)? *vel*·sha buss fèhrt (tsum *bahn*·hohf)

44

> **SOBRE EL IDIOMA**
> **Hablar sobre destinos**
> En alemán se usan dos palabras diferentes para la preposición española 'a'. Con nombres de lugares se emplea *nach* naj, por ejemplo 'a Salzburgo' es *nach Salzburg* naj *salts*·burg. Para otros destinos se usa *zum/zur/zum* tsum/*tsuh*·a/tsum con nombres masculinos/femeninos/neutros. Por ejemplo, 'a la estación' es *zum Bahnhof* m tsum *bahn*·hohf; 'al albergue' es *zur Jugendherberge* f *tsuh*·a *yu*·guent· *heh*·a·ber·gue; y 'al centro de la ciudad' es *zum Stadtzentrum* n tsum *shtat*·tsen·trum.

El autobús número ...	Bus Nummer ... buss *nu*·ma ...
¿Dónde es la parada del autobús?	Wo ist die Bushaltestelle? vo ist dih *bus*·hal·te·shte·le
¿Cuál es la siguiente parada?	Welches ist der nächste Halt? *vel*·shes ist *deh*·a *nèhjs*·te halt
Me gustaría bajarme (en Alexanderplatz).	Ich möchte (am Alexanderplatz) aussteigen. ish *mösh*·te (am a·lek·*san*·da·plats) *aus*·shtai·guen

Para los números de autobuses, véase **Números y cantidades** (p. 30).

Trenes

¿Qué estación es esta?	Welcher Bahnhof ist das? *vel*·sha *bahn*·hohf ist dass
¿Cuál es la próxima estación?	Welches ist der nächste Bahnhof? *vel*·shes ist *deh*·a *nèhjs*·te *bahn*·hohf

¿Dónde está la estación de metro más cercana?	Wo ist der nächste U-Bahnhof? vo ist *deh*·a *nèhjs*·te *u*·bahn·hohf
¿Qué línea va a (Potsdamer Platz)?	Welche Linie geht zum (Potsdamer Platz)? *vel*·she *lih*·ni·e gueht tsum (pots·*dah*·ma plats)
¿Para este tren en (Friburgo)?	Hält dieser Zug in (Freiburg)? helt *dih*·sa tsuhk in (*frai*·burg)
¿Tengo que hacer transbordo?	Muss ich umsteigen? muss ish *um*·shtai·guen
¿Cuál es el vagón de primera clase?	Welcher Wagen ist erste Klasse? *vel*·sha *vah*·guen ist *ers*·te *kla*·sse

Ich möchte ein Auto mieten.
ish *mösh*·te ain au·to *mih*·ten

Me gustaría alquilar un coche.

¿Qué vagón va a Múnich?	Welcher Wagen geht nach München? *vel*·sha *vah*·guen gueht naj *mün*·shen
metro	U-Bahn f *uh*·bahn
estación de metro	U-Bahnhof m *uh*·bahn·hohf
tranvía	S-Bahn f *es*·bahn

Barco

¿Dispone de chalecos salvavidas?	Gibt es Schwimmwesten? guibt es *shvim*·ves·ten
¿Cómo está hoy el mar?	Wie ist das Meer heute? vih ist dass *meh*·a *hoi*·te
Estoy mareado.	Ich bin seekrank. ish bin *seh*·krank

Taxi

Querría un taxi para las (9.00).	Ich hätte gern ein Taxi für (neun Uhr). ish *he*·te guèhrn ain *tak*·si *füh*·a (noin *uh*·a)
¿Dónde es la parada de taxis?	Wo ist der Taxenstand? voh ist *deh*·a *tak*·sen·shtant
¿Está libre?	Sind Sie frei? sind sih frai
¿Cuánto cuesta ir a …?	Was kostet es bis …? vass *kos*·tet es biss …

Por favor, lléveme a (esta dirección).	Bitte bringen Sie mich zu (dieser Adresse).	*bi*·te *brin*·guen sih mish tsuh (*dih*·sa a·*dre*·sse)
✂ A ...	Zu ...	tsuh ...
Por favor, vaya más despacio.	Fahren Sie bitte langsamer.	*fah*·ren sih *bi*·te *lang*·sah·ma
Por favor, espere aquí.	Bitte warten Sie hier.	*bi*·te *var*·ten sih *hih*·a
Pare en la esquina.	Halten Sie an der Ecke.	*hal*·ten sih an *deh*·a *e*·ke
Pare aquí.	Halten Sie hier.	*hal*·ten sih *hih*·a

Para más frases, véase **Direcciones** (p. 53) y **Dinero y bancos** (p. 86).

Automóvil y motocicleta

Me gustaría alquilar un/una ...	Ich möchte ein ... mieten.	ish *mösh*·te ain ... *mih*·ten

4x4	Allradfahrzeug	*al*·raht·fahr·tsoik
coche automático	Fahrzeug mit Automatik	*fahr*·tsoik mit au·to·*mah*·tik
coche	Auto	*au*·to
coche manual	Fahrzeug mit Schaltung	*fahr*·tsoik mit *shal*·tung
motocicleta	Motorrad	*moh*·toh·a·rat

¿Cuánto cuesta por día/semana?	Wie viel kostet es pro Tag/Woche?	vih fihl *kos*·tet es proh tahk/*vo*·je

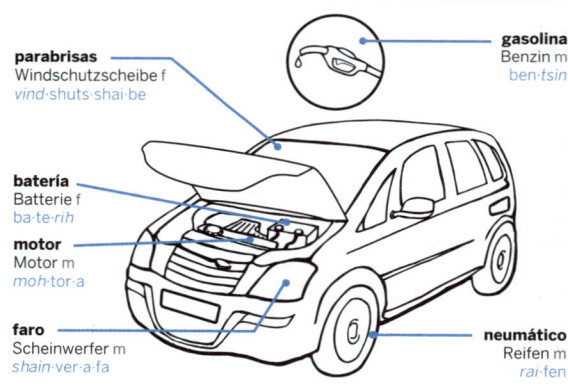

parabrisas
Windschutzscheibe f
vind·shuts·shai·be

gasolina
Benzin m
ben·tsin

batería
Batterie f
ba·te·*rih*

motor
Motor m
moh·tor·a

faro
Scheinwerfer m
shain·ver·a·fa

neumático
Reifen m
rai·fen

¿Está incluido el seguro/ kilometraje?	Ist eine Versicherung/ Kilometerzahl inbegriffen? ist *ai*·ne fea·*si*·je·rung/ ki·lo·*meh*·ta·tsahl *in*·be·gri·fen
¿Va esta carretera a ...?	Führt diese Straße nach ...? führt *dih*·se *shtrah*·sse naj ...
¿Cuál es el límite de velocidad?	Was ist die Höchstgeschwindigkeit? vass ist dih *höhjst*·gue·shvin·dish·kait
¿Cuánto tiempo puedo estacionar aquí?	(Wie lange) Kann ich hier parken? (vih *lan*·gue) kan ish *hih*·a *par*·ken
¿Dónde tengo que pagar?	Wo muss ich bezahlen? voh muss ish be·*tsah*·len

🔍 SE BUSCARÁ

Einfahrt	*ain*·fahrt	Entrada
Ausfahrt	*aus*·fahrt	Salida
Einfahrt Verboten	*ain*·fahrt fea·*boh*·ten	No pasar
Einbahnstraße	*ain*·bahn·shtrah·sse	Sentido único
Parkverbot	*park*·fea·boht	No aparcar
Stopp	shtop	Stop
Mautstelle	*maut*·shte·le	Peaje

EN PRÁCTICA — TRANSPORTE

¿Dónde hay una gasolinera?	Wo ist eine Tankstelle? voh ist *ai*·ne *tank*·shte·le
Necesito un mecánico.	Ich brauche einen Mechaniker. ish *brau*·je *ai*·nen me·*jah*·ni·ka
Mi automóvil/motocicleta se ha averiado (en …).	Ich habe (in …) eine Panne mit meinem Auto/Motorrad. ish *hah*·be (in …) *ai*·ne *pa*·ne mit *mai*·nem *au*·to/*moh*·toh·a·rat
He tenido un accidente.	Ich hatte einen Unfall. ish *ha*·te *ai*·nen *un*·fal
Se me ha pinchado una rueda.	Ich habe eine Reifenpanne. ish *hah*·be *ai*·ne *rai*·fen·pa·ne
Me he quedado sin gasolina.	Ich habe kein Benzin mehr. ish *hah*·be kain ben·*tsin* me·a
¿Puede repararlo?	Können Sie es reparieren? *kö*·nen sih es re·pa·*rih*·ren

Bicicleta

¿Dónde puedo alquilar una bicicleta?	Wo kann ich ein Fahrrad mieten? voh kan ish ain *fahr*·raht *mih*·ten
¿Cuánto cuesta por un día?	Wie viel kostet es für einen Tag? vih fihl *kos*·tet es *füh*·a *ai*·nen tahk
¿Cuánto cuesta por una hora?	Wie viel kostet es für eine Stunde? vih fihl *kos*·tet es *füh*·a *ai*·ne *shtun*·de
¿Dónde puedo comprar una bicicleta de segunda mano?	Wo kann ich ein gebrauchtes Fahrrad kaufen? voh kan ish ain gue·*brauj*·tes *fahr*·raht *kau*·fen
Tengo una rueda pinchada.	Ich habe einen Platten. ish *hah*·be *ai*·nen *pla*·ten
Me gustaría que me reparasen la bicicleta.	Ich möchte mein Fahrrad reparieren lassen. ish *mösh*·te main *fahr*·raht re·pa·*rih*·ren *la*·sen
¿Puedo llevar la bicicleta en el tren?	Kann ich mein Fahrrad im Zug mitnehmen? kan ish main *fahr*·raht im tsuhk *mit*·neh·men
¿Podemos llegar allí en bicicleta?	Können wir mit dem Fahrrad dahin kommen? *kö*·nen *vih*·a mit dem *fahr*·raht dah·*hin* ko·men
¿Hay carriles-bici?	Gibt es Fahrradwege? guibt es *fahr*·raht·veh·gue
¿Hay aparcamientos para bicicletas?	Gibt es Fahrrad-Parkplätze? guibt es *fahr*·raht·park·ple·tse

Para frases sobre accesos para discapacitados, véase **Mayores y discapacitados** (p. 97).

Cruce de fronteras

FRASES ÚTILES

Estaré aquí cuatro días.	Ich bin hier für (vier) Tage.	ish bin *hih*·a *füh*·a (*fih*·a) *tah*·gue
Me alojo en ...	Ich wohne im ...	ish *voh*·ne im ...
No tengo nada que declarar.	Ich habe nichts zu verzollen.	ish *hah*·be nishts tsuh fea·*tsoh*·len

Control de pasaportes

Estoy aquí ...
Ich bin hier ...
ish bin *hih*·a ...

de paso	auf der Durchreise	auf *deh*·a *dursh*·rai·se
por negocios	auf Geschäftsreise	auf gue·*shefts*·rai·se
de vacaciones	im Urlaub	im *ur*·laub
por estudios	zum Studieren	tsum shtu·*dih*·ren

Estaré aquí (cuatro) días.
Ich bin hier für (vier) Tage.
ish bin *hih*·a *füh*·a (*fih*·a) *tah*·gue

Estaré aquí (tres) semanas.
Ich bin hier für (drei) Wochen.
ish bin *hih*·a *füh*·a (*dra·i*) *vo*·jen

Estaré aquí (dos) meses.
Ich bin hier für (zwei) Monate.
ish bin *hih*·a *füh*·a (*tsvai*) *moh*·na·te

Voy a (Salzburgo).	Ich gehe nach (Salzburg).
	ish *gueh*·e naj (*salts*·burg)
Me alojo en ...	Ich wohne im ...
	ish *voh*·ne im ...

En la aduana

No tengo nada que declarar.	Ich habe nichts zu verzollen.
	ish *hah*·be nishts tsuh fea·*tsoh*·len
Tengo algo que declarar.	Ich habe etwas zu verzollen.
	ish *hah*·be *et*·vass tsuh fea·*tso*·len
No sabía que tenía que declararlo.	Ich wusste nicht, dass ich das verzollen muss.
	ish *vuss*·te nisht dass ish dass fea·*tso*·len muss
(No) Es mío.	Das ist (nicht) meins.
	dass ist (nisht) mains

Para frases sobre pagos y recibos, véase **Dinero y bancos** (p. 86).

🔊 SE OIRÁ

Ihren Reisepass, bitte.	*ih*·ren *rai*·se·pass *bi*·te
	Su pasaporte, por favor.
Ihr Visum, bitte.	*ih*·a *vih*·sum *bi*·te
	Su visado, por favor.
Reisen Sie allein?	*rai*·sen sih a·*lain*
	¿Viaja solo/sola?
Reisen Sie in einer Gruppe?	*rai*·sen sih in *ai*·na *gru*·pe
	¿Viaja en grupo?
Reisen Sie mit Ihrer Familie?	*rai*·sen sih mit *ih*·ra fa·*mih*·li·e
	¿Viaja con su familia?

Direcciones

FRASES ÚTILES

¿Dónde hay (un banco)?	Wo ist (eine Bank)?	voh ist (ai·ne bank)
¿Cuál es la dirección?	Wie ist die Adresse?	vih ist dih a·dre·sse
¿A qué distancia está?	Wie weit ist es?	vih vait ist es

¿Dónde hay (un banco)?	Wo ist (eine Bank)? voh ist (ai·ne bank)
Busco (la catedral).	Ich suche (den Dom). ish su·je (dehn dom)
¿Cómo puedo llegar allí?	Wie kann ich da hinkommen? vih kan ish dah hin·ko·men
Me lo puede mostrar (en el mapa)?	Können Sie es mir (auf der Karte) zeigen? kö·nen sih es mih·a (auf deh·a kar·te) tsai·guen
¿Cuál es la dirección?	Wie ist die Adresse? vih ist dih a·dre·sse
Gire a la izquierda/derecha.	Biegen Sie links/rechts ab. bih·guen sih links/rejts ab
Gire en la esquina.	Biegen Sie an der Ecke ab. bih·guen sih an deh·a e·ke ab
Gire en el semáforo.	Biegen Sie bei der Ampel ab. bih·guen sih bai deh·a am·pel ab

Está …	Es ist …
	es ist …

detrás de …	hinter …	*hin*·ta …
lejos	weit weg	vait vehk
aquí	hier	*hih*·a
delante de …	vor …	*foh*·a …
a la izquierda	links	links
cerca	nahe	*nah*·e
al lado de …	neben …	*neh*·ben …
en la esquina	an der Ecke	an *deh*·a e·ke
frente a …	gegenüber …	gueh·guen·*üh*·ba …
a la derecha	rechts	rejts
todo recto	geradeaus	gue·rah·de·*aus*
allí	dort	dort

norte/sur	Norden m/Süden m
	nor·den/*süh*·den
este/oeste	Osten m/Westen m
	os·ten/*vess*·ten
¿A qué distancia está?	Wie weit ist es?
	vih *vait* ist es
en autobús	mit dem Bus
	mit dehm *buss*
en taxi	mit dem Taxi
	mit dehm *tak*·si
en tren	mit dem Zug
	mit dehm *tsuhk*
a pie	zu Fuß
	tsuh *fuss*

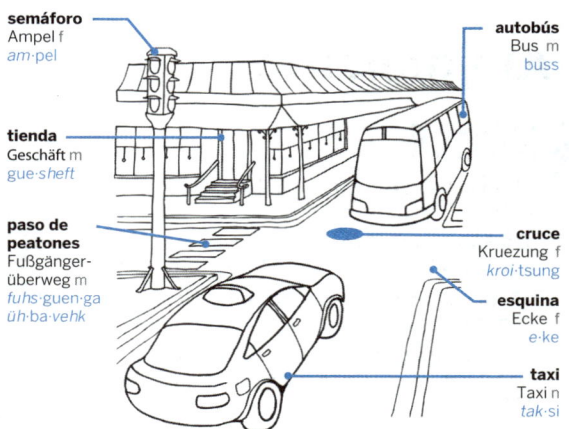

semáforo
Ampel f
*am·*pel

tienda
Geschäft m
gue·*sheft*

paso de peatones
Fußgängerüberweg m
fuhs·guen·ga *üh*·ba·*vehk*

autobús
Bus m
buss

cruce
Kruezung f
kroi·tsung

esquina
Ecke f
e·ke

taxi
Taxi n
tak·si

Está a (10) metros.	Es ist (10) Meter entfernt. es ist (tsehn) *meh*·ta ent·*fernt*
Está a (cinco) minutos.	Es ist (fünf) Minuten entfernt. es ist (fünf) mi·*nuh*·ten ent·*fernt*
avenida	Allee f a·*leh*
callejón	Gasse f *ga*·sse
plaza	Platz m plats
calle	Straße/Weg f/m *shtrah*·sse/vehk

Alojamiento

FRASES ÚTILES

¿Dónde hay un hotel?	Wo ist ein Hotel?	voh ist ain ho·*tel*
¿Cuánto cuesta por noche?	Wie viel kostet es pro Nacht?	vih fihl *kos*·tet es proh najt
¿Está incluido el desayuno?	Ist das Frühstück inklusive?	ist dass *früh*·shtük in·klu·*sih*·ve
¿A qué hora hay que dejar el hotel?	Wann muss ich auschecken?	van muss ish *aus*·che·ken

Buscar alojamiento

¿Dónde hay ...? Wo ist ...?
voh ist ...

una pensión	eine Pension	*ai*·ne pan·*sion*
un camping	ein Campingplatz	ain *kam*·ping·plats
un hotel	ein Hotel	ain ho·*tel*
un albergue	eine Jugendherberge	*ai*·ne *yu*·guent heh·a·ber·gue

¿Me puede recomendar algún lugar (barato)?
Können Sie etwas (Billiges) empfehlen?
kö·nen sih *et*·vass (*bi*·li·gues) emp·*feh*·len

SE OIRÁ

| Es tut mir Leid, wir haben keine Zimmer frei. | es tuht *mih*·a lait *vih*·a *hah*·ben *kai*·ne *tsi*·ma frai | Lo siento, no tenemos habitaciones libres. |
| Für wie viele Nächte? | *füh*·a vih *fih*·le *nesh*·te | ¿Para cuántas noches? |

| ¿Puede recomendar algún lugar (cercano)? | Können Sie etwas (in der Nähe) empfehlen? *kö*·nen sih *et*·vass (in *deh*·a *nèh*·e) emp*feh*·len |

Para las respuestas, véase **Direcciones** (p. 53).

Reservar y llegar al hotel

Me gustaría reservar una habitación.	Ich möchte bitte ein Zimmer reservieren. ish *mösh*·te *bi*·te ain *tsi*·ma re·sa·*vih*·ren
¿Hay habitaciones libres?	Gibt es freie Zimmer? guibt es *fra*·ie *tsi*·ma
Tengo una reserva.	Ich habe eine Reservierung. ish *hah*·be *ai*·ne re·sa·*vih*·rung
Para (tres) noches/semanas.	Für (drei) Nächte/Wochen. *füh*·a (drai) *nesh*·te/*vo*·jen
Del (2 de julio) al (6 de julio).	Vom (2. Juli) bis zum (6. Juli). vom (*tsvai*·ten *yuh*·li) biss tsum (*seks*·ten *yuh*·li)
¿Está el desayuno incluido?	Ist das Frühstück inklusive? ist dass *früh*·shtük in·klu·*sih*·ve

¿Cuánto cuesta por noche/persona?	Wie viel kostet es pro Nacht/Person? vih fihl *kos*·tet es proh najt/per·*sohn*
¿Cuánto cuesta por semana?	Wie viel kostet es pro Woche? vih fihl *kos*·tet es proh *vo*·je
¿Tiene una habitación doble?	Haben Sie ein Doppelzimmer mit einem Doppelbett? *hah*·ben sih ain *do*·pel·tsi·ma mit *ai*·nem *do*·pel·bet
¿Tiene una habitación individual?	Haben Sie ein Einzelzimmer? *hah*·ben sih ain *ain*·tsel·tsi·ma

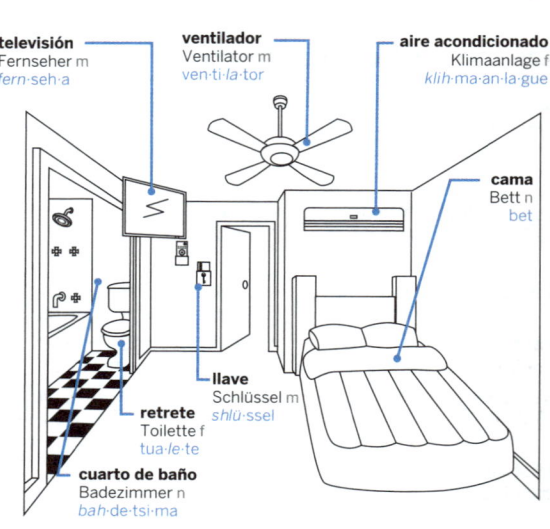

televisión — Fernseher m — *fern*·seh·a

ventilador — Ventilator m — ven·ti·*la*·tor

aire acondicionado — Klimaanlage f — *klih*·ma·an·la·gue

cama — Bett n — bet

llave — Schlüssel m — *shlü*·ssel

retrete — Toilette f — tua·*le*·te

cuarto de baño — Badezimmer n — *bah*·de·tsi·ma

Reservar habitación

¿Tiene una habitación ...?
Haben Sie ein ...?
hah·ben sih ain ...

 doble
Doppelzimmer
do·pel·tsi·ma

 **individual**
Einzelzimmer
ain·tsel·tsi·ma

¿Cuánto cuesta por ...?
Wie viel kostet es pro ...?
vih fihl *kos*·tet es proh ...

 noche
Nacht
najt

 persona
Person
per·*sohn*

¿El desayuno está incluido?
Ist das Frühstück inklusive?
ist dass *früh*·shtük in·kluh·*sih*·ve

¿Puedo ver la habitación?
Kann ich es sehen?
kan ish es *seh*·en

Me la quedo.
Ich nehme es.
ish *neh*·me es

No me la quedo.
Ich nehme es nicht.
ish *neh*·me es nisht

¿Tiene una habitación doble con dos camas individuales?	Haben Sie ein Doppelzimmer mit zwei Einzelbetten? *hah*·ben sih ain *do*·pel·tsi·ma mit tsvai ain·*tsel*·be·ten
¿Puedo verla?	Kann ich es sehen? kan ish es *seh*·en
Está bien. Me la quedo.	Es ist gut, ich nehme es. es ist guht ish *neh*·me es

Para formas de pago, véase **Dinero y bancos** (p. 86).

Peticiones y preguntas

¿Cuándo/Dónde se sirve el desayuno?	Wann/Wo gibt es Frühstück? van/voh guibt es *früh*·shtük
Por favor, despiérteme a las (siete).	Bitte wecken Sie mich um (sieben) Uhr. *bi*·te *ve*·ken sih mish um (*sih*·ben) *uh*·a
No es necesario que cambien las sábanas/toallas.	Sie brauchen meine Bettwäsche/Handtücher nicht zu wechseln. sih *brau*·jen *mai*·ne *bet*·ve·she/*han*·tü·sha nisht tsuh *vek*·seln
¿Puedo usar (internet)?	Kann ich (das Internet) benutzen? kan ish (dass *in*·ter·net) be·*nu*·tsen
¿Puedo usar (la lavandería)?	Kann ich (eine Waschmaschine) benutzen? kan ish (*ai*·ne *vash*·ma·shih·ne) be·*nu*·tsen
¿Tienen ...?	Haben Sie ...? *hah*·ben sih ...

servicio de lavandería	einen Wäscheservice	*ai*·nen *ve*·she·ser·viss
ascensor	einen Aufzug	*ai*·nen *auf*·tsuhk
caja fuerte	einen Safe	*ai*·nen sseif
piscina	ein Schwimmbad	ain *shvim*·baht

¿Organizan aquí circuitos?	Arrangieren Sie hier Touren? a·rang·*zhih*·ren sih *hih*·a *tuh*·ren
¿Puedo dejar un mensaje para alguien?	Kann ich eine Nachricht für jemanden hinterlassen? kan ish *ai*·ne *naj*·risht *füh*·a *yeh*·man·den hin·ta·*la*·ssen
¿Hay algún mensaje para mí?	Haben Sie eine Nachricht für mich? *hah*·ben sih *ai*·ne *naj*·risht *füh*·a mish
¿Puede darme otro/a ...?	Kann ich noch einen/eine/ein ... bekommen? m/f/n kan ish noj *ai*·nen/*ai*·ne/ain ... be·*ko*·men

manta	Decke f	*de*·ke
almohada	Kopfkissen n	*kopf*·ki·ssen
funda de almohada	Kopfkissen bezug m	*kopf*·ki·ssen be·tsuhk
toalla	Handtuch n	*hant*·tuhj

¿Me puede dar mi llave, por favor?	Könnte ich bitte meinen Schlüssel haben? *kön*·te ish *bi*·te *mai*·nen *shlü*·ssel *hah*·ben

¿Podría darme una factura, por favor?	Könnte ich bitte eine Quittung haben? *kön*·te ish *bi*·te *ai*·ne *kvi*·tung *hah*·ben
Me he quedado sin llave fuera de la habitación.	Ich habe mich aus meinem Zimmer ausgesperrt. ish *hah*·be mish aus *mai*·nem *tsi*·ma *aus*·gue·shpert
No hay agua caliente.	Es gibt kein warmes Wasser. es guibt kain *var*·mes *va*·ssa
Esta (sábana) no está limpia.	Dieses (Bettlaken) ist nicht sauber. *dih*·ses (*bet*·lah·ken) ist nisht *sau*·ba
Es demasiado ...	Es ist zu ... es ist tsuh ...

fría	kalt	kalt
oscura	dunkel	*dung*·kel
luminosa	hell	hel
ruidosa	laut	laut
pequeña	klein	klain

El/La ... no funciona.	... funktioniert nicht. ... funk·tsio·*nih*·ert nisht

aire acondicionado	Die Klimaanlage	dih *klih*·ma·an·lah·gue
ventilador	Der Ventilator	*deh*·a ven·ti·*lah*·tor
calefacción	Das Heizgerät	das *haits*·gue·rèht
servicio	Die Toilette	dih tua·*le*·te

Llaman a la puerta

¿Quién es?	Wer ist da? *veh*·a ist dah
Un momento, por favor.	Einen Augenblick, bitte! *ai*·nen au·guen·*blik bi*·te
Adelante.	Herein! heh·a·*rain*
Vuelva más tarde, por favor.	Kommen Sie bitte später noch einmal. *ko*·men sih *bi*·te *shpèh*·ta noj *ain*·mahl

Salida del hotel

¿A qué hora hay que dejar la habitación?	Wann muss ich auschecken? van muss ish *aus*·che·ken
¿Qué suplemento hay que pagar para quedarse hasta (las seis)?	Was kostet es extra, wenn ich bis (sechs Uhr) bleiben möchte? vas *kos*·tet es *eks*·tra ven ish bis (seks *uh*·a) *blai*·ben *mösh*·te
Me voy ahora.	Ich reise jetzt ab. ish *rai*·se yetst ab
¿Puede llamarme un taxi para (las 11)?	Können Sie mir (für 11 Uhr) ein Taxi rufen? *kö*·nen sih *mih*·a (*füh*·a elf *üh*·a) ain *tak*·si *ruh*·fen
¿Puedo dejar mi equipaje aquí hasta (la noche)?	Kann ich meine Taschen bis (heute Abend) hier lassen? kan ish *mai*·ne *ta*·shen bis (*hoi*·te *ah*·bent) hih·a *la*·ssen

¿Podría devolverme mi depósito, por favor?	Könnte ich bitte meine Anzahlung haben? *kön*·te ish *bi*·te *mai*·ne *an*·tsah·lung *hah*·ben
¿Podría devolverme el pasaporte, por favor?	Könnte ich bitte meinen Pass haben? *kön*·te ish *bi*·te *mai*·nen *pass hah*·ben
¿Podría devolverme mis objetos de valor, por favor?	Könnte ich bitte meine Wertsachen haben? *kön*·te ish *bi*·te *mai*·ne *vert*·sa·jen *hah*·ben
La estancia ha sido muy agradable.	Es hat mir hier sehr gut gefallen. es hat *mih*·a *hih*·a *seh*·a guht gue·*fa*·len
Recomendaré este lugar a mis amistades.	Ich werde Sie weiterempfehlen. ish *vehr*·de sih *vai*·ta·emp·feh·len

Camping

¿Puedo acampar aquí?	Kann ich hier zelten? kan ish hih·a *tsel*·ten
¿Dónde está el camping más cercano?	Wo ist der nächste Zeltplatz? voh ist deh·a *nèhjs*·te *tselt*·plats
¿Tienen ...?	Haben Sie ...? *hah*·ben sih ...

electricidad	Strom	shtrohm
duchas	Duschen	*duh*·shen
una parcela	einen Stellplatz	*ai*·nen *shtel*·plats
tiendas de alquiler	Zelte zu vermieten	*tsel*·te tsuh fea·*mih*·ten

¿Es potable el agua?	Kann man das Wasser trinken?	
	kan man dass *va*·ssa *tring*·ken	
¿A quién debo pedir permiso para acampar aquí?	Wen muss ich fragen, wenn ich hier zelten möchte?	
	vehn muss ish *frah*·guen ven ish *hih*·a *tsel*·ten *mösh*·te	
¿Cuánto cobran ...?	Wie viel berechnen Sie ...?	
	vih fihl be·*rej*·nen sih ...	

por coche	für ein Auto	*füh*·a ain *au*·to
por caravana	für einen Wohnwagen	*füh*·a *ai*·nen *vohn*·vah·guen
por tienda	für ein Zelt	*füh*·a ain tselt
por persona	pro Person	proh per·*sohn*

bombona de gas	Gasflasche f *gahs*·fla·she
mazo	Holzhammer m *holss*·ha·ma
estaquilla	Hering m *heh*·ring
cuerda	Seil n sail
saco de dormir	Schlafsack m *shlahf*·sak
pala	Spaten m *shpah*·ten
tienda	Zelt n tselt
linterna	Taschenlampe f *ta*·shen·lam·pe

Alquilar

Estoy aquí por el/la … en alquiler.	Ich komme wegen des/der/des zu vermietenden … m/f/n ish *ko*·me *veh*·guen des/*deh*·a/des tsuh fea·*mih*·ten·den …

piso	Appartement n	a·*part*·ment
cabaña	Hütte f	*hü*·te
apartamento	Ferienwohnung f	*feh*·ri·en·voh·nung
casa	Haus n	haus
habitación	Zimmer n	*tsi*·ma
villa	Villa f	*vi*·la

amueblado	möbliert mö·*blih*·ert
semiamueblado	teilmöbliert *tail*·mö·*blih*·ert
sin muebles	unmöbliert *un*·mö·*blih*·ert
¿Tienen un/una … en alquiler?	Haben Sie … zu vermieten? *hah*·ben sih … tsuh fea·*mih*·ten
¿Cuánto cuesta por (una) semana?	Was kostet es für (eine) Woche? vass *kos*·tet es *füh*·a (*ai*·ne) *vo*·je
¿Cuánto cuesta por (dos) meses?	Was kostet es für (zwei) Monate? vass *kos*·tet es *füh*·a (tsvai) *moh*·na·te

Quiero alquilarlo del (2 de julio) al (6 de julio).	Ich möchte es vom (2. Juli) bis zum (6. Juli) mieten. ish *mösh*·te es fom (*tsvai*·ten *yuh*·li) bis tsum (*seks*·ten *yuh*·li) *mih*·ten
¿Cuántas habitaciones tiene?	Wie viele Zimmer hat es? vih *fih*·le *tsi*·ma hat es
¿Hay que pagar fianza?	Gibt es eine Kaution? guibt es *ai*·ne kau·*tsion*
¿Hay gastos adicionales?	Kommen noch Nebenkosten dazu? *ko*·men noj *neh*·ben·kos·ten da·*tsuh*
¿Quién es la persona de contacto?	Wer ist meine Kontaktperson? *veh*·a ist *mai*·ne kon·*takt*·per·sohn

EN PRÁCTICA ALOJAMIENTO

Wann muss ich auschecken?
van muss ish *aus*·che·ken
¿A qué hora debo dejar la habitación?

Alojamiento en casas particulares

¿Me puedo quedar en su/tu casa?	Kann ich bei Ihnen/dir übernachten? for/inf kan ish bai *ih*·nen/*dih*·a üh·ba·*naj*·ten
Tengo saco de dormir.	Ich habe meinen eigenen Schlafsack. ish *hah*·be *mai*·nen *ai*·gue·nen shlahf·sak
¿Puedo hacer algo para ayudar?	Kann ich Ihnen/dir irgendwie helfen? for/inf kan ish *ih*·nen/*dih*·a *ir*·guent·vih *hel*·fen
¿Puedo traer algo para la comida?	Kann ich etwas für das Essen mitbringen? kan ish et·vass *füh*·a dass e·ssen *mit*·brin·guen
¿Puedo lavar los platos?	Kann ich abwaschen? kan ish *ab*·va·shen
¿Puedo poner/recoger la mesa?	Kann ich den Tisch decken/abräumen? kan ish dehn tish *de*·ken/*ab*·roi·men
Gracias por su/tu hospitalidad.	Vielen Dank für Ihre/deine Gastfreundschaft. for/inf *fih*·len dank *füh*·a *ih*·re/*dai*·ne *gast*·froint·shaft

Para agradecer la cocina preparada por los anfitriones, véase **Comer fuera** (p. 170).

De compras

FRASES ÚTILES

Quisiera comprar ...	Ich möchte ... kaufen.	ish *mösh*·te ... *kau*·fen
¿Me lo puede enseñar?	Können Sie es mir zeigen?	*kö*·nen sih es *mih*·a *tsai*·guen
¿Me lo puedo probar?	Kann ich es anprobieren?	kan ish es *an*·pro·bih·ren
¿Cuánto cuesta?	Wie viel kostet das?	vih fihl *kos*·tet dass

Dónde ...

¿Dónde hay (un supermercado)?	Wo ist (ein/der Supermarkt)? voh ist (ain/*deh*·a su·pa·markt)
¿Dónde puedo comprar (productos/recuerdos de esta zona)?	Wo kann ich (örtlich produzierte Waren/ Andenken) kaufen? voh kan ish (*ört*·lish pro·du·*tsier*·te *vah*·ren/ *an*·den·ken) *kau*·fen

Para frases sobre cómo llegar a un lugar, véase **Direcciones** (p. 53), y para más tipos de tiendas y servicios, véase el **Diccionario**.

Hacer una compra

Me gustaría comprar ...	Ich möchte ... kaufen. ish *mösh*·te ... *kau*·fen
Solo estoy mirando.	Ich schaue mich nur um. ish *shau*·e mish *nuh*·a um

EN PRÁCTICA — DE COMPRAS

🔊 SE OIRÁ

Kann ich Ihnen helfen?	kan ish *ih*·nen *hel*·fen ¿Puedo ayudarle?
Möchten Sie noch etwas?	*mösh*·ten sih noj *et*·vass ¿Desea alguna cosa más?
Nein, (haben wir) leider nicht.	nain (*hah*·ben *vih*·a) *lai*·da nisht No, lo siento, no tenemos.

¿De qué está hecho?	Woraus ist das gemacht? voh·*raus* ist dass gue·*majt*
¿Cuánto cuesta?	Wie viel kostet das? vih fihl *kos*·tet dass
✂ **¿Cuánto cuesta?**	Das kostet? dass *kos*·tet
¿Puede escribir el precio?	Können Sie den Preis aufschreiben? *kö*·nen sih dehn prais *auf*·shrai·ben
¿Tiene otros?	Haben Sie noch andere? *hah*·ben sih noj *an*·de·re
¿Me lo puede enseñar?	Können Sie es mir zeigen? *kö*·nen sih es *mih*·a *tsai*·guen
¿Aceptan tarjetas de crédito/débito?	Nehmen Sie Kreditkarten/Debitkarten? *neh*·men sih kre·*diht*·kar·ten/ *de*·bit·kar·ten
¿Podría darme una bolsa, por favor?	Könnte ich eine Tüte bekommen? *kön*·te ish *ai*·ne *tü*·te be·*ko*·men

Hacer una compra

Querría comprar ...
Ich möchte ... kaufen.
ish mösh·te ... kau·fen

¿Cuánto cuesta?
Wie viel kostet das?
vih fihl kos·tet dass

o

¿Puede escribir el precio?
Können Sie den Preis aufschreiben?
kö·nen sih den prais auf·shrai·ben

¿Aceptan tarjetas de crédito?
Nehmen Sie Kreditkarten?
neh·men sih kre·diht·kar·ten

¿Me podría dar ...?
Könnte ich eine ... bekommen?
kön·te ish ai·ne ... be·ko·men

factura
Quittung
kvi·tung

bolsa
Tüte
tü·te

¿Podría darme un recibo, por favor?	Könnte ich eine Quittung bekommen?	kön·te ish ai·ne kvi·tung be·ko·men
 **Un recibo, por favor.**	Eine Quittung, bitte.	ai·ne kvi·tung bi·te
¿Me lo puede empaquetar?	Könnte ich es eingepackt bekommen?	kön·te ish es ain·gue·pakt be·ko·men
No necesito bolsa, gracias.	Ich brauche keine Tüte, danke.	ish brau·je kai·ne tü·te dan·ke
¿Tiene garantía?	Gibt es darauf Garantie?	guibt es da·rauf ga·ran·tih
¿Lo pueden enviar al extranjero?	Kann ich es ins Ausland verschicken lassen?	kan ish es ins aus·lant fea·shi·ken la·ssen
¿Podría recogerlo más tarde?	Kann ich es später abholen?	kan ish es shpèh·ta ab·hoh·len
Está defectuoso/roto.	Es ist fehlerhaft/kaputt.	es ist feh·la·haft/ka·put
Quisiera el cambio, por favor.	Ich möchte bitte mein Wechselgeld.	ish mösh·te bi·te main vek·ssel·guelt
Quisiera que me devolvieran mi dinero, por favor.	Ich möchte bitte mein Geld zurückhaben.	ish mösh·te bi·te main guelt tsu·rük·hah·ben

🔊 SE OIRÁ

Ausverkauf m	*aus*·fea·kauf	rebajas
Nepp m	nep	timo
Schnäppchen n	*shnep*·shen	ganga
Sonderangebote n pl	*son*·da·an·gue·boh·te	oferta

Me gustaría devolver esto, por favor.	Ich möchte bitte dieses zurückgeben. ish *mösh*·te *bi*·te *dih*·ses tsu·*rük*·gueh·ben

Regatear

Es demasiado caro.	Das ist zu teuer. dass ist tsuh *toi*·a
¿Puede bajar el precio?	Können Sie mit dem Preis heruntergehen? *kö*·nen sih mit dem prais he·*run*·ta·gueh·en
¿Tiene algo más barato?	Haben Sie etwas Billigeres? *hah*·ben sih *et*·vass *bi*·li·gue·res
Le daré ...	Ich gebe Ihnen ... ish *gueh*·be *ih*·nen ...

Libros

¿Hay una sección de (libros en español)?	Gibt es eine Abteilung (für spanische Bücher)? guibt es *ai*·ne ab·*tai*·lung (*füh*·a *shpah*·ni·she *bü*·sha)
¿Hay alguna librería especializada en (libros en español)?	Gibt es einen Buchladen (für spanische Bücher)? guibt es *ai*·nen *buj*·lah·den (*füh*·a *shpah*·ni·she *bü*·sha)

¿Tienen guías Lonely Planet?	Haben Sie Lonely-Planet-Reiseführer? *hah*·ben sih *lohn*·li·*pla*·net·*rai*·se·füh·ra
Busco algún libro de (Hermann Hesse).	Ich suche nach etwas von (Hermann Hesse). ish *su*·je naj *et*·vass fon (*her*·man *he*·sse)

Ropa

¿Puedo probármelo/la?	Kann ich es anprobieren? kan ish es *an*·pro·bih·ren
Uso la talla ...	Ich habe Größe ... ish *hah*·be *gröh*·sse ...
No me queda bien.	Es passt nicht. es passt nisht
pequeño/mediano/grande	klein/mittelgroß/groß klain/*mi*·tel·grohss/grohss

Para piezas de ropa, véase el **Diccionario**, y para las tallas, véase **Números y cantidades** (p. 30).

Música y DVD

Querría un CD.	Ich hätte gern eine CD. ish *he*·te guèhrn *ai*·ne tseh·*deh*
Querría un DVD.	Ich hätte gern eine DVD. ish *he*·te guèhrn *ai*·ne deh·fau·*deh*
Querría unos auriculares.	Ich hätte gern Kopfhörer. ish *he*·te guèhrn *kopf*·hö·ra
¿Cuál es su mejor grabación?	Was ist ihre beste CD? vass ist *ih*·re *bes*·te tseh·*deh*
¿Puedo escucharlo?	Kann ich mir das anhören? kan ish *mih*·a dass *an*·hö·ren

¿Funcionará en cualquier reproductor de DVD?	Funktioniert die auf jedem DVD-Player? funk·tsio·*nih*·ert dih auf *yeh*·dem deh·fau·*deh*·ple·ya
¿Para qué región es este DVD?	Für welche Region ist diese DVD? *füh*·a *vel*·she re·*gui̇on* ist *dih*·se deh·fau·*deh*

Fotografía

¿Pueden imprimir fotografías digitales?	Können Sie digitale Fotos drucken? *kö*·nen sih di·gui·*tah*·le *foh*·tos *dru*·ken

Kann ich es anprobieren?
kan ish es *an*·pro·bih·ren
¿Puedo probármelo/la?

¿Pueden revelar este carrete?	Können Sie diesen Film entwickeln? *kö*·nen sih *dih*·sen film ent·*vi*·keln
¿Pueden transferir mis fotografías de la cámara a un CD?	Können Sie Fotos von meiner Kamera auf CD brennen? *kö*·nen sih *foh*·tos fon *mai*·na *ka*·me·ra auf *tseh*·deh *bre*·nen
¿Tienen (baterías) para esta cámara?	Haben Sie (Akkus) für diese Kamera? *hah*·ben sih (*a*·kuhs) *füh*·a *dih*·se *ka*·me·ra
¿Tienen (tarjetas de memoria) para esta cámara?	Haben Sie (Speicherkarten) für diese Kamera? *hah*·ben sih (*shpai*·ja·kar·ten) *füh*·a *dih*·se *ka*·me·ra
Necesito un carrete ... para esta cámara.	Ich brauche einen ... für diese Kamera. ish *brau*·je *ai*·nen ... *füh*·a *dih*·se *ka*·me·ra

en blanco y negro	Schwarzweißfilm	shvarts·*vaiss*·film
en color	Farbfilm	*farb*·film
de diapositivas	Diafilm	*dih*·a·film
de (200) ASA	(200)-ASA-Film	(*tsvai*·hun·dert)·*ah*·sa·film

¿Cuánto cuesta revelar este carrete?	Was kostet es, diesen Film entwickeln zu lassen? vass *kos*·tet es *dih*·sen film ent·*vi*·keln tsuh *la*·ssen

SOBRE LA CULTURA: Bagatelas y recuerdos

Austria	bombones (*Pralinen* n pl *pra·lih·*nen), brandy de frutas (*Obstler* m *ohbst·*la)
Bosques bábaros	objetos de cristal (*Kristallglas* n kris·*tal·*glahss)
Montañas del Harz	títeres (*Puppe* f *pu·*pe), marionetas (*Marionette* f ma·rio·*ne·*te), objetos de cristal (*Glaswaren* pl *glahss·*vah·ren)
Lübeck	mazapán (*Marzipan* n *mar·*tsi·pahn)
Meissen	porcelana antigua y moderna (*Porzellan* n por·*tse·*lahn)
Nuremberg	juguetes de lata (*Blechspielzeug* n *blej·*shpihl·tsoik), pan de especias (*Lebkuchen* m *lehp·*kuh·jen)
Ríos Rin y Mosela	vino blanco (*Weißwein* m *vais·*vain)
Rothenburg ob der Tauber	juguetes de madera (*Holzspielzeug* n *holts·*shpihl·tsoik), decoraciones navideñas (*Weihnachtsschmuck* m *vai·*najts·shmuk)
Suiza	relojes de cuco (*Kuckucksuhr* f *ku·*kuks·uh·a), chocolate (*Schokolade* f sho·ko·*lah·*de), cencerros (*Kuhglocke* f *kuh·*glo·ke)
Selva negra	relojes de cuco, muñecas (*Puppe* f *pu·*pe), brandy de frutas
Turingia	figuras de madera (*Holzfigur* f *holts·*fi·guh·a), decoraciones navideñas

EN PRÁCTICA DE COMPRAS

Necesito un cable para conectar mi cámara con un ordenador.	Ich brauche ein Kabel, um meine Kamera an einem Computer anzuschließen. ish *brau·*je ain *kah·*bel um *mai·*ne *ka·*me·ra an *ai·*nem kom·*piu·*ta *an·*tsuh·shlih·ssen

Necesito una foto para el pasaporte	Ich möchte ein Passfoto machen lassen. ish *mösh*·te ain *pass*·foh·to ma·jen *la*·ssen
Necesito un cable para recargar esta batería.	Ich brauche ein Ladekabel für diesen Akku. ish *brau*·je ain *lah*·de·kah·bel füh·a *dih*·sen *a*·kuh
cámara digital	Digitalkamera f di·gui·*tahl*·kah·me·ra
cámara de un solo uso	Wegwerfkamera f *vehk*·verf·kah·me·ra

Reparaciones

¿Me pueden reparar mi ... aquí?	Kann ich hier mein ... reparieren lassen? kan ish *hih*·a main ... re·pa·*rih*·ren *la*·ssen
¿Cuándo estarán listos mis zapatos?	Wann sind meine Schuhe fertig? van sind *mai*·ne *shuh*·e *fer*·tish
¿Cuándo estará lista mi mochila?	Wann ist mein Rucksack fertig? van ist main *ruk*·sak *fer*·tish
¿Cuándo estará lista mi cámara?	Wann ist meine Kamera fertig? van ist *mai*·ne *ka*·me·ra *fer*·tish
¿Cuándo estarán listas mis gafas (de sol)?	Wann ist meine (Sonnen)Brille fertig? van ist *mai*·ne (*so*·nen·)*bri*·le *fer*·tish

Comunicaciones

FRASES ÚTILES

¿Dónde hay un cibercafé?	Wo ist hier ein Internet-Café?	voh ist *hih*·a ain *in*·ter·net·ka·feh
Me gustaría revisar mi correo electrónico.	Ich möchte meine E-Mails checken.	ish *mösh*·te *mai*·ne *ih*·meils *che*·ken
Querría una tarjeta SIM para su red.	Ich hätte gern eine SIM-Karte für Ihr Netz.	ish *he*·te guèhrn *ai*·ne *sim*·kar·te *füh* a *ih* a nets

Correos

Querría enviar un paquete.	Ich möchte ein Paket senden. ish *mösh*·te ain pa·*keht sen*·den
Querría enviar una postal.	Ich möchte eine Postkarte senden. ish *mösh*·te *ai*·ne *post*·kar·te *sen*·den
Querría comprar un sobre.	Ich möchte einen Umschlag kaufen. ish *mösh*·te *ai*·nen *um*·shlahk *kau*·fen
Querría comprar un sello.	Ich möchte eine Briefmarke kaufen. ish *mösh*·te *ai*·ne *brihf*·mar·ke *kau*·fen

🔊 SE OIRÁ

Einschreiben n	*ain*·shrai·ben	correo certificado
Expresspost f	eks·*press*·post	correo urgente
Inlands-	*in*·lants·	nacional
international	in·ter·na·tsio·*nahl*	internacional
Luftpost f	*luft*·post	correo aéreo
Postfach n	*post*·faj	apartado de correos
Postleitzahl f	*post*·lait·tsahl	código postal
Schiffspost f	*shifs*·post	correo marino
zerbrechlich	tsea·*brej*·lish	frágil
Zollerklärung f	*tsol*·er·klèh·rung	declaración de aduanas

Por favor, por (correo aéreo) a ...	Bitte schicken Sie das per (Luftpost) nach ... *bi*·te *shi*·ken sih dass per (*luft*·post) naj ...
Contiene ...	Es enthält ... es ent·*helt* ...
¿Dónde está el mostrador de la lista de correos?	Wo ist der Schalter für postlagernde Briefe? voh ist *deh*·a *shal*·ta *füh*·a *post*·lah·guern·de *brih*·fe
¿Hay correo para mí?	Ist Post für mich da? ist post *füh*·a mish dah

Teléfono

🅿 **¿Cuál es tu número de teléfono?**	Wie ist Ihre/deine Telefonnummer? for/inf vih ist *ih*·re/*dai*·ne te·le·*fohn*·nu·ma
🆁 **El número es ...**	Die Nummer ist ... dih *nu*·ma ist ...

81

> **SOBRE EL IDIOMA**
>
> **Números de teléfono**
> Para evitar confusiones con *drei* drai (tres), por teléfono los alemanes usan *zwo* tsvoh en lugar de *zwei* tsvai, para 'dos' (véase **Números y cantidades**, p. 30).

¿Dónde está el teléfono público más cercano?	Wo ist das nächste öffentliche Telefon? *voh ist dass nèhjs·te ö·fent·li·she te·le·fohn*
Querría comprar una tarjeta de teléfono.	Ich möchte eine Telefonkarte kaufen. *ish mösh·te ai·ne te·le·fohn·kar·te kau·fen*
¿Tienen tarjetas de teléfono de prepago para llamadas internacionales?	Haben Sie internationale Prepaid-Telefonkarten? *hah·ben sih in·ter·na·tsio·nah·le prih·peid· te·le·fohn·kar·ten*
Me gustaría hacer una llamada a (España).	Ich möchte nach (Spanien) telefonieren. *ish mösh·te naj (shpah·ni·en) te·le·fo·nih·ren*
Me gustaría hacer una llamada local.	Ich möchte ein Ortsgespräch führen. *ish mösh·te ain orts·gue·shprej füh·ren*
Me gustaría hacer una llamada a cobro revertido.	Ich möchte ein R-Gespräch führen. *ish mösh·te ain er·gue·shprej füh·ren*
¿Cuánto cuesta una llamada de (tres) minutos?	Wie viel kostet ein (drei)-minutiges Gespräch? *vih fihl kos·tet ain (drai)· mi·nuh·ti·gues gue·shprej*

EN PRÁCTICA COMUNICACIONES

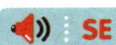 SE OIRÁ

Tut mir Leid, Sie haben die falsche Nummer.	tuht *mih*·a lait sih *hah*·ben dih *fal*·she *nu*·ma Lo siento, se ha equivocado.
Wer ist am Apparat?	*veh*·a ist am a·*pa*·raht ¿Quién llama?
Mit wem möchten Sie sprechen?	mit vehm *mösh*·ten sih *shpre*·jen ¿Con quién quiere hablar?
Einen Augenblick, bitte.	*ai*·nen au·guen·*blik bi*·te Un momento, por favor.
Es tut mir Leid, (er/sie) ist nicht hier.	es tuht *mih*·a lait (*eh*·a/sih) ist nisht *hih*·a Lo siento, no está aquí.

Me gustaría saber el número de ...	Ich möchte gerne die Nummer für ... wissen. ish *mösh*·te guèhrn dih *nu*·ma füh·a ... *vi*·ssen
¿Tienen una guía de teléfonos?	Haben Sie ein Telefonbuch? *hah*·ben sih ain te·le·*fohn*·buj
¿Cuál es el prefijo de ...?	Was ist die Vorwahl für ...? vass ist dih *fo*·a·vahl *füh*·a ...
Está ocupado.	Es ist besetzt. es ist be·*setst*
La conexión es mala.	Die Verbindung ist schlecht. dih fea·*bin*·dung ist shlesht
Se ha cortado.	Ich bin unterbrochen worden. ish bin un·ta·*bro*·jen *vor*·den
¿Podría hablar con ...?	Kann ich mit ... sprechen? kan ish mit ... *shpre*·jen

¿Puedo dejar un mensaje?	Kann ich eine Nachricht hinterlassen?
	kan ish *ai*·ne *naj*·risht hin·ta·*la*·ssen
Mi número es ...	Meine Nummer ist ...
	mai·ne *nu*·ma ist ...
Por favor, dígale que he llamado.	Bitte sagen Sie ihm/ihr, dass ich angerufen habe.
	bi·te *sah*·guen sih ihm/*ih*·a dass ish *an*·gue·ruh·fen *hah*·be
Volveré a llamar más tarde.	Ich rufe später nochmal an.
	ish *ruh*·fe *shpèh*·ta *noj*·mahl an
¿A qué hora debería llamar?	Wann kann ich am besten anrufen?
	van kan ish am *bes*·ten *an*·ruh·fen

Teléfono móvil

Querría un/una ... Ich hätte gern ...
ish *he*·te guèhrn ...

cargador para mi teléfono	ein Ladegerät für mein Handy	ain *lah*·de·gue·rèht *füh*·a main *hen*·di
teléfono móvil de alquiler	ein Miethandy	ain *miht*·hen·di
teléfono móvil de prepago	ein Handy mit Prepaidkarte	ain *hen*·di mit *prih*·peid·kar·te
una tarjeta de prepago con saldo	eine Karte mit Prepaid-Guthaben	*ai*·ne *kar*·te *mit* prih·peid·*guht*·hah·ben
una tarjeta SIM para su red	eine SIM-Karte für Ihr Netz	*ai*·ne sim·*kar*·te *füh*·a *ih*·a nets

¿Cuáles son las tarifas?	Wie hoch sind die Gebühren? vih hoj sind dih gue·*büh*·ren

Internet

¿Dónde hay un cibercafé?	Wo ist hier ein Internet-Café? voh ist *hih*·a ain *in*·ter·net·ka·feh
¿Hay wifi aquí?	Gibt es hier einen WLAN-Zugang? guibt es *hih*·a *ai*·nen *veh*·lahn·tsuh·gang
¿Puedo conectar aquí mi portátil?	Kann ich meinen Laptop hier anschließen? kan ish *mai*·nen *lep*·top *hih*·a *an*·shlih·sen
¿Cuánto cuesta por hora/página?	Was kostet es pro Stunde/Seite? vas *kos*·tet es proh *shtun*·de/*sai*·te
Querría ...	Ich möchte ... ish *mösh*·te ...

copiar un CD	eine CD brennen	*ai*·ne tse de *bre*·nen
revisar mi correo electrónico	meine E-Mails checken	*mai*·ne *ih*·meils *che*·ken
descargar mis fotos	meine Fotos herunterladen	*mai*·ne *foh*·tos he·*run*·ta·lah·den
usar una impresora	einen Drucker benutzen	*ai*·nen *dru*·ka be·*nu*·tsen
usar un escáner	einen Scanner benutzen	*ai*·nen *ska*·na be·*nu*·tsen
usar Skype	Skype benutzen	skaip be·*nu*·tsen

¿Tienen PC/Mac?	Haben Sie PCs/Macs?	
	hah·ben sih peh·*tsehs*/maks	
¿Tienen auriculares (con un micrófono)?	Haben Sie Kopfhörer (mit einem Mikrofon)?	
	hah·ben sih *kopf*·hö·ra (mit *ai*·nem *mih*·kro·fohn)	
¿Cómo me conecto?	Wie logge ich mich ein?	
	vih *loh*·gue ish mish ain	
¿Cuál es la contraseña?	Wie lautet das Passwort?	
	vih *lau*·tet dass *pass*·vort	
¿Puedo conectar mi … a este ordenador?	Kann ich … an diesen Computer anschließen?	
	kan ish … an *dih*·sen kom·*piu*·ta *an*·shlih·ssen	

cámara	meine Kamera	*mai*·ne *kah*·me·ra
iPhone	mein iPhone	main *ai*·fohn
iPod	meinen iPod	*mai*·nen *ai*·pod
reproductor de MP3	meinen MP3-Player	*mai*·nen em·peh·*drai*·ple·ya
memoria USB	meinen USB-Stick	*mai*·nen uh·es·*beh*·shtik

Se ha colgado.	Es ist abgestürzt.	
	es ist *ab*·gue·shtürtst	
He terminado.	Ich bin fertig.	
	ish bin *fer*·tish	

Dinero y bancos

FRASES ÚTILES

¿Cuánto cuesta?	Wie viel kostet es?	vih fihl *kos*·tet es
¿Dónde está el cajero más cercano?	Wo ist der nächste Geldautomat?	voh ist *deh*·a *nèhjs*·te *guelt*·au·to·maht
¿Cuál es la tarifa de cambio?	Wie ist der Wechselkurs?	vih ist *deh*·a *vek*·sel·kurs

Pagar la cuenta

P ¿Cuánto cuesta?	Wie viel kostet es? vih fihl *kos*·tet es
R Es gratis.	Das ist umsonst. dass ist um·*sonst*
R Cuesta (30) euros.	Das kostet (30) Euro. das *kos*·tet (*drai*·tsish) *oi*·ro
¿Podría escribir el precio?	Können Sie den Preis aufschreiben? *kö*·nen sih dehn prais *auf*·shrai·ben
Hay un error en la cuenta.	Da ist ein Fehler in der Rechnung. dah ist ain *feh*·la in *deh*·a *rej*·nung
¿Aceptan tarjetas de crédito/débito?	Nehmen Sie Kreditkarten/Debitkarten? *neh*·men sih kre·*diht*·kar·ten/*deh*·bit·kar·ten

Querría mi cambio, por favor.	Ich möchte bitte mein Wechselgeld. ish *mösh*·te *bi*·te main *vek*·sel·guelt
Querría un recibo, por favor.	Ich möchte bitte eine Quittung. ish *mösh*·te *bi*·te *ai*·ne *kvi*·tung
Querría que me devolvieran mi dinero, por favor.	Ich möchte bitte mein Geld zurückhaben. ish *mösh*·te *bi*·te main guelt tsu·*rük*·hah·ben

En el banco

¿Dónde está el cajero más cercano?	Wo ist der nächste Geldautomat? voh ist *deh*·a *nèhjs*·te *guelt*·au·to·maht
¿Dónde está la oficina de cambio más cercana?	Wo ist die nächste Geldwechsel stube? voh ist dih *nèhjs*·te *guelt*·vek·sel·shtuh·be

 SE OIRÁ

Kann ich bitte einen Ausweis sehen?	kan ish *bi*·te *ai*·nen *aus*·vais *seh*·en ¿Puedo ver alguna identificación, por favor?
Bitte unterschreiben Sie hier.	*bi*·te un·ta·*shrai*·ben sih *hih*·a Firme aquí, por favor.
Es gibt da ein Problem mit Ihrem Konto.	es guibt dah ain pro·*blehm* mit *ih*·rem *kon*·to Hay un problema con su cuenta.
Ihr Konto ist überzogen.	*ih*·a *kon*·to ist üh·ba·*tsoh*·guen Tiene un descubierto.

¿A qué hora abre el banco?	Wann macht die Bank auf? van majt dih bank auf	
¿Dónde puedo ...?	Wo kann ich ...? voh kan ish ...	
Querría ...	Ich möchte ... ish *mösh*·te ...	

hacer una transferencia	einen Transfer tätigen	*ai*·nen trans·*fa teh*·ti·guen
cobrar un cheque	einen Scheck einlösen	*ai*·nen shek *ain*·lö·sen
cambiar dinero	Geld umtauschen	guelt *um*·tau·shen
cambiar cheques de viaje	Reiseschecks einlösen	*rai*·se·sheks *ain*·lö·sen
recibir un anticipo	eine Barauszahlung	*ai*·ne *bahr*·aus·tsah·lung
cambiar este billete	diesen Schein wechseln	*dih*·sen shain *vek*·seln
retirar dinero	Geld abheben	guelt *ab*·heh·ben

¿Cuál es la tarifa de cambio?	Wie ist der Wechselkurs? vih ist *deh*·a *vek*·sel·kurs
¿Cuál es el cargo por esto?	Wie hoch sind die Gebühren dafür? vih hoj sind dih gue·*büh*·ren da·*füh*·a
¿Cuál es la comisión?	Wie hoch ist die Kommission? vih hoj ist dih ko·mi·*ssiohn*
El cajero se ha tragado mi tarjeta.	Der Geldautomat hat meine Karte einbehalten. *deh*·a *guelt*·au·to·maht hat *mai*·ne *kar*·te *ain*·be·hal·ten

> **SOBRE EL IDIOMA** — **Monedas**
> Hablar de precios en alemán es fácil, pues las monedas no cambian en plural. Veinte euros es sencillamente *zwanzig Euro* tsvan·tsish *oi*·ro.

He olvidado mi número secreto.	Ich habe meine Geheimnummer vergessen. ish *hah*·be *mai*·ne gue·*haim*·nu·ma fea·*gue*·ssen
¿Puedo utilizar mi tarjeta de crédito para retirar dinero?	Kann ich mit meiner Kreditkarte Geld abheben? kan ish mit *mai*·na kre·*diht*·kar·te guelt *ab*·heh·ben
¿Ha llegado ya mi dinero?	Ist mein Geld schon angekommen? ist main guelt shohn *an*·gue·ko·men
¿Cuánto tiempo tardará en llegar?	Wie lange dauert es, bis es da ist? vih *lan*·gue *dau*·ert es bis es dah ist

EN PRÁCTICA

DINERO Y BANCOS

Negocios

FRASES ÚTILES

Asisto a una conferencia.	Ich nehme an einer Konferenz teil.	ish *neh*·me an *ai*·na kon·fe·*rents* tail
Tengo una cita con ...	Ich habe einen Termin bei ...	ish *hah*·be *ai*·nen ter·*mihn* bai ...
¿Me puede/s dar una tarjeta de visita?	Kann ich Ihre/ deine Karte bekommen? **for/inf**	kan ish *ih*·re/ *dai*·ne *kar*·te be·*ko*·men

Asisto a una conferencia.	Ich nehme an einer Konferenz teil. ish *neh*·me an *ai*·na kon·fe·*rents* tail
Asisto a un curso/ una reunión.	Ich nehme an einem Kurs/ Meeting teil. ish *neh*·me an *ai*·nem kurs/ *mih*·ting tail
Visito una feria.	Ich besuche eine Messe. ish be·*suh*·je *ai*·ne *me*·sse
Estaré aquí (tres) días/ semanas.	Ich bin für (drei) Tage/Wochen hier. ish bin *füh*·a (drai) *tah*·gue/*vo*·jen *hih*·a
Estoy aquí con mi colega.	Ich bin mit meinem Kollegen hier. m ish bin mit *mai*·nem ko·*leh*·guen *hih*·a Ich bin mit meiner Kollegin hier. f ish bin mit *mai*·na ko·*leh*·guin *hih*·a

SOBRE LA CULTURA
Lenguaje corporal
En Alemania, Austria y Suiza es habitual que tanto hombres como mujeres se estrechen la mano. El apretón de manos debe ser fuerte y hay que mirar a la gente a los ojos. Nunca debe dejarse la otra mano en el bolsillo, pues se considerará de mala educación.

Estoy solo/a.	Ich bin allein. ish bin a·*lain*
Me alojo en …	Ich wohne im … ish *voh*·ne im …
Tengo una cita con …	Ich habe einen Termin bei … ish *hah*·be *ai*·nen ter·*mihn* bai …
P ¿Puede darme una tarjeta de visita?	Kann ich Ihre/deine Karte bekommen? for/inf kan ish *ih*·re/*dai*·ne *kar*·te be·*ko*·men
R Aquí está mi tarjeta de visita.	Hier ist meine Karte. *hih*·a ist *mai*·ne *kar*·te
Ha ido muy bien.	Das war sehr gut. dass vahr *seh*·a guht
Gracias por su/tu tiempo.	Danke für Ihre/deine Zeit. for/inf *dan*·ke *füh*·a *ih*·re/*dai*·ne tsait
Gracias por su/tu interés.	Danke für Ihr/dein Interesse. pol/inf *dan*·ke *füh*·a *ih*·a/dain in·te·re·sse
¿Le apetece ir a beber/ comer algo?	Sollen wir noch etwas trinken/essen gehen? *so*·len *vih*·a noj *et*·vass *tring*·ken/*e*·ssen *gueh*·en

Véase también el recuadro **Tratamientos** (p. 104).

Turismo

FRASES ÚTILES

Me gustaría tener un guía.	Ich hätte gern einen Reiseführer.	ish *he*·te guèhrn *ai*·nen *rai*·se·füh·ra
¿Puedo tomar fotografías?	Kann ich fotografieren?	kan ish fo·to·gra·*fih*·ren
¿A qué hora abre?	Wann macht es auf?	van majt es auf
Me gustaría ver ...	Ich möchte ... sehen.	ish *mösh*·te ... *seh*·en

Peticiones y preguntas

Me gustaría tener una audioguía.	Ich hätte gern einen Audioführer. ish *he*·te guèhrn *ai*·nen *au*·di·o·füh·ra
Me gustaría tener un guía.	Ich hätte gern einen Reiseführer. ish *he*·te guèhrn *ai*·nen *rai*·se·füh·ra
Me gustaría tener un mapa (de aquí).	Ich hätte gern eine Karte (von hier). ish *he*·te guèhrn *ai*·ne *kar*·te (fon *hih*·a)
¿Tienen información sobre puntos de interés (histórico)?	Haben Sie Informationen über (historische) Sehenswürdigkeiten? *hah*·ben sih in·for·ma·*tsio*·nen *üh*·ba (his·*toh*·ri·she) *seh*·ens·vür·dish·kai·ten

Me gustaría ver ...	Ich möchte ... sehen. ish *mösh*·te ... *seh*·en
¿Qué es eso?	Was ist das? vass ist dass
¿Cuántos años tiene?	Wie alt ist es? vih alt ist es
¿Puedo fotografiarle/te?	Kann ich (Sie/du) fotografieren? for/inf kan ish (sih/duh) fo·to·gra·*fih*·ren
¿Podría sacarme una fotografía?	Könnten Sie ein Foto von mir machen? *kön*·ten sih ain *foh*·to fon *mih*·a *ma*·jen

Kann ich fotografieren?
kan ish fo·to·gra·*fih*·ren

¿Puedo tomar fotografías?

Accesos

¿A qué hora abre/cierra?	Wann macht es auf/zu? van majt es auf/tsuh
¿Cuánto cuesta la entrada?	Was kostet der Eintritt? vas kos·tet deh·a ain·trit
Cuesta ...	Er kostet ... eh·a kos·tet ...
¿Hay descuentos para ...?	Gibt es eine Ermäßigung für ...? guibt es ai·ne ea·meh·ssi·gung füh·a ...

niños	Kinder	kin·da
familias	Familien	fa·mih·li·en
grupos	Gruppen	gru·pen
personas mayores	Senioren	seh·nioh·ren
estudiantes	Studenten	shtu·den·ten

Galerías y museos

¿Qué tipo de arte le/te interesa?	Für welche Art von Kunst interessieren Sie sich? **for** füh·a vel·she art fon kunst in·te·re·sih·ren sih sish Für welche Art von Kunst interessierst du dich? **inf** füh·a vel·she art fon kunst in·te·re·sih·erst duh dish
Me interesa el/la ...	Ich interessiere mich für ... ish in·tre·sih·re mish füh·a ...
Me gustan los trabajos de ...	Ich mag die Arbeiten von ... ish mahk dih ar·bai·ten fon ...
¿Qué hay en la colección?	Was gibt es in der Sammlung? vass guibt es in deh·a sam·lung

R Es una exposición de ...	Es ist eine ...-Ausstellung. es ist *ai*·ne ...·*aus*·shte·lung
Me recuerda a ...	Es erinnert mich an ... es er·*i*·nert mish an ...

Circuitos

¿Organizan circuitos a pie?	Gibt es (organisierte) Wandertouren? guibt es (or·ga·ni·*sih*·er·te) *van*·da·tuh·ren
Me gustaría recibir clases de cocina/idiomas.	Ich würde gerne eine Kochkurs/Sprachkurs machen. ish *vür*·de guèhrn *ai*·ne *koj*·kurs/*shprahj*·kurs *ma*·jen
¿Me podría recomendar un/una ...?	Können Sie ein ... empfehlen? *kö*·nen sih ain ... emp·*feh*·len
¿Cuándo es el/la siguiente ...?	Wann ist der/die nächste ...? m/f van ist *deh*·a/dih *nèhjs*·te ...

excursión en barco	Bootsrundfahrt f	*bohts*·runt·fahrt
excursión de día	Tagesausflug m	*tah*·gues·aus·fluhk
excursión	Ausflug m	*aus*·fluhk
circuito	Tour f	*tuh*·a

¿Incluye (el alojamiento)?	Ist (die Unterkunft) inbegriffen? ist (dih *un*·ta·kunft) *in*·be·gri·fen
¿Incluye (la comida)?	Ist (das Essen) inbegriffen? ist (das *e*·ssen) *in*·be·gri·fen

SE BUSCARÁ

Ausgang	*aus*·gang	Salida
Damen	*dah*·men	Mujeres
Eingang	*ain*·gang	Entrada
Geschlossen	guesh·*lo*·ssen	Cerrado
Heiß	hais	Caliente
Herren	*hèh*·ren	Hombres
Kalt	kalt	Frío
Kein Zutritt	kain *tsu*·trit	Prohibida la entrada
Offen	*o*·fen	Abierto
Rauchen	*rau*·jen	Prohibido fumar
Verboten	fea·*boh*·ten	
Toiletten (WC)	tu·a·*le*·ten (veh·*tseh*)	Servicios
Verboten	fea·*boh*·ten	Prohibido

¿Está (el transporte) incluido?	Ist (die Beförderung) inbegriffen? ist (dih be·*för*·de·rung) *in*·be·gri·fen
¿Cuánto dura el circuito?	Wie lange dauert die Führung? vih *lan*·gue *dau*·ert dih *füh*·rung
¿Tengo que llevar ...?	Muss ich ... mitnehmen? muss ish ... *mit*·neh·men
P ¿A qué hora debemos regresar?	Wann sollen wir zurück sein? van *so*·len *vih*·a tsu·*rük* sain
R Estén de vuelta aquí a las (10) en punto.	Seien Sie um (zehn) Uhr zurück. *sai*·en sih um (tsehn) *uh*·a tsu·*rük*
He perdido a mi grupo.	Ich habe meine Gruppe verloren. ish *hah*·be *mai*·ne *gru*·pe fea·*loh*·ren

Mayores y discapacitados

FRASES ÚTILES

Necesito ayuda.	Ich brauche Hilfe.	ish *brau*·je *hil*·fe
¿Hay acceso para sillas de ruedas?	Gibt es eine Rollstuhlrampe?	guibt es *ai*·ne *rol*·shtuhl·ram·pe
¿Hay servicios para personas discapacitadas?	Gibt es Toiletten für Behinderte?	guibt es tu·*a*·le·ten *füh*·a be·*hin*·der·te

Tengo una discapacidad.	Ich bin behindert. ish bin be·*hin*·dert
Necesito ayuda.	Ich brauche Hilfe. ish *brau*·je *hil*·fe
¿Están permitidos los perros lazarillo?	Sind Blindenhunde erlaubt? sind *blin*·den·hun·de er·*laubt*
¿Hay acceso para sillas de ruedas?	Gibt es eine Rollstuhlrampe? guibt es *ai*·ne *rol*·shtuhl·ram·pe
¿Hay plazas de parking para personas discapacitadas?	Gibt es Behinderten-parkplätze? guibt es be·*hin*·der·ten·park·ple·tse
¿Está el servicio adaptado para personas discapacitadas?	Ist das Bad behindertengerecht? ist dass baht be·*hin*·der·ten·gue·rejt
¿Hay servicios para personas discapacitadas?	Gibt es Toiletten für Behinderte? guibt es tu·*a*·le·ten *füh*·a be·*hin*·der·te

¿Cuál es el ancho de las puertas?	Wie breit sind die Türen?	*vih* brait sind dih *tü*·ren
¿Cuántos escalones hay?	Wieviele Stufen sind es?	vih·*fih*·le *shtuh*·fen sind es
¿Hay ascensor?	Gibt es einen Aufzug?	guibt es *ai*·nen auf·*tsuhk*
¿Me puedo sentar en algún sitio?	Kann ich mich hier irgendwo hinsetzen?	kan ish mish *hih*·a ir·guent·*voh* hin·se·tsen
¿Me podría ayudar a cruzar la calle?	Könnten Sie mich sicher über diese Straße bringen?	*kön*·ten sih mish *si*·ja *ü*·ba *dih*·se *shtrah*·se *brin*·guen
¿Podría llamarme un taxi adaptado para discapacitados?	Könnten Sie mir ein Taxi für Behinderte rufen?	*kön*·ten sih *mih*·a ain *tak*·si *füh*·a be·*hin*·der·te *ruh*·fen
muleta	Krücke f pl	*krü*·ke
perro lazarillo	Blindenhund m	*blin*·den·hunt
andador	Gehwagen m	*gueh*·vah·guen
bastón	Gehstock m	*gueh*·shtok
silla de ruedas	Rollstuhl m	*rol*·shtuhl
rampa para silla de ruedas	Rollstuhlrampe f	*rol*·shtuhl·ram·pe
espacio para la silla de ruedas	Rollstuhlplatz m	*rol*·shtuhl·plats

Viajar con niños

FRASES ÚTILES

¿Pueden entrar los niños?	Sind Kinder erlaubt?	sind *kin*·da er·*laubt*
¿Hay descuento para niños?	Gibt es eine Kinderermäßigung?	guibt es *ai*·ne *kin*·da·er·meh·si·gung
¿Hay algún cambiador?	Gibt es einen Wickelraum?	guibt es *ai*·nen *vi*·kel·raum

¿Hay un/una ...?   Gibt es ...?
guibt es ...

cambiador	einen Wickelraum	ai·nen *vi*·kel·raum
canguro	einen Babysitter	ai·nen *bei*·bi·ssi·ta
descuento para niños	eine Kinderermäßigung	ai·ne *kin*·da·er·meh·ssi·gung
servicio de guardería	einen Babysitter-Service	ai·nen *bei*·bi·ssi·ta·*ser*·vis
menú para niños	eine Kinderkarte	ai·ne *kin*·da·kar·te
descuento para familias	eine Familienermäßigung	ai·ne fa·*mih*·li·en·er·meh·ssi·gung
trona	einen Kinderstuhl	ai·nen *kin*·da·shtuhl

¿Hay algún parque/parque infantil?	Gibt es einen Park/Spielplatz? guibt es *ai*·nen park/*shpihl*·plats
Necesito un/una ...	Ich brauche ... ish *brau*·je ...

silla de bebé (para el coche)	einen Babysitz	*ai*·nen *bei*·bi·sits
silla infantil (para el coche)	einen Kindersitz	*ai*·nen *kin*·da·sits
cuna	ein Kinderbett	ain *kin*·da·bet
orinal	ein Kindertöpfchen	ain *kin*·da·töpf·jen
sillita de paseo	einen Kinderwagen	*ai*·nen *kin*·da·vah·guen

¿Venden ...?	Verkaufen Sie ...? fea·*kau*·fen sih ...

toallitas	feuchte Tücher	*foij*·te *tü*·sha
pañales desechables	Einweg-Windeln	ain·vek·vin·deln
leche de fórmula	Muttermilchersatz	*mu*·ta·milsh·er·sats
analgésicos infantiles	Schmerzmittel für Kinder	*shmerts*·mi·tel *füh*·a *kin*·da

¿Puedo dar el pecho aquí?	Kann ich meinem Kind hier die Brust geben? kan ish *mai*·nem kint *hih*·a dih brust *gueh*·ben
¿Pueden entrar los niños?	Sind Kinder erlaubt? sind *kin*·da er·*laubt*
¿Es adecuado para niños de (tres) años?	Ist das für (drei) Jahre alte Kinder geeignet? ist dass *füh*·a (drai) *yah*·re *al*·te *kin*·da ge·*aig*·net

Para las enfermedades infantiles, véase **Salud** (p. 152). Para entablar conversación con niños, véase **Conocer gente** (p. 102).

Relacionarse

CONOCER GENTE	102
INTERESES	114
SENTIMIENTOS Y OPINIONES	119
OCIO	124
EL ARTE DE SEDUCIR	129
CREENCIAS Y CULTURA	134
DEPORTE	136
AL AIRE LIBRE	142

Conocer gente

FRASES ÚTILES

Me llamo ...	Mein Name ist ... **for** Ich heiße ... **inf**	main *nah*·me ist ... ish *hai*·sse ...
Soy de ...	Ich komme aus ...	ish *ko*·me auss ...
Trabajo en ...	Ich arbeite ...	ish *ar*·bai·te ...
Tengo ... años.	Ich bin ... Jahre alt.	ish bin ... *yah*·re alt
¿Y usted/tú?	Und Ihnen/dir? **for/inf**	unt *ih*·nen/*dih*·a

Lo básico

Sí/No.	Ja./Nein. yah/nain
Por favor.	Bitte. *bi*·te
Gracias.	Danke. *dan*·ke
Muchas gracias.	Vielen Dank. *vih*·len dank
De nada.	Bitte (sehr). *bi*·te (*seh*·a)
Disculpe.	Entschuldigung. ent·*shul*·di·gung
No pasa nada.	Macht nichts. majt nishts

Saludos

Hola (en toda Alemania)	Guten Tag. *guh·ten tahk*
Hola. (en el sur de Alemania)	Grüß Gott. *grüss got*
Hola. (en Suiza)	Grüezi. *grüh·e·tsi*
Hola. (en Austria)	Servus. *ser·vus*
Buenos días.	Guten Morgen. *guh·ten mor·guen*
Buenos días/Buenas tardes.	Guten Tag. *guh·ten tahk*
Buenas noches.	Guten Abend. *guh·ten ah·bent*
Hola.	Hallo. *ha·loh*
Hasta luego.	Bis später. *bis shpèh·ta*
Buenas noches.	Gute Nacht. *guh·te najt*
Hasta la vista.	Auf Wiedersehen. *auf vih·da·seh·en*
Adiós.	Tschüss./Tschau. *chüss/chau*
P ¿Cómo le va?/ ¿Cómo te va?	Wie geht es Ihnen/dir? for/inf *vih geht es ih·nen/dih·a*
R Bien. ¿Y a usted?/ Bien. ¿Y a ti?	Danke, gut. Und Ihnen/dir? for/inf *dan·ke guht unt ih·nen/dih·a*

RELACIONARSE

CONOCER GENTE

SOBRE EL IDIOMA

Tratamientos

En el pasado *froi*·lain se empleaba para dirigirse a todas las mujeres solteras independientemente de su edad, pero hoy en día este término solo se utiliza para dirigirse a las niñas (y a veces a las camareras de sexo femenino). Para dirigirse a todas las demás mujeres, se debe emplear *Frau* frau. Los equivalentes de Señor y Señora, *Mein Herr* main herr y *Meine Dame mai*·ne *dah*·me, están pasados de moda.

Si al dirigirse a alguien se quieren incluir títulos académicos, estos deben combinarse con *Herr* and *Frau,* por ejemplo *Frau Professor* frau *pro*·fe·sso·a o *Herr Doktor* herr *dok*·to·a.

Mr	Herr	herr
Mrs	Frau	frau
Miss	Frau/Fräulein	frau/*froi*·lain

RELACIONARSE CONOCER GENTE

P ¿Cómo se/te llama/s?	Wie ist Ihr Name? for vih ist *ih*·a *nah*·me Wie heißt du? inf vih haist duh	
R Me llamo ...	Mein Name ist ... for main *nah*·me ist ... Ich heiße ... inf ish *hai*·sse ...	
Encantado/a.	Angenehm. *an*·gue·nehm	
Me gustaría presentarle/te ...	Darf ich Ihnen/dir ... vorstellen? for/inf darf ish *ih*·nen/*dih*·a ... *foh*·a·shte·len	
✂ **Este/a es ...**	Das ist ...	dass ist ...

Este/a es mi ...	Das ist mein/meine/mein ... m/f/n
	dass ist main/*mai*·ne/main ...

hijo/a	Kind n	kint
colega	Kollege m	ko·*leh*·gue
	Kollegin f	ko·*leh*·guin
amigo/a	Freund(in) m/f	froint/*froin*·din
novio/a		
marido	Mann m	man
pareja	Partner(in) m/f	*part*·na/*part*·ne·rin
esposa	Frau f	frau

Entablar conversación

¿Vive/s aquí?	Wohnen Sie hier? for
	voh·nen sih *hih*·a
	Wohnst du hier? inf
	vohnst duh *hih*·a
¿Adónde va/s?	Wohin fahren Sie? for
	voh·hin *fah*·ren sih
	Wohin fährst du? inf
	voh·hin fèhrst duh
¿Qué hace/s?	Was machen Sie? for
	vass *ma*·jen sih
	Was machst du? inf
	vass majst duh
Un día precioso, ¿verdad?	Schönes Wetter heute!
	shö·nes *we*·ta *hoi*·te
¡Vaya tiempo más malo!	Furchtbares Wetter heute!
	fursht·bah·res *we*·ta *hoi*·te
P ¿Le/Te gusta este sitio?	Gefällt es Ihnen/dir hier? for/inf
	gue·*felt* es *ih*·nen/*dih*·a *hih*·a
R Me encanta este sitio.	Mir gefällt es hier sehr gut.
	mih·a gue·*felt* es *hih*·a *seh*·a guht

106

RELACIONARSE — CONOCER GENTE

¿Qué piensa/s (sobre ...)?	Was denken Sie (über ...)? **for**	vass *den*·ken sih (*üh*·ba ...)
	Was denkst du (über ...)? **inf**	vass denkst duh (*üh*·ba ...)
Es (bonito), ¿verdad?	Ist das nicht (schön)?	ist dass nisht (shöhn)
🅿 **¿Está/s de vacaciones?**	Sind Sie hier im Urlaub? **for**	sind sih *hih*·a im *uh*·a·laub
	Bist du hier im Urlaub? **inf**	bist duh *hih*·a im *uh*·a·laub
🆁 **Estoy aquí ...**	Ich bin hier ...	ish bin *hih*·a ...

de vacaciones	im Urlaub	im *uh*·a·laub
en viaje de negocios	auf Geschäfts-reise	auf gue·*shefts*·rai·se
por estudios	zum Studieren	tsum shtu·*dih*·ren
con mi familia	mit meiner Familie	mit *mai*·na fa·*mih*·li·e
con mi pareja	mit meinem Partner m	mit *mai*·nem *part*·na
	mit meiner Partnerin f	mit *mai*·ner part·ne·rin

🅿 **¿Cuánto tiempo se/ te quedará/s?**	Für wie lange sind Sie hier? **for**	*füh*·a vih *lan*·gue sind sih *hih*·a
	Für wie lange bist du hier? **inf**	*füh*·a vih *lan*·gue bist duh *hih*·a
🆁 **Me quedaré (cuatro) semanas/días.**	Ich bin für (vier) Tage/Wochen hier.	ish bin *füh*·a (fih·a) *tah*·gue/ *vo*·jen *hih*·a

Nacionalidades

P ¿De dónde es/eres?	Woher kommen Sie? for *voh*·heh·a *ko*·men sih Woher kommst du? inf *voh*·heh·a komst duh	
R Soy de España.	Ich komme aus (Spanien). ish *ko*·me aus (shpah·ni·en)	
R Soy de Estados Unidos.	Ich komme aus (den USA). ish *ko*·me aus (den uh·es·*ah*)	
R Soy de América Latina.	Ich komme aus (Lateinamerika). ish *ko*·me aus (la·tain·ah·*meh*·ri·ka)	

Para más países, véase el **Diccionario**.

Ist das nicht schön?
ist dass nisht shöhn
Es bonito, ¿verdad?

🔊 SE OIRÁ

Hi/Hey!	hai/hei	¡Hola!
Toll/Geil!/Super!/Spitze!	tol/gail/*su*·pa/shpi·tse	¡Estupendo!
Kein Problem.	kain pro·*blehm*	No hay problema.
Klar!	klah	¡Claro!
Vielleicht.	fi·*laisht*	Quizá.
Auf keinen Fall!	auf *kai*·nen fal	¡De ninguna manera!
Das ist OK.	dass ist o·*kei*	Está bien.
Alles klar.	*a*·les klah	Todo claro.
Das war nur ein Scherz!	dass vah *nuh*·a ain sherts	¡Era una broma!
Guck mal!	kuk mahl	¡Mira!
Hör mal!	*höh*·a mahl	¡Oye!
Hör dir das an!	*höh*·a *dih*·a dass an	¡Escucha esto!
Ich bin so weit.	ish bin soh vait	Estoy listo/a.
Bist du so weit?	bist duh soh vait	¿Estás listo/a?
Einen Augenblick.	*ai*·nen au·guen·*blik*	Un momento.

Edad

🅿 ¿Cuántos años tiene/s?	Wie alt sind Sie? for vih alt sind sih Wie alt bist du? inf vih alt bist duh	
🆁 Tengo ... años.	Ich bin ... Jahre alt. ish bin ... *yah*·re alt	
¡Demasiado mayor!	Zu alt! tsuh alt	
Soy más joven de lo que aparento.	Ich bin jünger als ich aussehe. ish bin *yün*·ga als ish *aus*·seh·e	

P ¿Cuántos años tiene su/tu hija?	Wie alt ist Ihre/deine Tochter? **for/inf** vih alt ist *ih*·re/*dai*·ne *toj*·ta	
P ¿Cuántos años tiene su/tu hijo?	Wie alt ist Ihr/dein Sohn? **for/inf** vih alt ist *ih*·a/dain sohn	
R Tiene ... años.	Er/Sie ist ... Jahre alt. *eh*·a/sih ist ... *yah*·re alt	

Para las edades, véase **Números y cantidades** (p. 30).

Trabajo y estudios

P ¿A qué se/te dedica/s?	Als was arbeiten Sie? **for** als vass *ar*·bai·ten sih Als was arbeitest du? **inf** als vass *ar*·bai·test duh
R Soy ...	Ich bin ein/eine ... **m/f** ish bin ain/*ain*·e ...

agricultor/a	Bauer m Bäuerin f	*bau*·a *boi*·e·rin
estudiante	Student m Studentin f	shtu·*dent* shtu·*den*·tin
profesor/a	Lehrer m Lehrerin f	*leh*·ra *leh*·re·rin
escritor/a	Schriftsteller m Schriftstellerin f	*shrift*·shte·la *shrift*·shte·le·rin

Trabajo en el sector de la tecnología de la información.	Ich arbeite in der IT-Branche. ish *ar*·bai·te in *deh*·a ai·*tih*·bran·she
Trabajo en ventas y marketing.	Ich arbeite im Verkauf und Marketing. ish *ar*·bai·te im fea·*kauf* und *mar*·ke·ting

Estoy jubilado/a.	Ich bin Rentner/Rentnerin. **m/f**	
	ish bin *rent*·na/*rent*·ne·rin	
Soy autónomo/a.	Ich bin selbstständig.	
	ish bin *selbst*·shten·dish	
Estoy en el paro.	Ich bin arbeitslos.	
	ish bin *ar*·baits·los	
🅟 **¿Qué estudia/s?**	Was studieren Sie? **for**	
	vass shtu·*dih*·ren sih	
	Was studierst du? **inf**	
	vass shtu·*dih*·erst duh	
🅡 **Estudio (ingeniería).**	Ich studiere (Ingenieurwesen).	
	ish shtu·*dih*·re (in·zhe·*niör*·veh·sen)	

Para más oficios y estudios, véase el **Diccionario**.

Familia

🅟 **¿Tiene/s ...?**	Haben Sie einen/eine ...? **m/f for**	
	hah·ben sih *ai*·nen/*ai*·ne ...	
	Hast du einen/eine ...? **m/f inf**	
	hast duh *ai*·nen/*ai*·ne ...	
🅡 **(No) Tengo ...**	Ich habe (k)einen/(k)eine ... **m/f**	
	ish *hah*·be (k)*ai*·nen/(k)*ai*·ne ...	
🅟 **¿Vives con (tus padres)?**	Leben Sie bei (Ihren Eltern)? **for**	
	leh·ben sih bai (*ih*·ren el·tern)	
	Lebst du bei (deinen Eltern)? **inf**	
	lepst duh bai (*dai*·nen el·tern)	
🅡 **Vivo con mi ...**	Ich lebe bei meinem/meiner/meinen ... **m/f/pl**	
	ish *leh*·be bai *mai*·nem/*mai*·ner/*mai*·nen ...	
Este/a es mi ...	Das ist mein/meine ... **m/f**	
	dass ist main/*mai*·ne ...	

P ¿Está/s casado/a?	Sind Sie verheiratet? for sind sih fea·*hai*·ra·tet Bist du verheiratet? inf bist duh fea·*hai*·ra·tet
R Estoy casado/a.	Ich bin verheiratet. ish bin fea·*hai*·ra·tet
R Vivo con alguien.	Ich lebe mit jemandem zusammen. ish *leh*·be mit *yeh*·man·dem tsu·*sa*·men
R Estoy separado/a.	Ich bin getrennt. ish bin gue·*trent*
R Estoy soltero/a.	Ich bin ledig. ish bin *leh*·dish

Conversaciones con niños

¿Cuándo es tu cumpleaños?	Wann hast du Geburtstag? van hast duh gue·*burts*·tahk
¿Vas a la escuela o a la guardería?	Gehst du in die Schule oder in den Kindergarten? guehst duh in dih *shuh*·le oh·da in dehn *kin*·da·gar·ten
¿En qué curso estás?	In welcher Klasse bist du? in *vel*·sha *kla*·sse bist duh
¿Estudias español?	Lernst du Spanisch? lernst duh shpah·nish
Vengo de muy lejos.	Ich komme von sehr weit her. ish *ko*·me fon *seh*·a vait *heh*·a

Despedidas

Mañana es mi último día aquí.	Morgen ist mein letzter Tag hier. *mor*·guen ist main *lets*·ta tahk *hih*·a

RELACIONARSE · CONOCER GENTE

¿Cuál es tu ...?	Wie ist Ihre/deine ...? for/inf
	vih ist ih·re/dai·ne ...
Esta es mi ...	Hier ist meine ...
	hih·a ist mai·ne ...

dirección	Adresse	a·dre·sse
correo electrónico	E-mail-Adresse	ih·meil·a·dre·sse
número de fax	Faxnummer	faks·nu·ma
número de móvil	Handynummer	hen·di·nu·ma
número del trabajo	Nummer bei der Arbeit	nu·ma bai deh·a ar·bait

Para más información, véase **Direcciones**, p. 53.

¿Está/s en Facebook?	Sind Sie auf Facebook? for
	sind sih auf feis·buk
	Bist du auf Facebook? inf
	bist duh auf feis·buk
¡Nos mantendremos en contacto!	Melden Sie sich doch mal! for
	mel·den sih sish doj mahl
	Melde dich mal! inf
	mel·de dish mahl
Me alegro mucho de haberle/te conocido.	Es war schön, Sie/dich kennen zu lernen. for/inf
	es vahr shöhn sih/dish ke·nen tsuh ler·nen

Buenos deseos

¡Salud! (Al estornudar)	Gesundheit!
	gue·sunt·hait
¡Buen viaje!	Gute Reise!
	guh·te rai·se

SOBRE EL IDIOMA — Falsos amigos

Algunas palabras alemanas se parecen a palabras españolas pero tienen un significado completamente diferente, así que hay que tener cuidado. A continuación se indican algunos ejemplos.

blank blank	reluciente (no 'blanco', que es weiss vais)
Chef shef	jefe (no 'chef', que es *Koch* koj)
komisch *koh*·mish	extraño (no 'cómico', que es *lustig lus*·tish)
Gymnasium güm·nah·si·um	instituto de secundaria (no 'gimnasio', que es *Turnhalle* tu·an·ha·le)
Bonbon bon·bon	caramelo (no 'bombón', que es praline pra·li·ne)
Ferien feh·rih·en	vacaciones (no 'ferias', que es Messen *me*·ssen)

¡Salud! **(al brindar)**	Prost! prost
¡Mucha suerte!	Viel Glück! fihl glük
¡Feliz cumpleaños!	Herzlichen Glückwunsch zum Geburtstag! *herts*·li·jen *glük*·vunsh tsum gue·*burts*·tahk
¡Qué pena!	Schade! *shah*·de
¡Felicidades!	Gratuliere! gra·tuh·*lih*·re

RELACIONARSE CONOCER GENTE

Intereses

FRASES ÚTILES

¿Qué hace/s en su/tu tiempo libre?	Was machen Sie in Ihrer Freizeit? for	vass *ma*·jen sih in *ih*·ra *frai*·tsait
	Was machst du in deiner Freizeit? inf	vass majst duh in *dai*·na *frai*·tsait
¿Le/Te gusta ...?	Mögen Sie ...? for	*möh*·guen sih ...
	Magst du ...? inf	makst duh ...
(No) Me gusta/n ...	Ich mag (keinen/keine) ... m/f	ish mak (*kai*·nen/*kai*·ne) ...

Intereses comunes

P ¿Qué hace/s en su/tu tiempo libre?	Was machen Sie in Ihrer Freizeit? for vass *ma*·jen sih in *ih*·ra *frai*·tsait Was machst du in deiner Freizeit? inf vass majst duh in *dai*·na *frai*·tsait
P ¿Te gusta ...?	Mögen Sie ...? for *möh*·guen sih ... Magst du ...? inf makst duh ...
R (No) Me gusta el arte.	Ich mag (keine) Kunst. ish mahk (*kai*·nen/*kai*·ne) kunst
R (No) Me gusta el deporte.	Ich mag (keinen) Sport. ish mahk (*kai*·nen/*kai*·ne) shport

R Me gusta (cocinar).	Ich (koche) gern. ish (ko·je) guèhrn	
R No me gusta (el senderismo).	Ich (wandere) nicht gern. ish (van·de·re) nisht guèhrn	
¿Y a usted/ti?	Und Sie/du? for/inf und sih/duh	

Para más intereses, véase **Deporte** (p. 136) y el **Diccionario**.

Música

¿Le/Te gusta escuchar música?	Hören Sie gern Musik? for hö·ren sih guèhrn mu·sik Hörst du gern Musik? inf hörst duh guèhrn mu·sik
¿Le/Te gusta bailar?	Tanzen Sie gern? for tan·tsen sih guèhrn Tanzt du gern? inf tantst duh guèhrn
¿Le/Te gusta ir a conciertos?	Gehen Sie gern in Konzerte? for geh·en sih guèhrn in kon·tser·te Gehst du gern in Konzerte? inf gehst duh guèhrn in kon·tser·te
¿Le/Te gusta cantar?	Singen Sie gern? for sin·guen sih guèhrn Singst du gern? inf sinkst duh guèhrn
¿Toca/s algún instrumento?	Spielen Sie ein Instrument? for shpih·len sih ain in·stru·ment Spielst du ein Instrument? inf shpihlst dun ain in·stru·ment

¿Qué grupos/cantantes le/te gustan?	Welche Bands/Sänger mögen Sie? for *vel*·she bands/*sen*·ga möh·guen sih Welche Bands/Sänger magst du? inf *vel*·she bangs/*sen*·ga makst duh	
¿Qué tipo de música le/te gusta??	Welche Art von Musik mögen Sie? for *vel*·she art fon mu·*sihk* möh·guen sih Welche Art von Musik magst du? inf *vel*·she art fon mu·*sihk* makst duh	
música clásica	klassische Musik f *kla*·ssi·she mu·*sihk*	
música electrónica	elektronische Musik f e·lek·*troh*·ni·she mu·*sihk*	
heavy metal	Metal m *me*·tal	
pop	Popmusik f *pop*·mu·sihk	
rock	Rockmusik f *rok*·mu·sihk	
música tradicional	traditionelle Musik f tra·di·tsio·*ne*·le mu·*sihk*	
músicas del mundo	Weltmusik f *velt*·mu·sihk	

¿Planeando ir a un concierto? Véase **Billetes** (p. 40) y **Ocio** (p. 124).

Cine y teatro

Tengo ganas de ir al cine/teatro.	Ich hätte Lust, ins Kino/Theater zu gehen. ish *he*·te lust ins *kih*·no/te·*ah*·ta tsuh *gueh*·en
¿Qué hay hoy en el cine/teatro?	Was gibt es heute im Kino/Theater? vass guibt es *hoi*·te im *kih*·no/te·*ah*·ta
¿Es en inglés/español?	Ist es auf Englisch/Spanisch? ist es auf *eng*·lish/shpah·nish
¿Está doblada?	Ist er synchronisiert? ist *eh*·a sün·kro·nih·*siert*
¿Está subtitulada?	Hat es Untertitel? hat es *un*·ta·tih·tel
¿Ha/s visto ...?	Haben Sie ... gesehen? **for** *hah*·ben sih ... gue·*seh*·en Hast du ... gesehen? **inf** hast duh ... gue·*seh*·en
P ¿Quién actúa?	Wer spielt da mit? *veh*·a shpihlt dah mit
R Aparece ...	Es ist mit ... es ist mit ...
¿Están ocupados esos asientos?	Sind diese Plätze besetzt? sind *dih*·se *ple*·tse be·*setst*
P ¿Le/Te ha gustado?	Hat es Ihnen/dir gefallen? **for/inf** hat es *ih*·nen/*dih*·a gue·fa·len
R Me pareció buenísima.	Ich fant es ausgezeichnet. ish fant es aus·gue·*tsaij*·net
R Estaba bien.	Ich fand es okay. ish fant es o·*kei*
Me resultó demasiado larga.	Ich fand es lang. ish fant es lang

RELACIONARSE INTERESES

118

RELACIONARSE · INTERESES

| (No) Me gusta/n … | Ich mag … |
| | ish mahk … |

las películas de acción	(keine) Actionfilme	(*kai*·ne) *ak*·tsion·fil·me
las películas de animación	(keine) Zeichentrickfilme	(*kai*·ne) *tsai*·jen·trik·fil·me
las comedias	(keine) Komödien	(*kai*·ne) ko·*mö*·di·en
los documentales	(keine) Dokumentarfilme	(*kai*·ne) do·ku·men·*tahr*·fil·me
los dramas	(keine) Schauspiele	(*kai*·ne) *shau*·shpih·le
el cine alemán	(keine) deutsche(n) Filme	(*kai*·ne) *doit*·che(n) *fil*·me
las películas de miedo	(keine) Horrorfilme	(*kai*·ne) o·*roh*·a·fil·me
las películas de ciencia ficción	(keinen) Sciencefiction	(*kai*·nen) sai·ens·*fik*·shön

Voluntariado

Me gustaría colaborar como voluntario.	Ich möchte meine Mitarbeit als Freiwilliger anbieten. ish *mösh*·te *mai*·ne *mit*·ar·bait als *frai*·vi·li·ga *an*·bih·ten
¿Hay programas de voluntariado en esta región?	Gibt es hier in der Region irgendwelche Freiwilligenprogramme? guibt es *hih*·a in *deh*·a re·*guion* ir·*guent*·vel·she *frai*·vi·li·guen·pro·gra·me

Sentimientos y opiniones

FRASES ÚTILES

¿Está/s ...?	Sind Sie ...? for Bist du ...? inf	sind sih ... bist duh ...
(No) Estoy ...	Ich bin (nicht) ...	ish bin (nisht) ...
¿Qué le/te ha parecido?	Wie hat es Ihnen/ dir gefallen? for/inf	vih hat es *ih*·nen/ *dih*·a gue·*fa*·len
Es/Fue ...	Es ist/war ...	es ist/vahr ...

Sentimientos

¿Está/s ...?
Sind Sie ...? for
sind sih ...
Bist du ...? inf
bist duh ...

(No) Estoy ...
Ich bin (nicht) ...
ish bin (nisht) ...

enfadado/a	verärgert	fea·*ehr*·guert
decepcionado/a	enttäuscht	en·*toisht*
contento/a	glücklich	*glük*·lish
triste	traurig	*trau*·rish
cansado/a	müde	*müh*·de

¿Tiene/s (hambre)?
Haben Sie (Hunger)? for
hah·ben sih (*hun*·ga)
Hast du (Hunger)? inf
hast duh (*hun*·ga)

No tengo (sed).
Ich habe kein (Durst).
ish *hah*·be kain (durst)

¿Tiene/s (calor)?	Ist Ihnen/dir (heiß)? for/inf ist *ih*·nen/*dih*·a (haiss)	
No tengo (frío).	Mir ist nicht (kalt). *mih*·a ist nisht (kalt).	
¿Está/s preocupado/a?	Machen Sie sich Sorgen? for *ma*·jen sih sish *sor*·guen Machst du dir Sorgen? inf majst duh *dih*·a *sor*·guen	
(No) Estoy preocupado/a.	Ich mache mir (keine) Sorgen. ish *ma*·je *mih*·a (*kai*·ne) *sor*·guen	
Estoy un poco (triste).	Ich bin ein bisschen (traurig). ish bin ain *bis*·shen (*trau*·rish)	
Lo siento terriblemente.	Es tut mir furchtbar (Leid). es tuht *mih*·a *fursht*·bahr (lait)	
Me siento muy afortunado/a.	Ich schätze mich sehr (glücklich). ish *she*·tse mish *seh*·a (*glük*·lish)	

Si uno no se siente bien, puede consultar **Salud** (p. 152).

Opiniones

¿Le/Te ha gustado?	Hat es Ihnen/dir gefallen? for/inf hat es *ih*·nen/*dih*·a gue·*fa*·len
¿Qué le/te ha parecido?	Wie hat es Ihnen/dir gefallen? for/inf vih hat es *ih*·nen/*dih*·a gue·*fa*·len
Es/Fue …	Es ist/war … es ist/vahr …

horrible	schrecklich	*shrek*·lish
bonito/a	schön	shöhn
aburrido/a	langweilig	*lang*·vai·lish
fantástico/a	toll	tol
interesante	interessant	in·te·re·*ssant*
correcto/a	okay	o·*kei*

Política y aspectos sociales

¿A quién vota/s?
Wen wählen Sie? for
vehn *veh*·len sih
Wen wählst du? inf
vehn vehlst duh

Simpatizo con el partido laborista.
Ich unterstütze die Arbeiterpartei.
ish un·ta·*shtü*·tse dih
ar·bai·ta·par·tai

Simpatizo con el partido ...
Ich unterstütze die ... Partei.
ish un·ta·*shtü*·tse dih ... par·*tai*

comunista	kommunistische	ko·mu·*nis*·ti·she
conservador	konservative	*kon*·ser·va·tih·ve
democrático	demokratische	de·mo·*krah*·ti·she
de los verdes	grüne	*grüh*·ne
liberal	liberale	li·be·*rah*·le
socialdemócrata	sozial-demokratische	so·*tsiahl*·de·mo·*krah*·ti·she
socialista	sozialistische	so·tsia·*lis*·ti·she

¿Ha/s oído hablar de ...?
Haben Sie von ... gehört? for
hah·ben sih fon ... gue·*hört*
Hast du von ... gehört? inf
hast duh fon ... gue·*hört*

¿Está/s a favor de ...?
Sind Sie für ...? for
sind sih *füh*·a ...
Bist du für ...? inf
bist duh *füh*·a ...

¿Está/s en contra de ... ?
Sind Sie gegen ...? for
sind sih *gueh*·guen ...
Bist du gegen ...? inf
bist duh *gueh*·guen ...

SOBRE EL IDIOMA

La última palabra

Si se quiere destacar una opinión con un lenguaje vistoso e impresionar así a los nuevos conocidos, se puede intentar echar mano de estas frases hechas:

Das versteht sich von selbst.	dass fea·*shteht* sish fon selbst Es de cajón.
Damit können Sie bei mir nicht landen.	da·mit *kö*·nen sih bai *mih*·a nisht *lan*·den Eso me deja indiferente.
Danach kräht kein Hahn.	da·*naj* kreht kain hahn A nadie le importa un rábano.
Bleiben Sie sachlich!	*blai*·ben sih *saj*·lish ¡Cíñase a los hechos!
Das führt zu nichts.	dass führt tsuh nishts Eso no lleva a ninguna parte.
Das können Sie uns nicht erzählen!	das *kön*·en sih uns nisht eh·a·*tseh*·len ¡No me venga con cuentos!
das letze Wort haben	dass *lets*·te vort *hah*·ben Tener la última palabra

P ¿Está/s de acuerdo?	Sind Sie damit einverstanden? for sind sih dah·*mit* *ain*·fea·shtan·den Bist du damit einverstanden? inf bist duh dah·*mit* *ain*·fea·shtan·den
R No estoy de acuerdo.	Ich bin damit (nicht) einverstanden. ish bin dah·*mit* (nisht) *ain*·fea·shtan·den

¿Qué piensa la gente sobre ...?	Was denken die Leute über ...? vass den·ken dih loi·te üh·ba ...	
la economía	Wirtschaft f virt·shaft	
el medio ambiente	Umwelt f um·velt	
el sistema sanitario	Gesundheitswesen n ge·sunt·haits·veh·sen	
la inmigración	Einwanderung f ain·van·de·rung	
la guerra en ...	Krieg in ... m krihk in ...	

Medio ambiente

¿Dónde puedo reciclar esto?	Wo kann ich das recyceln? voh kan ish dass ri·sai·keln
¿Hay aquí un problema con ...?	Gibt es hier ein Problem mit ...? guibt es hih·a ain pro·blehm mit ...
¿Qué se debería hacer contra ...?	Was sollte man gegen ... tun? vass sol·te man gueh·guen ... tuhn
el cambio climático	Klimawandel m klih·ma·wan·del
la energía nuclear	Atomenergie f a·tom·e·ner·gih
la contaminación	Umweltverschmutzung f um·velt·fea·shmu·tsung
las energías renovables	nachhaltige Energie f nahj·hal·ti·gue e·ner·gih
¿Es este un bosque protegido?	Ist das ein geschützter Wald? ist dass ain gue·shüts·ta valt
¿Es una especie protegida?	Ist das eine geschützte Art? ist dass ai·ne gue·shüts·te art

RELACIONARSE SENTIMIENTOS Y OPINIONES

Ocio

FRASES ÚTILES

¿Qué se puede hacer esta noche?	Was ist heute Abend los?	vass ist *hoi*·te *ah*·bent loss
¿A qué hora nos vemos?	Wann sollen wir uns treffen?	van *so*·len vih·a uns *tre*·fen
¿Dónde nos vemos?	Wo sollen wir uns treffen?	voh *so*·len vih·a uns *tre*·fen

Adónde ir

¿Qué se puede hacer por las noches?	Was kann man abends unternehmen? vass kan man *ah*·bents un·ta·*neh*·men
¿Qué se puede hacer hoy?	Was ist heute los? vass ist *hoi*·te loss
¿Qué se puede hacer esta noche?	Was ist heute Abend los? vass ist *hoi*·te *ah*·bent loss
Tengo ganas de salir.	Ich hätte Lust, auszugehen. ish *he*·te lust *aus*·tsu·gueh·en
¿Dónde están los/las ...?	Wo sind die ...? voh sind dih ...

discotecas	Klubs	klups
locales de ambiente	Schwulen- und Lesbenkneipen	*shvuh*·len unt *les*·ben·knai·pen
restaurantes	Restaurants	res·to·*rahnts*
pubs	Kneipen	*knai*·pen

¿Hay alguna guía del ocio?	Gibt es einen Veranstaltungskalender? guibt es *ai*·nen fea·*an*·shtal·tunks·ka·len·da	
¿Hay alguna guía del ocio para homosexuales?	Gibt es einen Führer für die Schwulen- und Lesbenszene? guibt es *ai*·nen *füh*·ra *füh*·a dih *shvuh*·len unt *les*·bens·tseh·ne	
Tengo ganas de ir a un/una...	Ich hätte Lust, ... zu gehen. ish *he*·te lust ... tsuh *gueh*·en	
ballet	zum Ballett	tsum ba·*let*
bar/pub	in eine Kneipe	in *ai*·ne *knai*·pe
café	in ein Café	in ain ka·*fe*
concierto	in ein Konzert	in ain kon·*tsert*
cine	ins Kino	ins *kih*·no
discoteca	in einen Nachtklub	in *ai*·nen *najt*·klup
ópera	in die Oper	in dih *oh*·pa
restaurante	in ein Restaurant	in ain res·to·*rahnt*
teatro	ins Theater	ins te·*ah*·ta

Para saber más sobre bares, bebidas y fiestas, véase **Comer fuera** (p. 172).

Invitaciones

¿Qué haces ahora?	Was machst du jetzt gerade? vass majst duh yetst gue·*rah*·de
¿Qué haces esta noche?	Was machst du heute Abend? vass majst duh *hoi*·te *ah*·bent
¿Qué haces este fin de semana?	Was machst du am Wochenende? vass majst duh am *vo*·jen·en·de

¿Te apetece ir a ...?	Möchtest du ... gehen?
	mösh·test duh ... gueh·en

tomar un café	einen Kaffee trinken	*ai·nen ka·fe tring·ken*
bailar	tanzen	*tan·tsen*
tomar algo	etwas trinken	*et·vass tring·ken*
comer	essen	*e·ssen*

¿Te apetece venir conmigo al concierto de ...?	Möchtest du mit mir zum ...-konzert gehen?
	mösh·test duh mit mih·a tsum ...kon·tsert gueh·en
Vamos a hacer una fiesta.	Wir machen eine Party.
	vih·a ma·jen ai·ne par·ti
¿Te apetece venir?	Hättest du Lust zu kommen?
	he·test duh lust tsuh ko·men

Responder a invitaciones

¡Claro!	Klar!
	klahr
Sí, me encantaría.	Ja, gerne.
	yah guèhr·ne
Muy amable de su/tu parte.	Das ist sehr nett von dir/euch. **sg/pl**
	dass ist seh·a net fon dih·a/oij
¿Adónde debemos ir?	Wo sollen wir hingehen?
	voh so·len vih·a hin·gueh·en
No, me temo que no podré.	Nein, es tut mir Leid, aber ich kann nicht.
	nain es tuht mih·a lait ah·ba ish kan nisht
¿Qué tal mañana?	Wie wäre es mit morgen?
	vih vèhr·re es mit mor·guen

Organizar encuentros

🅟 **¿Cuándo nos encontramos?**	Wann sollen wir uns treffen?	van *so*·len *vih*·a uns *tre*·fen
🅡 **Nos vemos a las (ocho) en punto.**	Wir treffen uns um (acht) Uhr.	*vih*·a *tre*·fen uns um (ajt) *uh*·a
🅟 **¿Dónde nos encontramos?**	Wo sollen wir uns treffen?	voh *so*·len *vih*·a uns *tre*·fen
🅡 **Nos vemos en la entrada.**	Wir treffen uns am Eingang.	*vih*·a *tre*·fen uns am *ain*·gang
Hasta luego.	Bis dann!	bis dan
Te recojo.	Ich hole dich ab.	ish *hoh*·le dish ab

RELACIONARSE · OCIO

Wo sollen wir uns treffen?
voh *so*·len *vih*·a uns *tre*·fen
¿Dónde nos encontramos?

RELACIONARSE — OCIO

Iré más tarde. ¿Dónde estarás?	Ich komme später. Wo wirst du sein? ish *ko*·me *shpèh*·ta voh vihrst duh sain
Si no estoy allí a las (nueve), no me esperes.	Wenn ich bis (neun) Uhr nicht da bin, warte nicht auf mich. ven ish bis (noin) *uh*·a nisht dah bin *var*·te nisht auf mish
Hasta luego/mañana.	Bis später/morgen. bis *shpèh*·ta/*mor*·guen
Lo estoy deseando.	Ich freue mich darauf. ish *froi*·e mish da·*rauf*
Lo siento. Llego tarde.	Es tut mir Leid, dass ich zu spät komme. es tuht *mih*·a lait dass ish tsuh shpèht *ko*·me
No te preocupes.	Macht nichts. majt nishts

Drogas

No consumo drogas.	Ich nehme keine Drogen. ish *neh*·me *kai*·ne *droh*·guen
De vez en cuando tomo ...	Ich nehme ab und zu ... ish *neh*·me ab unt tsuh ...
¿Te apetece que fumemos un canuto?	Wollen wir einen Joint rauchen? *vo*·len *vih*·a *ai*·nen dzhoint *rau*·jen
¿Tiene/s fuego?	Haben Sie Feuer? for *hah*·ben sih *foi*·a Hast du Feuer? inf hast duh *foi*·a

Si se tiene que hablar de drogas con la policía, véase **Policía** (p. 150) para aprender algunas frases útiles.

El arte de seducir

FRASES ÚTILES

¿Te apetecería hacer algo mañana?	Hättest du Lust, morgen was zu unternehmen?	he·test duh lust *mor*·guen vass tsuh un·ta·*neh*·men
Te quiero.	Ich liebe dich.	ish *lih*·be dish
¡Déjame solo/a!	Lass mich zufrieden!	lass mish tsu·*frih*·den

Salir con alguien

P ¿Te apetecería hacer algo mañana?	Hättest du Lust, morgen was zu unternehmen? he·test duh lust *mor*·guen vass tsuh un·ta·*neh*·men
R Sí, me encantaría.	Ja, gerne. yah *guèhr*·ne
R Claro, gracias.	Klar! Das wäre nett. klah dass *vèh*·re net
R No tengo tiempo.	Ich habe keine Zeit. ish *hah*·be *kai*·ne tsait
¿Adónde te gustaría ir esta noche?	Wo würdest du heute Abend gerne hingehen? voh *vür*·dest duh *hoi*·te *ah*·bent *guèhr*·ne *hin*·gueh·en
¿Adónde te gustaría ir el fin de semana?	Wo würdest du am Wochenende gerne hingehen? voh *vür*·dest duh am *vo*·jen·en·de *guèhr*·ne *hin*·gueh·en

RELACIONARSE — EL ARTE DE SEDUCIR

Preliminares

¿No nos hemos visto antes?	Kennen wir uns nicht von irgendwoher? *ke*·nen vih·a uns nisht fon *ir*·guent·vo·*heh*·a
¿Te apetece beber algo?	Möchtest du etwas trinken? *mösh*·test duh *et*·vass *tring*·ken
¿Salimos a tomar un poco el aire?	Sollen wir ein bisschen an die frische Luft gehen? *so*·len vih·a ain *bis*·shen an dih *fri*·she luft *gueh*·en
Me gusta mucho tu forma de ser.	Du hast eine wundervolle Persönlichkeit. duh hast *ai*·ne *vun*·da·fo·le per·*sön*·lish·kait
Tienes unos ojos muy bonitos.	Du hast schöne Augen. duh hast *shöh*·ne *au*·guen
Tienes un cuerpo muy bonito.	Du hast einen schönen Körper. duh hast *ai*·nen *shöh*·nen *kör*·pa

Negativas

He venido con mi novio.	Ich bin mit meinem Freund hier. ish bin mit *mai*·nem froint *hih*·a
He venido con mi novia.	Ich bin mit meiner Freundin hier. ish bin mit *mai*·na *froin*·din *hih*·a

> **SOBRE EL IDIOMA**
>
> **M antes de F**
> En este libro, las formas masculinas aparecen antes que las femeninas. Si se han añadido letras a la forma masculina para formar el femenino (a menudo -in), estas aparecerán entre paréntesis. Si el cambio implica más que la suma de la terminación -in, se indican dos palabras separadas por una barra inclinada. La forma neutra se menciona al final en los casos en los que existe. Véase también **Género** (p. 18) en el apartado de gramática.

Lo siento, tengo que irme ahora.	Tut mir Leid, ich muss jetzt gehen. tuht *mih*·a lait ish muss yetst *gueh*·en
No, gracias.	Nein, danke. nain *dan*·ke
Mejor que no.	Lieber nicht. *lih*·ba nisht
Quizá en otro momento.	Vielleicht ein andermal. fi·*laisht* ain *an*·dah·mahl
No me interesa.	Ich bin nicht interessiert. ish bin nisht in·te·re·*sih*·ert
¡Déjame en paz!	Lass mich zufrieden! lass mish tsu·*frih*·den

Acercamiento

Me gustas mucho.	Ich mag dich sehr. ish mahk dish *seh*·a
Me interesas.	Ich interessiere mich für dich. ish in·tre·*sih*·re mish *füh*·a dish
¿Te gusto yo también?	Magst du mich auch? makst duh mish auj

RELACIONARSE | EL ARTE DE SEDUCIR

¿Me puedes llevar a casa?	Kannst du mich nach Hause bringen? kanst duh mish naj *hau*·se *brin*·guen
¿Te apetece entrar un rato?	Möchtest du noch kurz mit reinkommen? *mösh*·test duh noj kurts mit *rain*·ko·men
Eres muy amable.	Du bist sehr nett. duh bist *seh*·a net
Eres genial.	Du bist toll. duh bist tol
¿Puedo quedarme a pasar la noche?	Kann ich hier übernachten? kan ish *hih*·a ü·ba·*naj*·ten
¿Podré verte de nuevo?	Kann ich dich wiedersehen? kan ish dish *vih*·da·seh·en

Sexo

Dame un beso.	Küss mich. küss mish
Quiero hacerte el amor.	Ich möchte mit dir schlafen. ish *mösh*·te mit *dih*·a *shlah*·fen
¡Vamos a la cama!	Gehen wir ins Bett! *gueh*·en *vih*·a ins bet
Tócame aquí.	Berühr mich hier! be·*rüh*·a mish *hih*·a
P ¿Te gusta esto?	Magst du das? makst duh dass
R (No) Me gusta esto.	Das mag ich (nicht). dass mahk ish (nisht)
¿Tienes (un preservativo)?	Hast du (ein Kondom)? hast duh (ain kon·*dohm*)

Quiero usar (un preservativo).	Lass uns (ein Kondom) benutzen.
	lass uns (ain kon·*dohm*) be·*nu*·tsen
No lo quiero hacer sin protección.	Ohne Kondom mache ich es nicht.
	oh·ne kon·*dohm ma*·je ish es nisht
¡Por favor, para/no pares!	Bitte hör (nicht) auf.
	bi·te hö·a (nisht) auf
Creo que deberíamos parar.	Ich denke, wir sollten jetzt aufhören.
	ish *den*·ke *vih*·a *sol*·ten yetst *auf*·hö·ren
¡Oh, sí!	Oh ja!
	oh yah
Es genial.	Das ist geil.
	dass ist gail
¡Poco a poco!	Sachte!
	saj·te
Ha sido fantástico.	Das war fantastisch.
	dass vahr fan·*tas*·tish

Amor

Creo que estamos hechos el uno para el otro.	Ich glaube, wir passen gut zueinander.
	ish *glau*·be *vih*·a *pa*·ssen guht tsu·ai·*nan*·da
Te quiero.	Ich liebe dich.
	ish *lih*·be dish
¿Quieres salir conmigo?	Willst du mit mir gehen?
	vilst duh mit *mih*·a *gueh*·en
¿Quieres casarte conmigo?	Willst du mich heiraten?
	vilst duh mish *hai*·ra·ten

Creencias y cultura

FRASES ÚTILES

¿Cuál es su/tu religión?	Was ist Ihre/deine Religion? for/inf	vass ist *ih*·re/*dai*·ne re·li·*guion*
(No) Soy ...	Ich bin (kein/keine) ... m/f	ish bin (kain/*kai*·ne) ...
Lo siento. Va en contra de mis creencias.	Es tut mir Leid, das ist gegen meine Anschauungen.	es tuht *mih*·a lait dass ist *gueh*·guen *mai*·ne *an*·shau·un·guen

Religión

P ¿Cuál es su/tu religión?
Was ist Ihre/deine Religion? for/inf
vass ist *ih*·re/*dai*·ne re·li·*guion*

R (No) Soy ...
Ich bin (kein/keine) ... m/f
ish bin (kain/*kai*·ne) ...

agnóstico	Agnostiker(in) m/f	ag·*nos*·ti·ka/ ag·*nos*·ti·ke·rin
budista	Buddhist(in) m/f	bu·*dist*/bu·*dis*·tin
católico	Katholik(in) m/f	ka·to·*lihk*/ ka·to·*lih*·kin
cristiano	Christ(in) m/f	krist/*kris*·tin
hindú	Hindu m y f	*hin*·du
judío	Jude/Jüdin m/f	*yuh*·de/*yüh*·din
musulmán	Moslem/Moslime m/f	*mos*·lem/ mos·*lih*·me

R (No) Soy creyente.
Ich bin (nicht) religiös.
ish bin (nisht) re·li·*giös*

R (No) Creo en Dios.	Ich glaube (nicht) an Gott.	ish *glau*·be (nisht) an got
¿Dónde puedo ...?	Wo kann ich ...?	voh kan ish ...

asitir a una misa	eine Messe besuchen	*ai*·ne *me*·se be·*suh*·jen
asistir a un servicio	einen Gottesdienst besuchen	*ai*·nen *go*·tes·dihnst be·*suh*·jen
rezar	beten	*beh*·ten
rendir culto	meine Andacht verrichten	*mai*·ne *an*·dajt fea·*rish*·ten

Diferencias culturales

¿Es esto una costumbre local?	Ist das ein örtlicher Brauch? ist dass ain *ört*·li·sha brauj
No estoy acostumbrado/a a esto.	Das ist ganz ungewohnt für mich. dass ist gants *un*·gue·vohnt *füh*·a mish
Lo probaré.	Ich versuche es. ish fea·*suh*·je es
Lo siento, no pretendía hacer/decir nada incorrecto.	Es tut mir Leid, ich wollte nichts Falsches tun/sagen. es tuht *mih*·a lait ish *vol*·te nishts *fal*·shes tuhn/*sah*·guen
Lo siento. Va en contra de mis creencias.	Es tut mir Leid, das ist gegen meine Anschauungen. es tuht *mih*·a lait dass ist *gueh*·guen *mai*·ne *an*·shau·un·guen

Deporte

FRASES ÚTILES

¿Qué deporte practica/s?	Was für Sport treiben Sie? for Was für Sport treibst du? inf	vass *füh*·a shport *trai*·ben sih vass *füh*·a shport traibst duh
¿Cuál es su/tu equipo favorito?	Was ist Ihre/deine Lieblingsmannschaft? for/inf	vass ist *ih*·re/*dai*·ne *lihb*·lings·man·shaft
¿Cómo van?	Wie steht es?	vih shteht es

Intereses deportivos

P ¿Qué deporte practica/s?
Was für Sport treiben Sie? for
vass *füh*·a shport *trai*·ben sih
Was für Sport treibst du? inf
vass *füh*·a shport traibst duh

R Juego a ...
Ich spiele ...
ish *shpih*·le ...

R Me interesa el/la ...
Ich interessiere mich für ...
ish in·te·re·*sih*·re mish *füh*·a ...

baloncesto	Basketball	*bahs*·ket·bal
fútbol	Fußball	*fuhss*·bal
hockey sobre hielo	Eishockey	*ais*·ho·ki
tenis	Tennis	*te*·nis

Para más deportes, véase el **Diccionario**.

P ¿Te gusta (el deporte)?	Mögen Sie (Sport)? for *möh*·guen sih (shport) Magst du (Sport)? inf makst duh (shport)
R Sí, mucho.	Ja, sehr. yah *seh*·a
R No especialmente.	Nicht besonders. nisht be·*son*·ders
R Me gusta mirarlo.	Ich sehe es mir gerne an. ish *seh*·e es *mih*·a *guèhr*·ne an
¿Quién es su/tu deportista favorito/a?	Wer ist Ihr/dein Lieblingssportler? for/inf *veh*·a ist *ih*·a/dain *lihb*·links·shport·la
¿Cuál es tu equipo favorito?	Was ist Ihre/deine Lieblingsmannschaft? for/inf vass ist *ih*·re/*dai*·ne *lihb*·links·man·shaft
¿Juega/s al fútbol?	Spielen Sie (Fußball)? for *shpih*·len sih (*fuhss*·bal) Spielst du (Fußball)? inf *shpihlst* duh (*fuhss*·bal)

Ir a un partido

¿Le/te gustaría ir a un partido?	Möchten Sie zu einem Spiel gehen? for *mösh*·ten sih tsuh *ai*·nem shpihl *gueh*·en Möchtest du zu einem Spiel gehen? inf *mösh*·test duh tsuh *ai*·nem shpihl *gueh*·en

¿De qué equipo es/eres?	Wen unterstützen Sie? for vehn un·ta·*shtü*·tsen sih Wen unterstützt du? inf vehn un·ta·*shtützt* duh	
¿Quién juega?	Wer spielt? *veh*·a spihlt	
¿Quién va ganando?	Wer gewinnt? *veh*·a gue·*vint*	
¡Qué …!	Was für …! vass *füh*·a…	

gol	ein Tor	ain *toh*·a
golpe	ein Treffer	ain *tre*·fa
chute	ein Schuss	ain shuss
pase	ein Pass	ain pass

¿Cómo van?	Wie steht es? vih shteht es
¡Ha sido un partido terrible/excelente!	Das war ein schlechtes/tolles Spiel! dass vahr ain *shlej*·tes/*to*·les shpihl
¿Cuál fue el resultado?	Was war das Endergebnis? vass vahr dass *ent*·ehr·gueb·niss

Practicar deporte

🅿 **¿Quiere/s jugar?**	Möchten Sie mitspielen? for *mösh*·ten sih *mit*·shpih·len Möchtest du mitspielen? inf *mösh*·test duh *mit*·shpih·len
🆁 **Sí, fenomenal.**	Ja, das wäre toll. yah das *vèh*·re tol

Lo siento, no puedo.	Es tut mir Leid, ich kann nicht. es tuht *mih*·a lait ish kan nisht
Estoy lesionado/a.	Ich habe eine Verletzung. ish *hah*·be *ai*·ne fea·*le*·tsung
¿Puedo jugar?	Kann ich mitspielen? kan ish *mit*·shpih·len
Punto para usted/ti.	Ihr/Dein Punkt. for/inf *ih*·a/dain punkt
Punto para mí.	Mein Punkt. main punkt
¡Pásala aquí!	Hierher! *hih*·a·*heh*·a
Gracias por el partido.	Vielen Dank für das Spiel. *fih*·len dank *füh*·a dass shpihl
¿Dónde está el gimnasio más cercano?	Wo ist das nächste Fitness-Studio? voh ist dass *nèhjs*·te *fit*·nes·shtuh·di·o
¿Dónde está la piscina más cercana?	Wo ist das nächste Schwimmbad? voh ist dass *nèhjs*·te *shvim*·baht
¿Dónde está la pista de tenis más cercana?	Wo ist der nächste Tennisplatz? voh ist *deh*·a *nèhjs*·te *te*·nis·plats
¿Cuál es el mejor lugar para correr por aquí?	Wo kann man hier am besten joggen/laufen? voh kan man *hih*·a am *bes*·ten *dzho*·guen/*lau*·fen
¿Dónde están los vestuarios?	Wo sind die Umkleideräume? voh sind dih *um*·klai·de·roi·me

¿Cuánto cuesta por hora/día?	Wie viel kostet es pro Stunde/Tag? vih fihl *kos*·tet es proh *shtun*·de/tahk
¿Cuánto cuesta por partido/visita?	Wie viel kostet es pro Spiel/Besuch? vih fihl *kos*·tet es proh shpihl/be·*suj*
¿Puedo alquilar un/una ...?	Kann ich ...? kan ish ...

pelota	einen Ball leihen	*ai*·nen bal *lai*·en
bicicleta	ein Fahrrad leihen	ain *fahr*·raht *lai*·en
pista	einen Platz mieten	*ai*·nen plats *mih*·ten
raqueta	einen Schläger leihen	*ai*·nen *shlèh*·ga *lai*·en

Fútbol

¿Quién juega en el (Bayern de Múnich)?	Wer spielt für (Bayern München)? *veh*·a shpihlt *füh*·a (*bai*·ern *mün*·jen)
¿Qué equipo va primero en la liga?	Welcher Verein steht an der Tabellenspitze? *vel*·sha fer·*ain* shteht an *deh*·a ta·*be*·len·shpi·tse
¡Qué equipo tan malo!	Was für eine furchtbare Mannschaft! vass *füh*·a *ai*·ne *fursht*·bah·re *man*·shaft
Es una gran deportista.	Sie ist eine tolle Spielerin. sih ist *ain*·e *to*·le *shpih*·le·rin

SOBRE LA CULTURA

König Fußball

El deporte rey en Alemania, tanto en el ámbito amateur como profesional es el *König Fußball* *kö*·nish *fuhs*·bal (rey fútbol). Este deporte se practica en miles de clubes *amateur* denominados *Fußballvereine* *fuhs*·bal·fe·rai·ne. Los alemanes son unos forofos de este deporte y los partidos profesionales atraen a una media de 25 000 seguidores. Una de las palabras más largas del alemán pertenece a la esfera del fútbol. Se trata de conseguir que no se trabe la lengua: *Fußballweltmeisterschaftsqualifikationsspiel* *fuhs*·bal·*velt*·mais·ter·shafts·kva·li·fi·ka·*tsions*·sh pihl (partido de clasificación para el Mundial de Fútbol).

Ha jugado muy bien en el partido contra (Italia).	Im Spiel gegen (Italien) hat er fantastisch gespielt. im shpihl gueh·guen (i·*tah*·li·en) hat *eh*·a fan·*tas*·tish gue·*shpihlt*
Marcó (tres) goles.	Sie hat (drei) Tore geschossen. sih hat (drai) *toh*·re gue·*sho*·ssen
corner	Ecke f *e*·ke
falta directa	Freistoß m *frai*·shtohss
portero	Torhüter(in) m/f *toh*·a·hü·ta/*toh*·a·hü·te·rin
fuera de juego	Abseits n *ab*·saits
penalti	Strafstoß m *shtrahf*·shtohss
3–1 (tres a uno)	3:1 (drei zu eins) drai tsuh ains

Al aire libre

FRASES ÚTILES

¿Necesitamos un guía?	Brauchen wir einen Führer?	*brau*·jen *vih*·a *ai*·nen *füh*·ra
Me he perdido.	Ich habe mich verlaufen.	ish *hah*·be mish fer·*lau*·fen
¿Qué tiempo hace?	Wie ist das Wetter?	vih ist dass *ve*·ta

Senderismo

¿Dónde puedo ...? Wo kann ich ...?
 voh kan ish ...

comprar provisiones	Vorräte einkaufen	*for*·rèh·te *ain*·kau·fen
conseguir información sobre las rutas de senderismo	Informationen über Wanderwege bekommen	in·for·ma·*tsio*·nen *ü*·ba *van*·da·veh·gue be·*ko*·men
encontrar a alguien que conozca la zona	jemanden finden, der die Gegend kennt	yeh·man·den *fin*·den *deh*·a dih *gueh*·guent kent
conseguir un mapa	eine Karte bekommen	*ai*·ne *kar*·te be·*ko*·men
alquilar equipo de senderismo	Wanderausrüstung leihen	*van*·da·aus·rüs·tung *lai*·en

SOBRE LA CULTURA — ¿Alguien quiere darse un baño?

Las actividades acuáticas son muy populares en Alemania y es difícil encontrar una ciudad sin una *Schwimmbad* shvim·baht (piscina) pública. A menudo hay una *Hallenbad* ha·len·baht (piscina cubierta) junto a una *Freibad* frai·baht (piscina al aire libre). Los balnearios son populares también y a ellos acude mucha gente con la intención de curar multitud de dolencias. La ciudad balneario más famosa de Alemania es Baden Baden *bah·*den *bah·*den. Esta palabra es también el nombre de la región que rodea la ciudad y hace referencia a la palabra alemana "bañarse".

RELACIONARSE — AL AIRE LIBRE

¿Tenemos que llevar comida/agua?	Müssen wir Essen/Wasser mitnehmen? *mü*·ssen *vih*·a e·ssen/*va*·sa *mit*·neh·men
¿Cómo es de largo el recorrido?	Wie lang ist der Weg? vih lang ist *deh*·a vek
¿A cuánto se asciende?	Wie hoch führt die Klettertour hinauf? vie hoj führt dih *kle*·ta·tuh·a hi·*nauf*
¿Necesitamos un guía?	Brauchen wir einen Führer? *brau*·jen *vih*·a *ai*·nen *füh*·ra
¿Hay excursiones guiadas?	Gibt es geführte Wanderungen? guibt es gue·*führ*·te *van*·de·run·guen
¿Es seguro?	Ist es ungefährlich? ist es *un*·gue·fèhr·lish
¿Hay alguna cabaña allí?	Gibt es dort eine Hütte? guibt es dort *ai*·ne *hü*·te
¿Cuándo se hace de noche?	Wann wird es dunkel? van vihrt es *dun*·kel

¿Está el camino (bien) señalizado?	Ist der Weg (gut) markiert?	ist *deh*·a vek (guht) mar·*kiert*
¿Está el camino abierto?/¿Es bonito?	Ist der Weg offen/schön?	ist *deh*·a vek *o*·fen/shön
¿Cuál es la ruta más fácil?	Welches ist die einfachste Route?	*vel*·shes ist dih *ain*·fajs·te *ruh*·te
¿Cuál es la ruta más interesante?	Welches ist die interessanteste Route?	*vel*·shes ist dih in·te·re·*ssan*·tes·te *ruh*·te
¿Dónde está el pueblo más cercano?	Wo ist das nächste Dorf?	voh ist dass *nèhjs*·te dorf
¿De dónde viene/s?	Wo kommen Sie gerade her? for voh ko·men sih ge·*rah*·de *heh*·a Wo kommst du gerade her? inf voh komst duh ge·*rah*·de *heh*·a	
¿Cuánto tiempo ha/s necesitado?	Wie lange hat das gedauert?	vih *lan*·gue hat das gue·*dau*·ert
¿Va este camino a ...?	Führt dieser Weg nach ...?	fürt *dih*·sa vek naj ...
¿Se puede ir por aquí?	Können wir hier durchgehen?	*kö*·nen *vih*·a *hih*·a *durj*·gueh·en
¿Es el agua potable?	Kann man das Wasser trinken?	kan man dass *va*·ssa *tring*·ken
Me he perdido.	Ich habe mich verlaufen.	ish *hah*·be mish fea·*lau*·fen

En la playa

¿Dónde está la mejor playa/la playa más cercana?	Wo ist der beste/nächste Strand?	voh ist *deh*·a *bes*·te/*nèhjs*·te shtrant

SE BUSCARÁ

Schwimmen verboten!	shvi·men fea·boh·ten	Prohibido bañarse.
Sturmwarnung!	shturm vahr·nunk	Peligro de tormenta.

¿Tenemos que pagar?	Müssen wir bezahlen? mü·ssen vih·a be·tsah·len
¿Es seguro bucear/ nadar aquí?	Kann man hier gefahrlos tauchen/schwimmen? kan man hih·a gue·fahr·los tau·jen/shvi·men
¿A qué hora está la marea alta/baja?	Wann ist Flut/Ebbe? van ist fluht/e·be
¿Cuánto cuesta una silla/sombrilla?	Was kostet ein Stuhl/Schirm? vass kos·tet ain shtuhl/shirm

El tiempo

P ¿Qué tiempo hace?	Wie ist das Wetter? vih ist dass ve·ta
R Hace/Está ...	Es ist ... es ist ...

nublado	wolkig	vol·kish
frío	kalt	kalt
un frío que pela	eiskalt	ais·kalt
calor	heiß	haiss
lluvioso	regnerisch	rehg·ne·rish
soleado	sonnig	so·nish
templado	warm	varm
viento	windig	vin·dish

RELACIONARSE AL AIRE LIBRE

Está nevando.	Es schneit. *es shnait*
¿Cuál es la previsión meteorológica?	Wie ist der Wetterbericht? *vih ist deh·a ve·ta·be·risht*
¿Mañana hará/estará …?	Wird es morgen … sein? *virt es mor·guen … sain*
¿Nevará mañana?	Wird es morgen schneien? *virt es mor·guen shnai·en*
¿Dónde puedo comprar un paraguas?	Wo kann ich einen Regenschirm kaufen? *voh kan ish ai·nen reh·guen·shirm kau·fen*

Flora y fauna

¿Cómo se llama ese/a … ?	Wie heißt …? *vih haist …*

animal	dieses Tier	*dih·ses tih·a*
pájaro	dieser Vogel	*dih·ser fo·guel*
flor	diese Blume	*dih·se bluh·me*
planta	diese Pflanze	*dih·se pflan·tse*
árbol	dieser Baum	*dih·ser baum*

¿Es común?	Ist es weit verbreitet? *ist es vait fea·brai·tet*
¿Es peligroso/a?	Ist es gefährlich? *ist es gue·feh·a·lish*
¿Está protegido/a?	Ist es geschützt? *ist es gue·shütst*
¿Se puede comer?	Kann man es essen? *kan man es e·ssen*

Para términos geográficos y agrícolas, así como nombres de animales y plantas, véase el **Diccionario**.

147

Viajar seguro

URGENCIAS	**148**
POLICÍA	**150**
SALUD	**152**

Urgencias

FRASES ÚTILES

¡Ayuda!	Hilfe!	*hil*·fe
Ha habido un accidente.	Es gab einen Unfall.	es gahb *ai*·nen *un*·fal
¡Es una emergencia!	Es ist ein Notfall!	es ist ain *noht*·fal

¡Ayuda!	Hilfe! *hil*·fe
¡Alto!	Halt! halt
¡Fuera de aquí!	Gehen Sie weg! *gueh*·en sih vek
¡Al ladrón!	Dieb! dihb
¡Fuego!	Feuer! *foi*·a
¡Cuidado!	Vorsicht! for·*sisht*
¡Es una emergencia!	Es ist ein Notfall! es ist ain *noht*·fal
Ha habido un accidente.	Es gab einen Unfall. es gab *ai*·nen *un*·fal
¿Tiene un botiquín de primeros auxilios?	Haben Sie einen Erste-Hilfe-Kasten? *hah*·ben sih *ai*·nen er·ste·*hil*·fe·ka·sten

SE BUSCARÁ

Polizei	po·li·*tsai*	Policía
Polizeirevier	po·li·*tsai*·re·vih·a	Comisaría de policía
Unfallstation	un·fal·sta·*tsion*	Urgencias

¡Llamen a la policía!	Rufen Sie die Polizei! *ruh*·fen sih dih po·li·*tsai*
¡Llamen a un médico!	Rufen Sie einen Arzt! *ruh*·fen sih *ai*·nen artst
¡Llamen una ambulancia!	Rufen Sie einen Krankenwagen! *ruh*·fen sih *ai*·nen *kran*·ken·vah·guen
¿Podría ayudarme/nos, por favor?	Könnten Sie mir/uns bitte helfen? *kön*·ten sih *mih*·a/uns *bi*·te *hel*·fen
¿Dónde está el servicio?	Wo ist die Toilette? vo ist dih tua·*le*·te
Tengo que usar el teléfono.	Ich muss das Telefon benutzen. ish muss das te·le·*fohn* be·*nu*·tsen
Me he perdido.	Ich habe mich verirrt. ish *hah*·be mish fer·*irt*

Policía

VIAJAR SEGURO — POLICÍA

FRASES ÚTILES

¿Dónde está la comisaría de policía?	Wo ist das Polizeirevier?	voh ist dass po·li·*tsai*·re·vih·a
Quiero contactar con mi embajada.	Ich möchte mich mit meiner Botschaft in Verbindung setzen.	ish *mösh*·te mih mit *mai*·na *boht*·shaft in fea·*bin*·dung se·tsen
Me han robado el bolso.	Man hat mir meine Handtasche gestohlen.	man hat *mih*·a *mai*·ne *hant*·ta·she gue·*shtoh*·len

¿Dónde está la comisaría de policía?	Wo ist das Polizeirevier? voh ist dass po·li·*tsai*·re·vih·a
Quiero denunciar un delito.	Ich möchte eine Straftat melden. ish *mösh*·te *ai*·ne *shtrahf*·taht *mel*·den
Me han violado.	Ich bin vergewaltigt worden. ish bin fea·gue·*val*·tigt *vor*·den
Me han atacado.	Er ist angegriffen worden. *eh*·a ist *an*·gue·gri·fen *vor*·den
Me han atracado.	Sie ist bestohlen worden. sih ist be·*shtoh*·len *vor*·den
Ha sido él/ella.	Es war er/sie. es vahr *eh*·a/sih

Me han robado el/la ...	Man hat mir ... gestohlen. man hat *mih*·a ... gue·*shtoh*·len
He perdido mi/s ...	Ich habe ... verloren. ish *hah*·be ... fea·*loh*·ren

bolsas de viaje	meine Reisetaschen	*mai*·ne *rai*·se·ta·shen
bolso	meine Handtasche	*mai*·ne *hant*·ta·she
dinero	mein Geld	main guelt
pasaporte	meinen Pass	*mai*·nen pass
monedero	mein Portemonnaie	main port·mo·*ne*
maletín	meine Brieftasche	*mai*·ne *brihf*·ta·she

¿De qué se me acusa?	Wessen werde ich beschuldigt? *ve*·ssen ver·de ish be·*shul*·digt
No lo he hecho yo.	Das habe ich nicht getan. dass *hah*·be ish nisht gue·*tahn*
¿Puedo llamar a alguien?	Kann ich jemanden anrufen? kan ish *ye*·man·den *an*·ruh·fen
¿Puedo llamar a un abogado?	Kann ich einen Rechtsanwalt anrufen? kan ish *ai*·nen *rejts*·an·valt *an*·ruh·fen
Quiero contactar con mi consulado/embajada.	Ich möchte mich mit (meinem Konsulat/meiner Botschaft) in Verbindung setzen. ish *mösh*·te mish mit (*mai*·nem kon·zu·*laht*/*mai*·na *boht*·shaft) in fea·*bin*·dung se·tsen
Tengo una receta para este medicamento.	Ich habe ein Rezept für dieses Medikament. ish *hah*·be ain re·*tsept füh*·a *dih*·ses me·di·ka·ment

Salud

FRASES ÚTILES

¿Dónde está el hospital más cercano?	Wo ist das nächste Krankenhaus?	voh ist dass *nèhjs*·te *kran*·ken·haus
Estoy enfermo/a.	Ich bin krank.	ish bin krank
Necesito un médico.	Ich brauche einen Arzt.	ish *brau*·je *ai*·nen artst
Soy alérgico/a a ...	Ich bin allergisch gegen ...	ish bin a·*ler*·guish *gue*·guen ...

El médico

¿Dónde está el/la ... más cercano?
Wo ist der/die/das nächste ...? m/f/n
voh ist *deh*·a/dih/das *nèhjs*·te ...

farmacia	Apotheke f	a·po·*teh*·ke
dentista	Zahnarzt m	*tsahn*·artst
médico	Arzt m	artst
hospital	Krankenhaus n	*kran*·ken·haus
óptico	Augenoptiker m	*au*·guen·op·ti·ka

Necesito un médico (que hable español).
Ich brauche einen Arzt (der Spanisch spricht).
ish *brau*·je *ai*·nen artst (*deh*·a *shpah*·nish shprisht)

¿Podría tratarme una doctora?	Könnte ich von einer Ärztin behandelt werden? *kön*·te ish fon *ai*·na *erts*·tin be·*han*·delt *vehr*·den
¿Hay cerca alguna farmacia de guardia?	Gibt es in der Nähe eine (Nacht)Apotheke? guibt es in *deh*·a *nèh*·e *ai*·ne (*najt*·)a·po·*teh*·ke
No quiero ninguna transfusión de sangre.	Ich möchte keine Bluttransfusion. ish *mösh*·te *kai*·ne *bluht*·trans·fu·sion
Por favor, use una jeringuilla nueva.	Bitte benutzen Sie eine neue Spritze. *bi*·te be·*nu*·tsen sih *ai*·ne *noi*·e *shpri*·tse
Tengo mi propia jeringuilla.	Ich habe meine eigene Spritze. ish *hah*·be *mai*·ne *ai*·gue·ne *shpri*·tse
Me han vacunado contra ...	Ich bin gegen ... geimpft worden. ish bin *gueh*·guen ... gue·*impft vor*·den
A él/ella lo han vacunado contra ...	Er/Sie ist gegen ... geimpft worden. *eh*·a/sih ist *gueh*·guen ... ge·*impft vor*·den

la fiebre ...	... Fieber	... *fih*·ba
la hepatitis A/B/C	Hepatitis A/B/C	he·pa·*tih*·tis ah/beh/tseh
el tétanos	Tätanus	*tèh*·ta·nus
el tifus	Typhus	*tü*·fuss

VIAJAR SEGURO · SALUD

Se me ha acabado la medicación.	Ich habe keine Medikamente mehr. ish *hah*·be *kai*·ne me·di·ka·*men*·te *meh*·a
Mi receta es ...	Mein Rezept ist ... main re·*tsept* ist ...

Síntomas

Estoy enfermo/a.	Ich bin krank. ish bin krank
Mi amigo/a está enfermo/a.	Mein Freund/Meine Freundin ist krank. **m/f** main froint/*mai*·ne *froin*·din ist krank
Me duele aquí.	Es tut hier weh. es tuht *hih*·a veh
He estado vomitando.	Ich habe mich übergeben. ish *hah*·be mish *üh*·ba·*gueh*·ben
No puedo dormir.	Ich kann nicht schlafen. ish kan nisht *shlah*·fen
Estoy mareado.	Mir ist schwindelig. *mih*·a ist *shvin*·de·lish
Tengo frío y calor.	Mir ist abwechselnd heiß und kalt. *mih*·a ist *ab*·vek·selnt haiss unt kalt
Tengo náuseas.	Mir ist übel. *mih*·a ist *ü*·bel
Tengo escalofríos.	Mich fröstelt. mish *frörs*·telt
Me siento débil.	Ich fühle mich schwach. ish *füh*·le mish shvaj
Tengo ansiedad.	Ich habe Ängste. ish *hah*·be *engs*·te

SE OIRÁ

Was fehlt Ihnen?	vass fehlt *ih*·nen	
	¿Qué le ocurre?	
Wo tut es weh?	voh tuht es veh	
	¿Dónde le duele?	
Seit wann haben Sie diese Beschwerden?	sait van *hah*·ben sih *dih*·se be·*shver*·den	
	¿Durante cuánto tiempo ha estado así?	
Hatten Sie das schon einmal?	*ha*·ten sih dass shön *ain*·mahl	
	¿Le ha ocurrido esto antes?	
Nehmen Sie irgendwelche Medikamente?	*neh*·men sih *ir*·guent·vel·she me·di·ka·*men*·te	
	¿Está tomando medicación?	
Sind Sie gegen bestimmte Stoffe allergisch?	sind sih *gueh*·guen be·*shtim*·te *shto*·fe a·*ler*·guish	
	¿Es alérgico/a a a algo?	
Trinken Sie?	*tring*·ken sih	
	¿Bebe?	
Rauchen Sie?	*rau*·jen sih	
	¿Fuma?	
Nehmen Sie Drogen?	*neh*·men sih *droh*·guen	
	¿Toma drogas?	
Hatten Sie ungeschützten Geschlechtsverkehr?	*ha*·ten sih *un*·gue·shüts·ten gue·*shleshts*·fer·keh·a	
	¿Ha mantenido relaciones sexuales sin protección?	

VIAJAR SEGURO — **SALUD**

Estoy deprimido/a.	Ich bin deprimiert.
	ish bin de·pri·*mih*·ert
Me encuentro mejor/peor.	Ich fühle mich besser/schlechter.
	ish *füh*·le mish be·ssa/*shlesh*·ta

Tengo un/una ...	Ich habe ... ish *hah*·be ...

diarrea	Durchfall	*dursh*·fal
fiebre	Fieber	*fih*·ba
dolor de cabeza	Kopfschmerzen	*kopf*·shmer·tsen
dolor	Schmerzen	*shmer*·tsen

Tengo una infección.	Ich habe eine Infektion. ish *hah*·be *ai*·ne in·fek·*tsion*
Tengo una erupción cutánea.	Ich habe einen Ausschlag. ish *hah*·be *ai*·nen *aus*·shlahk
He tenido hace poco ...	Ich hatte vor kurzem ... ish *ha*·te *foh*·a *kur*·tsem ...
Me estoy medicando para ...	Ich nehme Medikamente gegen ... ish *neh*·me me·di·ka·*men*·te *gueh*·guen ...

Para más síntomas, véase el **Diccionario**.

Salud de la mujer

(Creo que) Estoy embarazada.	(Ich glaube,) Ich bin schwanger. (ish *glau*·be,) ish bin *shvan*·ga
Estoy tomando anticonceptivos.	Ich nehme die Pille. ish *neh*·me dih *pi*·le
No he tenido la regla durante ... semanas.	Ich habe seit ... Wochen meine Periode nicht gehabt. ish *hah*·be sait ... *vo*·jen *mai*·ne pe·ri·*oh*·de nisht gue·*hahbt*
Tengo dolores menstruales.	Ich habe Regelschmerzen. ish *hah*·be *reh*·guel·shmer·tsen

 **SE OIRÁ**

Benutzen Sie Verhütungsmittel?	be·*nu*·tsen sih fea·*hü*·tungs·mi·tel ¿Utiliza métodos anticonceptivos?
Haben Sie Ihre Periode?	*hah*·ben sih *ih*·re pe·ri·*oh*·de ¿Tiene la regla?
Wann hatten Sie Ihre letzte Periode?	van *ha*·ten sih *ih*·re *lets*·te pe·ri·*oh*·de ¿Cuándo ha tenido la última regla?
Sie sind schwanger.	sih sind *shvan*·ga Está embarazada.

test de embarazo	Schwangerschafts-test m *shvan*·ger·shafts·test
la píldora del día siguiente	die Pille danach f dih *pi*·le da·*naj*
anticonceptivo	Verhütungsmittel n fea·*hü*·tungs·mi·tel

Alergias

Tengo una alergia cutánea.	Ich habe eine Hautallergie. ish *hah*·be *ai*·ne *haut*·a·ler·gih
Soy alérgico/a al/a la/los/las ...	Ich bin allergisch gegen ... ish bin a·*ler*·guish *gueh*·guen ...

antibióticos	Antibiotika	an·ti·bio·ti·ka
anti-inflamatorios	entzündungs-hemmende Mittel	en·*tsün*·dungs·he·men·de *mi*·tel
aspirina	Aspirin	as·pi·*rihn*
abejas	Bienen	*bih*·nen
codeína	Kodein	ko·de·*ihn*
penicilina	Penizillin	pe·ni·tsi·*lihn*
polen	Pollen	*po*·len

VIAJAR SEGURO — SALUD

antihistamínicos	Antihistamine n pl *an*·ti·his·ta·*mih*·ne
inhalador	Inhalator m in·ha·*lah*·toh·a
inyección	Injektion f in·yek·*tsion*
sulfamidas	schwefel-basierte Arzneimittel n pl *shveh*·fel·ba·sihr·te arts·*nai*·mi·tel

Para alergias relacionadas con la comida, véase **Dietas especiales y alergias** (p. 185).

Partes del cuerpo

Me duele el/la ...	Mir tut der/die/das ... weh. m/f/n *mih*·a tuht *deh*·a/dih/dass ... veh
No puedo mover el/la ...	Ich kann meinen/meine/mein ... nicht bewegen. m/f/n ish kan *mai*·nen/*mai*·ne/main ... nisht be·*veh*·guen
Tengo un calambre en el/la ...	Ich habe einen Krampf in meinem/meiner/meinem ... m/f/n ish *hah*·be *ai*·nen krampf in *mai*·nem/*mai*·na/*mai*·nem ...
Se me ha hinchado el/la ...	Mein/Meine/Mein ... ist geschwollen. m/f/n main/*mai*·ne/main ... ist gue·*shvo*·len

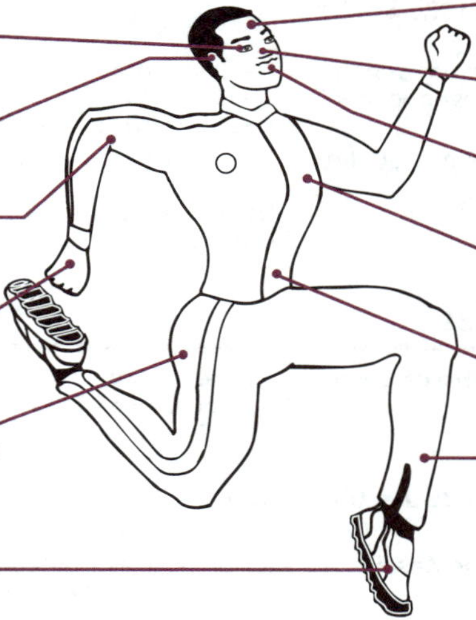

ojo
Auge n
au·gue

oreja
Ohr n
oh·a

brazo
Arm m
arm

mano
Hand m
hant

trasero
Hintern m
hin·tern

pie
Fuß m
fuss

cabeza
Kopf m
kopf

nariz
Nase f
nah·se

boca
Mund m
munt

pecho
Brust f
brust

estómago
Magen m
mah·guen

pierna
Bein n
bain

La farmacia

Necesito algo para el/la ...	Ich brauche etwas gegen ... ish *brau*·je *et*·vass *gueh*·guen ...
¿Necesito una receta para ...?	Brauche ich für ... ein Rezept? *brau*·je ish *füh*·a ... ain re·*tsept*
¿Cuántas veces al día?	Wie oft am Tag? vih oft am tahk
¿Provoca somnolencia?	Macht es müde? majt es *müh*·de

Para los productos de farmacia, véase el **Diccionario**.

SE OIRÁ

Haben Sie das schon einmal eingenommen?
hah·ben sih dass shohn *ain*·mahl *ain*·gue·no·men
¿Ha tomado esto antes?

Zweimal am Tag (zum Essen).
tsvai·mahl am tahk (tsum e·ssen)
Dos veces al día (con las comidas).

El dentista

Se me ha roto un diente.	Ich habe einen abgebrochenen Zahn. ish *hah*·be *ai*·nen *ab*·gue·bro·je·nen tsahn
Tengo dolor de dientes.	Ich habe Zahnschmerzen. ish *hah*·be tsahn·shmer·tsen
Necesito anestesia.	Ich brauche eine Betäubung. ish *brau*·je *ai*·ne be·*toi*·bung
Necesito un empaste.	Ich brauche eine Füllung. ish *brau*·je *ai*·ne *füh*·lung
Se me ha caído un empaste.	Ich habe eine Füllung verloren. ish *hah*·be *ai*·ne *füh*·lung fea·*loh*·ren
Se me ha roto la dentura postiza.	Mein Gebiss ist zerbrochen. main gue·*biss* ist tser·*bro*·jen
No quiero que me la saque.	Ich will ihn nicht ziehen lassen. ish vil ihn nisht *tsih*·en *la*·ssen
Me duele la encía.	Das Zahnfleisch tut mir weh. dass *tsahn*·flaish tuht *mih*·a veh

Comida

COMER FUERA	162
COMPRAR Y COCINAR	179
COMIDA VEGETARIANA Y DE DIETA	184

Comer fuera

FRASES ÚTILES

¿Me podría/s recomendar un restaurante?	Können Sie ein Restaurant empfehlen? for Kannst du ein Restaurant empfehlen? inf	kö·nen sih ain res·to·*rahnt* emp·*feh*·len kanst duh ain res·to·*rahnt* emp·*feh*·len
Querría una mesa para (dos).	Ich hätte gern einen Tisch für (zwei) Personen, bitte.	ish *he*·te guèhrn *ai*·nen tish *füh*·a (tsvai) per·*soh*·nen *bi*·te
¿Me puede traer la carta, por favor?	Kann ich die Speisekarte sehen, bitte?	kan ish dih *shpai*·se·*kar*·te *seh*·en *bi*·te
Me gustaría ...	Ich möchte ...	ish *mösh*·te ...
Tráigame la cuenta, por favor.	Bitte bringen Sie die Rechnung.	*bi*·te *brin*·guen sih dih *rej*·nung

Lo básico

desayuno	Frühstück n *früh*·shtük
comida	Mittagessen n *mi*·tahk·e·ssen
cena	Abendessen n *ah*·bent·e·ssen
tentempié	Snack m snak

comer/beber	essen/trinken *e*·ssen/*tring*·ken
plato del día	Gericht n des Tages ge·*risht* des *tah*·gues
menú	Menü n meh·*nü*
Me gustaría ...	Ich möchte ... ish *mösh*·te ...
¡Que aproveche!	Guten Appetit! *guh*·ten a·peh·*tiht*
¡Me muero de hambre!	Ich bin am Verhungern! ish bin am fea·*hun*·guern

Encontrar un lugar para comer

¿Me podría recomendar un bar/pub?	Können Sie eine Kneipe empfehlen? *kö*·nen sih *ai*·ne *knai*·pe emp·*feh*·len
¿Me puedes recomendar una cafetería?	Kannst du eine Espressobar empfehlen? inf kanst duh *ai*·ne es·*pre*·so·bahr emp·*feh*·len

 : SE OIRÁ

Es tut mir Leid, wir haben geschlossen.	es tuht *mih*·a lait *vih*·a *hah*·ben gue·*shlo*·ssen Lo siento, está cerrado.
Wir haben keinen Tisch frei.	*vih*·a *hah*·ben *kai*·nen tish frai No tenemos mesas libres.
Wir sind voll ausgebucht.	*vih*·a sind fol *aus*·gue·bujt Está completo.
Wo möchten Sie sitzen?	voh *mösh*·ten sih *si*·tsen ¿Dónde le gustaría sentarse?

¿Puedes recomendarme algún restaurante?	Kannst du ein Restaurant empfehlen? inf kanst duh ain res·to·*rahnt* emp·*feh*·len
¿Adónde se puede ir para comer algo barato?	Wo kann man hingehen, um etwas Billiges zu essen? voh kan man *hin*·geh·en um et·vass *bi*·li·gues tsuh e·ssen
¿Adónde se puede ir para probar alguna especialidad local?	Wo kann man hingehen, um örtliche Spezialitäten zu essen? voh kan man *hin*·geh·en um *ört*·li·she shpe·tsia·li·*tèh*·ten tsuh e·ssen
¿Se puede comer algo?	Gibt es noch etwas zu essen? guibt es noj *et*·vass tsuh e·ssen
¿Cuánto tiempo hay que esperar?	Wie lange muss man warten? vih *lan*·gue muss man *var*·ten

En el restaurante

Me gustaría reservar una mesa para (dos) personas.	Ich möchte einen Tisch für (zwei) Personen reservieren. ish *mösh*·te *ai*·nen tish *füh*·a (tsvai) per·*soh*·nen re·ser·*vih*·ren
Me gustaría reservar una mesa para (las ocho) en punto.	Ich möchte einen Tisch für (acht) Uhr reservieren. ish *mösh*·te *ai*·nen tish *füh*·a (ajt) *uh*·a re·sah·*vih*·ren
Querría una mesa para (dos) personas, por favor.	Ich hätte gern einen Tisch für (zwei) Personen, bitte. ish *he*·te guèhrn *ai*·nen tish *füh*·a (tsvai) per·*soh*·nen *bi*·te

✂ **Para dos, por favor.** Für zwei, bitte. *füh*·a tsvai *bi*·te

🔊 SE OIRÁ

Was darf ich Ihnen bringen?
vass darf ish *ih*·nen *brin*·guen
¿Qué desea?

Ich empfehle Ihnen ...
ish emp·*feh*·le *ih*·nen ...
Le recomiendo ...

Mögen Sie ...?
mö·guen sih ...
¿Le gusta ...?

Wie möchten Sie das zubereitet haben?
vih *mösh*·ten sih dass *tsu*·be·rai·tet *hah*·ben
¿En qué punto lo quiere?

Bitte!
bi·te
¡Aquí tiene!

Quisiera una mesa de no fumadores, por favor.	Ich hätte gern einen Nichtrauchertisch, bitte. ish *he*·te guèhrn *ai*·nen *nisht*·rau·ja·tish *bi*·te
Quisiera una mesa de fumadores, por favor.	Ich hätte gern einen Rauchertisch, bitte. ish *he*·te guèhrn *ai*·nen *rau*·ja·tish *bi*·te
¿Tienen una carta en inglés/español?	Haben Sie eine englische/spanische Speisekarte? *hah*·ben sih *ai*·ne *eng*·li·she/shpa·ni·she *shpai*·se·kar·te
¿Tienen menú infantil?	Haben Sie Kinderteller? *hah*·ben sih *kin*·da·te·la
Quisiera la carta de bebidas, por favor.	Ich hätte gern die Getränkekarte, bitte. ish *he*·te guèhrn dih gue·*tren*·ke·kar·te *bi*·te

🔍 SE BUSCARÁ

Beilagen	*bai*·lah·guen	Guarniciones
Hauptgerichte	*haupt*·gue·rish·te	Platos principales
Nachspeisen	*naj*·shpai·sen	Postres
Salate	sa·*lah*·te	Ensaladas
Suppen	*su*·pen	Sopas
Vorspeisen	*foh*·a·shpai·sen	Entrantes

Querría la carta, por favor.	Ich hätte gern die Speisekarte, bitte. *ish he·te guèhrn dih shpai·se·kar·te bi·te*
✂ **La carta, por favor.**	Die Karte, bitte. *dih kar·te bi·te*
¿Qué me recomendaría?	Was empfehlen Sie? *vass emp·feh·len sih*
Quiero lo mismo que ellos.	Ich nehme das gleiche wie sie. *ish neh·me dass glai·je vih sih*
Me gustaría tomar algo típico de esta región.	Ich möchte etwas Typisches aus der Region. *ish mösh·te et·vass tü·pi·shes aus deh·a re·gui·on*
¿Me podría aconsejar qué platos tradicionales debería probar?	Können Sie mir sagen, welche traditionellen Speisen ich probieren sollte? *kö·nen sih mih·a sah·guen vel·she tra·di·tsio·ne·len shpai·sen ish pro·bih·ren sol·te*
¿Qué lleva este plato?	Was ist in diesem Gericht? *vass ist in dih·sem gue·risht*
¿Se tarda mucho en prepararlo?	Dauert das lange? *dau·ert dass lan·gue*

Comer fuera

¿Puede traerme la carta, por favor?
Kann ich die Speisekarte sehen, bitte?
kan ish dih *shpai*·se·*kar*·te *seh*·en *bi*·te

¿Qué me recomienda de ...?
Was würden Sie als ... empfehlen?
vass *vür*·den sih als ... emp·*feh*·len

plato principal
Hauptgericht
howpt·ge·risht

postre
Dessert
de·*ssert*

bebida
Getränk
gue·*trengk*

¿Podría traerme ..., por favor ?
Bitte bringen Sie ...
bi·te *brin*·guen sih ...

La cuenta, por favor.
Ich hätte gern die Rechnung, bitte.
ish *he*·te guèhrn dih *rej*·nung *bi*·te

¿Son cortesía de la casa?	Sind die gratis? sind dih *grah*·tis
Solo queremos beber algo.	Wir möchten nur etwas trinken. *vih*·a *mösh*·ten *nuh*·a *et*·vass *trin*·ken

✂ **Solo beber.** Nur Getränke. *nuh*·a gue·*tren*·ke

Peticiones

Me gustaría ...	Ich hätte es gern ... ish *he*·te es guèhrn ...
No lo quiero ...	Ich möchte es nicht ... ish *mösh*·te es nisht ...

hervido	gekocht	ge·*kojt*
asado	gegrillt	ge·*grilt*
frito con mucho aceite	frittiert	fri·*tih*·ert
frito	gebraten	gue·*brah*·ten
a la brasa	gegrillt	gue·*grilt*
en puré	püriert	pü·*rih*·ert
al punto	halb durch	halp dursh
poco hecho	englisch	*eng*·lish
recalentado	aufgewärmt	*auf*·gue·vermt
al vapor	gedämpft	gue·*dempft*
muy hecho	gut durchgebraten	guht *dursh*·gue·brah·ten
con el aliño a un lado	mit dem Dressing daneben	mit dehm *dre*·ssing da·*neh*·ben
sin ...	ohne ...	*oh*·ne ...

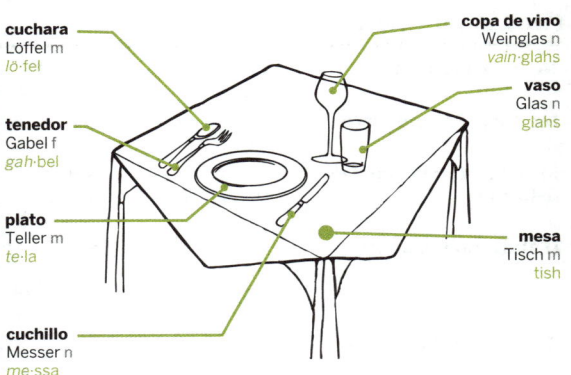

cuchara
Löffel m
lö·fel

tenedor
Gabel f
gah·bel

plato
Teller m
te·la

cuchillo
Messer n
me·ssa

copa de vino
Weinglas n
vain·glahs

vaso
Glas n
glahs

mesa
Tisch m
tish

Por favor, traiga un mantel.	Bitte bringen Sie eine Tischdecke. *bi*·te *brin*·guen sih *ai*·ne *tish*·de·ke
Por favor, traiga un vaso de (vino).	Bitte bringen Sie ein (Wain) Glas. *bi*·te *brin*·guen sih ain (*vain*·) glahs
¿Hay ...?	Gibt es ...? *guibt* es ...

ají (chile)	Chilisauce	*chi*·li·soh·sse
ketchup	Ketchup	*ket*·chap
pimienta	Pfeffer	*pfe*·fa
sal	Salz	salts
vinagre	Essig	*e*·ssik

Para otras peticiones, véase **Comida vegetariana y de dieta** (p. 184).

Elogios y quejas

No he pedido esto.	Das habe ich nicht bestellt.	das *hah*·be ish nisht be·*shtelt*
Me encanta este plato.	Ich mag dieses Gericht.	ish mahk *dih*·ses ge·*risht*
Me encanta la cocina de esta zona.	Ich mag die regionale Küche.	ish mahk dih re·gio·*nah*·le *kü*·she
¡Estaba buenísimo!	Das hat hervorragend geschmeckt!	dass hat he·a·*foh*·a·rah·guent gue·*shmekt*
Está (demasiado) frío.	Das ist (zu) kalt.	dass ist (tsuh) kalt
Está picante.	Das ist scharf.	dass ist sharf
Es excelente.	Das ist exzellent.	dass ist ek·se·*lent*
Felicitaciones al cocinero.	Mein Kompliment an den Koch.	main kom·pli·*ment* an dehn koj
Estoy lleno/a.	Ich bin satt.	ish bin sat

Pagar la cuenta

Por favor, traiga la cuenta.	Bitte bringen Sie die Rechnung.	*bi*·te *brin*·guen sih dih *rej*·nung

✀	**La cuenta, por favor.**	Die Rechnung, bitte.	dih *rej*·nung *bi*·te

🔍 SE BUSCARÁ

Uno de los alimentos preferidos y más populares en Alemania es la *Wurst* (salchicha). Existen más de 1500 tipos:

Blutwurst f	*bluht*·vurst	morcilla
Bockwurst f	*bok*·vurst	salchicha de cerdo
Bratwurst f	*braht*·vurst	salchicha de cerdo frita
Bregenwurst f	*breh*·guen·vurst	salchicha de sesos
Cervelatwurst f	ser·ve·*laht*·vurst	salchicha hecha con carne de cerdo picante y carne de ternera
Katenwurst f	*kah*·ten·vurst	salchicha ahumada al estilo campestre
Knackwurst f	*knak*·vurst	salchicha con ligero sabor a ajo
Krakauer f	*krah*·kau·a	salchicha de origen polaco y sazonada con pimentón dulce
Landjäger m	*lant*·yeh·ga	salchicha larga y estrecha muy picante
Leberwurst f	*leh*·ber·vurst	salchicha de hígado
Regensburger m	*reh*·guens·bur·ga	salchicha ahumada muy picante
Rotwurst f	*roht*·vurst	morcilla
Thüringer f	*tü*·rin·ga	salchicha larga y estrecha
Wiener Würstchen n	*vih*·na *vürst*·shen	salchicha pequeña y ahumada de Frankfurt
Weißwurst f	*vais*·vurst	salchicha de ternera
Würstchen n	*vürst*·shen	salchicha pequeña
Zwiebelwurst f	*tsvih*·bel·vurst	salchicha de hígado y cebolla

COMIDA — COMER FUERA

¿Está el servicio incluido?	Ist die Bedienung inbegriffen? ist dih be·*dih*·nung *in*·be·gri·fen

Bebidas no alcohólicas

agua (caliente)	(heißes) Wasser n (*hai*·sses) *va*·ssa
agua mineral	Mineralwasser n mi·ne·*rahl*·va·ssa
refresco	Softdrink m *soft*·drink
café	Kaffee m *ka*·feh
té	Tee m teh
con (leche)	mit (Milch) mit (milsh)
sin (azúcar)	ohne (Zucker) *oh*·ne (*tsu*·ka)

Bebidas alcohólicas

cerveza	Bier n bih·a
cerveza light	Leichtbier n *laisht*·bih·a
cerveza sin alcohol	alkoholfreies Bier n al·ko·*hohl*·frai·es bih·a
cerveza rubia	Pils n pils

SOBRE LA CULTURA — Refrescos

En Alemania, *Softdrink* soft·drink (refresco) solamente se emplea para designar bebidas dulces con gas, como la gaseosa o la cola. El agua mineral se considera *ein alkoholfreies Getränk* ain al·ko·*hohl*·frai·es gue·*trenk* (una bebida sin alcohol).

cerveza de trigo	Weißbier n *vais*·bih·a
brandy	Weinbrand m *vain*·brant
champán	Champagner m sham·*pan*·ya
cóctel	Cocktail m *kok*·tehl
cava	Sekt m sekt
una (ginebra)	einen (Gin) *ai*·nen (dzhin)
una cerveza de barril	ein Bier vom Fass ain *bih*·a fom fass
un/una ... (de) cerveza	ein ... Bier ain ... *bih*·a

vaso	Glas	glahs
jarra	großes	*groh*·sses
mediana	halbes	*hal*·bes
quinto	kleines	*klai*·nes

🔍 SE BUSCARÁ

Alkoholfreies Bier n — *al·ko·hohl·frai·es bih·a*
cerveza sin alcohol

Alster(wasser) n — *als·ta(·va·ssa)*
mezcla de cerveza rubia (pilsner) y refresco de naranja

Alt(bier) n — *alt(·bih·a)*
especialidad color ámbar de Düsseldorf, con un fuerte sabor a lúpulo

Altbierbowle f — *alt·bih·a·boh·le*
Altbier con fresas y otras frutas

Alt-Schuss n — *alt·shuss*
Altbier con un chorrito de sirope o Malzbier

Berliner Weiße f — *ber·lih·na vai·sse*
ligeramente burbujeante y turbia, suele servirse con un chorrito de sirope de frambuesa o de asperilla olorosa

Bockbier n — *bok·bih·a*
cerveza clara u oscura con alta graduación alcohólica

Eisbock m — *ais·bok*
Bockbier de la que se ha extraído el agua con un proceso de congelación, aumentando así la graduación

Export n — *eks·port*
lager

Gose f — *goh·se*
cerveza de trigo de Leipzig

Hefeweizen n — *heh·fe·vai·tsen*
cerveza turbia de trigo de la que existen variedades claras (hell) y oscuras (dunkel)

Helles n	*he*·les	
	lager (Baviera)	
Kölsch n	kölsh	
	cerveza de color dorado típica de Colonia	
Kräusen n	*kroi*·sen	
	cerveza sin filtrar, dorada u oscura	
Krefelder n	*kreh*·fel·da	
	Altbier mezclada con cola	
Kristallweizen n	kris·*tal*·vai·tsen	
	cerveza de trigo clara (hell) u oscura (dunkel)	
Leichtbier n	*laisht*·bih·a	
	cerveza con la mitad de alcohol que una cerveza normal	
Maibock m	*mai*·bok	
	Bockbier especial elaborada en mayo	
Malzbier n	*malts*·bih·a	
	cerveza de malta sin alcohol	
Märzen n	*mer*·tsen	
	cerveza de Baviera elaborada a finales de invierno	
Pils/Pils(e)ner n	pils/*pil*·s(e·)ner	
	pilsner, parecida a la lager	
Radler n	*raht*·la	
	mezcla de pilsner o lager y limonada	
Rauchbier n	*rauj*·bih·a	
	cerveza con sabor a ahumado originaria de Bamberg	
Schwarzbier n	*shvarts*·bih·a	
	cerveza negra	
Weizenbier/Weißbier n	*vai*·tsen·bih·a/*vais*·bih·a	
	cerveza de trigo	

COMIDA

COMER FUERA

una botella de ...	eine Flasche ... *ai*·ne *fla*·she ...
una copa de ...	ein Glas ... ain glahs ...

vino de postre	Dessertwein	de·*ssert*·vain
vino caliente con especias	Glühwein	*glüh*·vain
vino tinto	Rotwein	*roht*·vain
vino rosado	Rosé	ro·*seh*
cava	Sekt	sekt
vino blanco	Weißwein	*vais*·vain

En el bar

¡Disculpe!	Entschuldigung! ent·*shul*·di·gung
Soy el/la siguiente.	Ich bin dran. ish bin dran
P ¿Qué desea/s?	Was möchten Sie? for vass *mösh*·ten sih Was möchtest du? inf vas *mösh*·test duh
R Querría ...	Ich hätte gern ... ish *he*·te guèhrn ...
R Lo mismo, por favor.	Dasselbe nochmal, bitte. das·*sel*·be noj·*mahl* bi·te
No bebo alcohol.	Ich trinke keinen Alkohol. ish *tring*·ke *kai*·nen *al*·ko·hohl
No gracias, tengo que conducir.	Nein danke, ich fahre. nain *dan*·ke ish *fah*·re
Sin hielo, por favor.	Kein Eis, bitte. kain ais *bi*·te

> **SOBRE LA CULTURA** — **Variedades de uva**
> Alemania es famosa por sus vinos. Existen tres categorías: *trocken* tro·ken (seco), *halbtrocken* halp·tro·ken (semiseco), y *lieblich* lihp·lish (dulce).

Te invito a una copa.	Ich gebe Ihnen/dir einen aus. **for/inf** ish *geh*·be *ih*·nen/*dih*·a *ai*·nen aus
Yo invito a esta ronda.	Diese Runde geht auf mich. *dih*·se *run*·de geht auf mish
¿Tienen algo para comer?	Gibt es hier auch etwas zu essen? guibt es *hih*·a auj *et*·vass tsuh e·ssen

¿Una copa de más?

¡Salud!	Prost! prohst
Esto es justo lo que necesitaba.	Das kommt jetzt echt gut. dass komt yetst ejt guht
Creo que estoy borracho/a.	Ich glaube, ich bin betrunken. ish *glau*·be ish bin be·*trun*·ken
¡Me siento fenomenal!	Ich fühle mich fantastisch! ish *füh*·le mish fan·*tas*·tish
Estoy cansado/a, mejor que me vaya a casa.	Ich bin müde, ich sollte besser nach Hause gehen. ish bin *mü*·de ish *sol*·te be·ssa naj *hau*·se *geh*·en

COMIDA COMER FUERA

COMIDA · COMER FUERA

Consejos en la mesa

La comida más importante de los países de habla alemana es *das Mittagsessen* dass *mi*·tahk·e·ssen o almuerzo. Es de buena educación decir *Guten Appetit* guh·ten a·peh·*tiht* o *Mahlzeit* mahl·tsait (que aproveche) a los demás comensales. En Alemania, cumplir con el protocolo de la mesa resulta sencillo; basta con comer de forma mínimamente civilizada. No obstante, es costumbre mantener las manos sobre la mesa en todo momento.

Para expresar que la comida estaba muy buena se puede utilizar la frase *Das hat geschmeckt* dass hat gue·*shmekt*. Para llamar al camarero hay que usar *Herr Ober* her *oh*·ba (a un hombre) o *Fräulein* froi·lain (a una mujer). Para pedir la cuenta hay que decir *Die Rechnung bitte!* dih *rej*·nung *bi*·te.

A los alemanes les encanta brindar. Si sacan una bebida, hay que esperar a que todo el mundo esté servido. Entonces se levantan las copas al unísono, se mira a los demás a los ojos y se dice *Prost!* prohst o *Zum Wohl!* tsum vohl.

Creo que he bebido demasiado.	Ich glaube, ich habe ein bisschen zu viel getrunken. ish *glau*·be ish *hah*·be ain *bis*·shen tsuh fihl gue·*trun*·ken
¿Puede llamarme un taxi?	Können Sie mir ein Taxi rufen? for *kö*·nen sih *mih*·a ain *tak*·si *ruh*·fen Kannst du mir ein Taxi rufen? inf kanst duh *mih*·a ain *tak*·si *ruh*·fen

Comprar y cocinar

FRASES ÚTILES

¿Cuál es la especialidad de la zona?	Was ist eine örtliche Spezialität?	vass ist *ai*·ne *ört*·li·she shpe·tsia·li·*tèht*
¿Dónde está la sección de ...?	Wo kann ich die ... finden?	voh kan ish dih ... *fin*·den
Querría un poco de ...	Ich möchte etwas ...	ish *mösh*·te *et*·vass ...

Comprar comida

¿Dónde está la sección de ... ?	Wo kann ich die ... finden? voh kan ish dih ... *fin*·den	
lácteos	Abteilung für Milchprodukte	ab·*tai*·lung *füh*·a *milsh*·pro·duk·te
congelados	Abteilung für Tiefkühlprodukte	ab·*tai*·lung *füh*·a *tihf*·kül·pro·duk·te
frutas y verduras	Obst- und Gemüseabteilung	ohbst· unt gue·*mü*·se· ab·tai·lung
carne	Fleischabteilung	*flaish*·ap·tai·lung

¿Dónde está la sección de alimentación y droguería?	Wo ist die Nahrungsmittel- und Drogerie-Abteilung? voh ist dih *nah*·rungs·mi·tel· unt droh·gue·*rih*·ab·tai·lung

SE OIRÁ

Kann ich Ihnen helfen?	kan ish *ih*·nen *hel*·fen
	¿En qué puedo ayudarle?
Was möchten Sie?	vass *mösh*·ten sih?
	¿Qué desea?
Das ist aus.	das ist aus
	Se ha acabado.
Möchten Sie noch etwas?	*mösh*·ten sih noj *et*·vass
	¿Desea alguna cosa más?

¿Cuál es la especialidad de la zona?	Was ist eine örtliche Spezialität? vass ist *ai*·ne *ört*·li·she shpe·tsia·li·*tèht*
¿Venden alimentos producidos en esta zona?	Verkaufen Sie örtlich produzierte Lebensmittel? fea·*kau*·fen sih *ört*·lish pro·du·*tsihr*·te *leh*·bens·mi·tel
¿Venden productos biológicos?	Verkaufen Sie Bioprodukte? fea·*kau*·fen sih *bih*·o·pro·duk·te
¿Qué es eso?	Was ist das? vass ist das
¿Puedo probarlo?	Kann ich das probieren? kan ish das pro·*bih*·ren
¿Cuánto cuesta (un kilo de queso)?	Was kostet (ein Kilo Käse)? vass *kos*·tet (ain *kih*·lo *keh*·se)
¿Tiene algo más barato?	Haben Sie etwas Billigeres? *hah*·ben sih *et*·vass *bi*·li·gue·res
¿Tiene otra clase?	Haben Sie andere Sorten? *hah*·ben sih *an*·de·re *sor*·ten

¿Cuánto?	Wie viel?
	vih fihl
Querría ...	Ich möchte ...
	ish *mösh*·te ...

(200) gramos	(200) Gramm	(*tsvai*·hun·dert) gram
(dos) kilos	(zwei) Kilo	(*tsvai*) *kih*·lo
(tres) trozos	(drei) Stück	(drai) shtük
(seis) lonchas	(sechs) Scheiben	(seks) *shai*·ben
Un poco de ...	etwas ...	*et*·vas ...

Para otras cantidades útiles, véase **Números y cantidades** (p. 30).

Was ist eine örtliche Spezialität?
vass ist *ai*·ne *ört*·li·she shpe·tsia·li·tèht
¿Cuál es la especialidad de la zona?

COMIDA COMPRAR Y COCINAR

Un trozo.	Ein Stück. ain shtük
Una loncha.	Eine Scheibe. ai·ne shai·be
Ese/a de ahí.	Dieses da. dih·ses dah
Este/a.	Dieses. dih·ses
Un poco más.	Ein bisschen mehr. ain bis·shen meh·a
Menos.	Weniger. veh·ni·ga
Suficiente.	Genug. gue·nuhk
¿Podría darme una bolsa, por favor?	Könnte ich bitte eine Tüte haben? kön·te ish bi·te ai·ne tü·te hah·ben

Para otros alimentos, véase el **Glosario gastronómico** (p. 187), y el **Diccionario**.

Cocinar

¿Me podría dejar un/una ...?	Könnte ich bitte ... ausleihen? kön·te ish bi·te ... aus·lai·en

abridor	einen Flaschenöffner	ai·nen fla·shen·öf·na
tabla de cortar	ein Schneidebrett	ain shnai·de·bret
sartén	eine Bratpfanne	ai·ne braht·pfa·ne
cuchillo	ein Messer	ain me·ssa
cacerola	einen Kochtopf	ai·nen koj·topf

 **SOBRE EL IDIOMA**

Trabalenguas

Si uno ya se siente suficientemente cómodo con la lengua y quiere impresionar a los nativos, puede intentarlo con estos trabalenguas:

Blaukraut bleibt Blaukraut und Brautkleid bleibt Brautkleid.
blau·kraut blaibt *blau*·kraut unt *braut*·klait blaibt *braut*·klait
('Una col lombarda es siempre una col lombarda y un traje de novia es siempre un traje de novia').

Der Potsdamer Postkutscher putzt den Potsdamer Postkutschkasten.
deh·a *pots*·dah·ma *post*·ku·cha putst dehn *pots*·dah·ma *post*·kuch·kah·sten
('El conductor del camión de correos de Potsdam limpia los buzones del camión de correos de Potsdam').

Der Dachdecker deckt dein Dach, drum dank dem Dachdecker, der dein Dach deckt.
deh·a *daj*·de·ka dekt dain daj drum dank dehm *daj*·de·ka *deh*·a dain daj dekt
('El tejador cubre tu tejado, por eso damos las gracias al tejador que cubre tu tejado').

cocido		gekocht
		ge·*kojt*
seco		getrocknet
		ge·*trok*·net
fresco		frisch
		frish
congelado		eingefroren
		ain·gue·froh·ren
crudo		roh
		roh
ahumado		geräuchert
		ge·*roi*·shert

Para más terminología culinaria, véase el **Diccionario**.

Comida vegetariana y de dieta

FRASES ÚTILES

¿Tienen comida vegetariana?	Haben Sie vegetarisches Essen?	*hah*·ben sih ve·gue·*tah*·ri·shes e·ssen
¿Podría preparar un plato sin ...?	Können Sie ein Gericht ohne ... zubereiten?	*kö*·nen sih ain gue·*risht oh*·ne ... *tsuh*·be·rai·ten
Soy alérgico/a ...	Ich bin allergisch gegen ...	ish bin a·*lehr*·guish *gueh*·guen ...

Dietas especiales y alergias

¿Hay algún restaurante (vegetariano) cerca de aquí?	Gibt es ein (vegetarisches) Restaurant hier in der Nähe? guibt es ain ve·gue·*tar*·ish·shes res·to·*rahnt* hihr in *deh*·a *neh*·e
¿Tienen comida halal?	Haben Sie Halal Essen? *hah*·ben sih ha·*lal*·e·ssen
¿Tienen comida kosher?	Haben Sie koscheres Essen? *hah*·ben sih *koh*·she·res e·ssen
¿Tienen comida vegetariana?	Haben Sie vegetarisches Essen? *hah*·ben sih ve·gue·*tah*·ri·shes e·ssen
Soy vegano/a.	Ich bin Veganer(in). m/f ish bin ve·*gah*·na/ve·*gah*·ne·rin

Soy vegetariano/a.	Ich bin Vegetarier(in). m/f ish bin ve·gue·*tah*·ri·a/ ve·gue·*tah*·ri·e·rin
Sigo una dieta especial.	Ich bin auf einer Spezialdiät. ish bin auf *ai*·na shpe·*tsiahl*·di·et
Soy alérgico/a a ...	Ich bin allergisch gegen ... ish bin a·*ler*·guish *gueh*·guen ...

los lácteos	Milchprodukte	*milsh*·pro·duk·te
los huevos	Eier	*ai*·a
el pescado	Fisch	fish
la gelatina	Gelatine	zhe·la·*tih*·ne
el gluten	Gluten	*gluh*·ten
la miel	Honig	*hoh*·nish
el glutamato monosódico	Natriumglutamat	*nah*·tri·um·glu·ta·maht
los frutos secos	Nüsse	*nü*·sse
los productos del mar	Meeresfrüchte	*meh*·res·früsh·te
el marisco	Schaltiere	*shahl*·tih·re

No como ...	Ich esse kein ... ish *e*·sse kain ...

Pedir la comida

¿Está preparado con mantequilla?	Ist es mit Butter zubereitet? ist es mit *bu*·ta tsuh·be·rai·tet
¿Está preparado con huevos?	Ist es mit Eiern zubereitet? ist es mit *ai*·ern tsuh·be·rai·tet

COMIDA VEGETARIANA Y DE DIETA

🔊 SE OIRÁ

Da ist überall (Fleisch) drin.	dah ist ü·ba·*al* (flaish) drin Tiene (carne).
Ich frage mal in der Küche.	ish *frah*·gue mahl in *deh*·a *kü*·she Preguntaré al chef.
Können Sie ... essen?	*kö*·nen sih ... *e*·ssen ¿Puede comer ...?

¿Se ha cocinado en caldo de carne?	Ist es in Fleischbrühe zubereitet? ist es in *flaish*·brüh·e *tsuh*·be·rai·tet
¿Este plato lleva ...?	Enthält dieses Gericht ...? ent·*helt dih*·ses gue·*risht* ...
¿Podría preparar una comida sin ...?	Können Sie ein Gericht ohne ... zubereiten? *kö*·nen sih ain gue·*risht oh*·ne ... *tsuh*·be·rai·ten
¿Es un producto ...?	Ist das ...? ist dass ...

sin materia de origen animal	ohne tierische Produkte	*oh*·ne *tih*·ri·she pro·*duk*·te
de animales criados en libertad	von freilaufenden Tieren	fon *frai*·lau·fen·den *tih*·ren
modificado genéticamente	genmanipuliert	*gehn*·ma·ni·pu·lih·ert
sin gluten	glutenfrei	*gluh*·ten·frai
bajo en azúcar	zuckerarm	*tsu*·ka·arm
bajo en grasa	fettarm	*fet*·arm
orgánico	organisch	or·*gah*·nish
sin sal	ohne Salz	*oh*·ne salts

Glosario
~ GASTRONÓMICO ~

kulinarisches wörterverzeichnis

Este glosario gastronómico de alemán se ha creado con el ánimo de ayudar al viajero a pedir el menú con conocimiento de causa. En los sustantivos y adjetivos que tienen marca de género, este se indica con ⓕ, ⓜ o ⓝ. Si se trata de un sustantivo plural, se indica con pl.

~ A ~

Aachener Printen pl. *ah·je·na prin·ten* tartaletas con chocolate, frutos secos, cáscara de fruta, miel y especias
Aal ⓜ *ahl* anguila
—suppe ⓕ *ahl·su·pe* sopa de anguila
geräucherter Aal ⓜ *gue·roi·sha·ta ahl* anguila ahumada
Alpzirler ⓜ *alp·tsir·la* queso con leche de vaca de Austria
Apfel ⓜ *ap·fel* manzana
—strudel ⓜ *ap·fel·shtruh·del* strudel de manzana
Apfelsine ⓕ *ap·fel·sih·ne* naranja
Aprikose ⓕ *a·pri·koh·se* albaricoque
—nmarmelade ⓕ *a·pri·koh·sen·mar·me·lah·de* mermelada de albaricoque
Artischocke ⓕ *ar·ti·sho·ke* alcachofa
Auflauf ⓜ *auf·lauf* suflé • guiso
Auster ⓕ *aus·ta* ostra

~ B ~

Bäckerofen ⓜ *be·ka·oh·fen* 'horno del panadero' – asado de cerdo y cordero de Saarland
Backhähnchen ⓝ *bak·hèhn·shen* pollo frito
Backobst ⓝ *bak·ohbst* fruta seca
Backpflaume ⓕ *bak·pflau·me* ciruela
Banane ⓕ *ba·nah·ne* plátano
Barsch ⓜ *barsh* perca
Bauern
—brot ⓝ *bau·ern·broht* 'pan de granjero' – pan integral o de centeno
—frühstück ⓝ *bau·ern·früh·shtük* 'desayuno de granjero' – huevos revueltos, dados de patata guisada, cebolla y tomate
—schmaus ⓜ *bau·ern·shmauss* 'banquete de granjero' – chucrut acompañada de bacon, cerdo ahumado, salchichas y bolas de masa o patata
—suppe ⓕ *bau·ern·su·pe* 'sopa de granjero' – hecha con col y salchicha
Bayrisch Kraut ⓝ *bai·rish kraut* col a tiras guisada con rodajas de manzana, vino y azúcar
Beefsteak ⓝ *bihf·steik* hamburguesa de carne picada
Berliner ⓜ *ber·lih·na* donut de mermelada
Beuschel ⓝ *boi·shel* corazón, hígado

y riñones de ternera o cordero en una salsa ligeramente agria
Bienenstich ⓜ *bih*·nen·shtish pastel, horneado en una bandeja con una capa de almendras y azúcar
Birne ⓕ *bir*·ne pera
Bischofsbrot ⓝ *bi*·shofs·broht pastel con fruta y frutos secos
Blaubeere ⓕ *blau*·beh·re arándano
Blaukraut ⓝ *blau*·kraut col lombarda
Blumenkohl ⓜ *bluh*·men·kohl coliflor
Blutwurst ⓕ *bluht*·vurst morcilla
Bockwurst ⓕ *bok*·vurst salchicha de cerdo
Bohnen ⓕ pl. *boh*·nen judías
Brat
—huhn ⓝ *braht*·huhn pollo asado
—kartoffeln ⓕ pl. *braht*·kar·to·feln patatas fritas
—wurst ⓕ *braht*·vurst salchicha de cerdo frita
Bregenwurst ⓕ *breh*·guen·vurst salchicha de sesos; se encuentra principalmente en Baja Sajonia y Sajonia Occidental-Anhalt
Brezel ⓕ *bre*·tsel galleta salada
Brokkoli ⓜ pl. *bro*·koh·li brócoli
Brombeere ⓕ *brom*·beh·re mora
Brot ⓝ broht pan
belegtes Brot ⓝ be·*lek*·tes broht sándwich abierto
Brötchen ⓝ *bröt*·shen panecillo
Brühwürfel ⓜ *brüh*·vür·fel cubito de caldo
Bulette ⓕ bu·*le*·te albóndiga (Berlín)
Butter ⓕ *bu*·ta mantequilla

~ **C** ~

Cervelatwurst ⓕ ser·ve·*laht*·vurst salchicha especiada de cerdo y ternera
Christstollen ⓜ *krist*·shto·len pan especiado con cáscara confitada que se come tradicionalmente por Navidad
Cremespeise ⓕ *krehm*·shpai·se mousse

~ **D** ~

Damenkäse ⓜ *dah*·men·kèh·se queso suave y cremoso
Dampfnudeln ⓕ pl. *dampf*·nuh·deln bolas calientes de masa de levadura con salsa de vainilla
Dattel ⓕ *da*·tel dátil
Dorsch ⓜ dorsh bacalao
Dotterkäse ⓜ *do*·ta·kèh·se queso hecho con leche descremada y yema de huevo

~ **E** ~

Ei ⓝ ai huevo
Eierkuchen ⓜ *ai*·a·kuh·jen crep
Eierschwammerln ⓜ pl. *ai*·a·shva·merln rebozuelo anaranjado (Austria)
Eierspeispfandl ⓝ *ai*·a·shpais·pfandl tortilla vienesa especial (Austria)
Eintopf ⓜ *ain*·topf estofado
Eis ⓝ aiss helado
Eisbein ⓝ *aiss*·bain codillo de cerdo escabechado
Emmentaler ⓜ e·men·*tah*·la Emmental suizo, queso fuerte con leche entera
Ennstaler ⓜ *ens*·tah·la queso azul elaborado con leche mezclada
Ente ⓕ *en*·te pato
Erbse ⓕ *erp*·se guisante
Erbsensuppe ⓕ *erp*·sen·su·pe sopa de guisantes
Erdäpfel ⓕ pl. *ert*·ep·fel patatas
—gulasch ⓝ *ert*·ep·fel·guh·lash estofado de salchicha picante y patata
—knödel ⓜ pl. *ert*·ep·fel·knöh·del bolitas de masa de patata y sémola

—nudeln ⓕ pl. *ert·ep·fel·nuh·*deln bolitas de patata hervida fritas y rebozadas en pan rallado
Erdbeere ⓕ *ert·beh·*re fresa
Erdbeermarmelade ⓕ *ert·beh·a·mar·me·lah·*de mermelada de fresa
Erdnuss ⓕ *ert·*nuss cacahuete
Essig Ⓜ *e·*ssish vinagre

~ F ~

Falscher Hase Ⓜ *fal·sha hah·*se 'falsa liebre'– pastel de carne picada al horno
Fasan Ⓜ *fa·*sahn faisán
Feige ⓕ *fai·*gue higo
Filet ⓝ *fi·*leh filete
Fisch Ⓜ *fish* pescado
Fladen Ⓜ *flah·*den pastel de masa redondo y plano
Flädle ⓝ pl. *flèht·*le finas tiras de crep que se añaden a la sopa
Fledermaus ⓕ *fleh·da·*mauss 'murciélago' – ternera hervida en salsa de rábano picante y dorada al horno
Fleisch ⓝ *flaish* carne
—brühe ⓕ *flaish·brüh·*e caldo de carne
—pflanzerl ⓝ *flaish·pflan·*tserl albóndigas, una especialidad de Baviera
—sülze ⓕ *flaish·sül·*tse áspic
Fondue ⓝ *fon·dü* queso fundido con vino que se sirve con pan para mojar
Forelle ⓕ *fo·re·*le trucha
— blau *fo·re·le blau* trucha al vapor con patatas y verduras
— Müllerin *fo·re·le mü·le·rin* trucha frita en mantequilla con almendras
Frankfurter Kranz Ⓜ *frank·fur·ta krants* bizcocho con ron, mantequilla, nata y cerezas (de Frankfurt)
Frikadelle ⓕ *fri·ka·de·*le albóndigas
Frischling Ⓜ *frish·*ling jabato

Frucht ⓕ *frujt* fruta
Frühlingssuppe ⓕ *frü·lingks·su·*pe sopa vegetal
Frühstücksspeck Ⓜ *frü·shtüks·*shpek bacón

~ G ~

Gans ⓕ *gans* ganso
Garnele ⓕ *gar·neh·*le langostino
Gebäck ⓝ *gue·bek* pastelitos
Geflügel ⓝ *gue·flüh·*guel carne de ave
gekocht *gue·kojt* hervido • cocido
gekochte Eier ⓝ pl. *gue·koj·te ai·*a huevos duros
gekochter Schinken Ⓜ *gue·koj·ta shing·*ken jamón cocido
Gemüse ⓝ *gue·müh·*se verduras
—suppe ⓕ *gue·müh·se·su·*pe sopa vegetal
geräuchert *gue·roi·*shert ahumado
geräucherte Forelle ⓕ *gue·roi·sha·te fo·re·*le trucha ahumada
geräucherter Lachs Ⓜ *gue·roi·ja·ta lajs* salmón ahumado
geräucherter Schinken Ⓜ *gue·roi·sha·ta shing·*ken jamón fresco
Geschnetzeltes ⓝ *gue·shne·tsel·*tes pequeñas tajadas de carne
Gitziprägel ⓝ *gui·tsi·prèh·*guel conejo al horno con mantequilla (Suiza)
Graf Görz Ⓜ *grahf guerts* queso blanco austríaco
Granat Ⓜ *gra·*naht langostino
Granatapfel Ⓜ *gra·naht·ap·*fel granada
Gratin Ⓜ *gra·tang* plato con queso gratinado al horno por encima
Graupensuppe ⓕ *grau·pen·su·*pe sopa de cebada
Greyerzer Ⓜ *greh·ya·*tsa gruyer; queso suave y sabroso
Grießklößchensuppe ⓕ

grihs·klöhs·shen·su·pe sopa con bolitas de sémola
Gröstl ⓝ *gröstl* patatas fritas con carne (Tirol)
grüner Salat ⓜ *grü*·na sa·*laht* ensalada verde
Grünkohl ⓜ **mit Pinkel** *grün*·kohl mit *ping*·kel col con salchichas (Bremen)
Güggeli ⓝ *gü*·gue·lih pollo primavera (Suiza)
Gurke ⓕ *gur*·ke pepino

~ **H** ~

Hack
—braten ⓜ *hak*·brah·ten pastel de carne
—fleisch ⓝ *hak*·flaish carne picada
Haferbrei ⓜ *hah*·fa·brai gachas
Hähnchen ⓝ *hèhn*·shen pollo
Hämchen ⓝ *hem*·shen pierna y codillo de cerdo, servido con chucrut y patatas (Colonia)
Handkäs ⓜ **mit Musik** *hant*·kèhs mit mu·*sihk* queso con especias, marinado en vinagre y vino blanco
Hartkäse ⓜ *hart*·kèh·se queso duro
Hase ⓕ *hah*·se liebre
—nläufe ⓜ pl. **in Jägerrahmsauce** *hah*·sen·loi·fe in *yeh*·ga·rahm·soh·sse muslo de liebre en una crema de leche oscura con setas, chalotas, vino blanco y perejil
—npfeffer ⓜ *hah*·sen·pfe·fa estofado de liebre con setas y cebolla
Haselnuß ⓕ *hah*·sel·nuss avellana
Haxe ⓕ *hak*·se codillo
Hecht ⓜ hescht lucio
Heidelbeere ⓕ *hai*·del·beh·re arándano
Heidelbeermarmelade ⓕ *hai*·del·beh·a·mar·me·lah·de mermelada de arándanos
Heilbutt ⓜ *hail*·but halibut
Hering ⓜ *heh*·ring arenque
—sschmaus ⓜ *heh*·ringks·shmauss arenque con crema
—ssalat ⓜ *heh*·ringks·sa·laht ensalada con arenque y remolacha
Himbeere ⓕ *him*·beh·re frambuesa
Himmel und Erde *hi*·mel unt *er*·de 'Cielo y Tierra' – puré de patatas con salsa de manzana, a veces se sirve con tajadas de morcilla
Hirsch ⓜ hirsh ciervo
Holsteiner Schnitzel ⓝ *hol*·shtai·na *shni*·tsel escalopa de ternera con huevo frito, acompañada de marisco
Honig ⓜ *hoh*·nik miel
Hörnchen ⓝ *hörn*·shen cruasán
Hühnerbrust ⓕ *hü*·na·brust pechuga de pollo
Hühnersuppe ⓕ *hü*·na·su·pe sopa de pollo
Hummer ⓜ *hu*·ma langosta
Husarenfleisch ⓝ hu·*sah*·ren·flaish lomo de buey, ternera y cerdo estofado con pimentón, cebollas y crema agria
Hutzelbrot ⓝ *hu*·tsel·broht pan hecho con ciruelas pasas y otros frutos secos

~ **I** ~

Ingwer ⓜ *ing*·va jengibre
italienischer Salat ⓜ i·tal·i·*eh*·ni·sha sa·*laht* cortes muy finos de ternera, salami, anchoas, tomate, pepino y apio con mayonesa

~ **J** ~

Joghurt ⓜ *yoh*·gurt yogur

~ **K** ~

Kabeljau ⓜ *kah*·bel·yau bacalao
Kaiserschmarren ⓜ *kai*·sa·shmar·ren 'crep del emperador' – esponjosas creps con

pasas, servidas con compota de fruta o crema de chocolate
Kaisersemmeln ⓕ pl. *kai*·sa·se·meln 'panecillos del emperador' – panecillos austríacos
Kalbfleisch ⓝ *kalb*·flaish ternera
Kalbsnierenbraten ⓜ *kalbs*·nih·ren·brah·ten ternera asada rellena de riñones
Kaninchen ⓝ ka·*nihn*·shen conejo
Kapern ⓕ pl. *kah*·pern alcaparra
Karotte ⓕ ka·*ro*·te zanahoria
Karpfen ⓜ *karp*·fen carpa
Kartoffel ⓕ *kar*·to·fel patata
—auflauf *kar*·to·fel·auf·lauf guiso de patata
—brei ⓜ *kar*·to·fel·brai puré de patata
—püree ⓝ *kar*·to·fel·pü·reh puré de patata
—salat ⓜ *kar*·to·fel·sa·laht ensalada de patata
Käse ⓜ *kèh*·se queso
—fondue ⓝ *kèh*·se·fon·dü queso fundido sazonado con vino blanco y kirsch, en el que se moja pan
Kasseler ⓝ *kass*·la cerdo ahumado
— Rippe ⓕ **mit Sauerkraut** *kass*·la *ri*·pe mit *sau*·a·kraut costilla de cerdo ahumada con chucrut
Katenwurst ⓕ *kah*·ten·vurst salchicha ahumada al estilo campestre
Katzenjammer ⓜ ka·*tsen*·ya·ma tajadas frías de ternera en mayonesa con pepino o pepinillo
Keule ⓕ *koi*·le muslo
Kieler Sprotten ⓕ pl. *kih*·la *shpro*·ten arenques jóvenes ahumados
Kirsche ⓕ *kir*·she cereza
Kirtagssuppe ⓕ *kir*·tahks·su·pe sopa con carvi, espesada con patata
Klöße ⓜ pl. *klöh*·sse bolitas de masa
Knackwurst ⓕ *knak*·vurst salchicha con un ligero sabor a ajo

Knoblauch ⓜ *knohb*·blauj ajo
Knödel ⓝ *knöh*·del bola de masa
—beignets ⓕ *knö*·del·be·nèhts bolas de masa con fruta
Kohl ⓜ kohl col
—rabi ⓜ *kohl*·ra·bi colinabo
—roulade ⓕ *kohl*·ru·lah·de hojas de col rellenas de carne picada
Kompott ⓝ kom·*pot* compota
Königinsuppe ⓕ *kö*·ni·guin·su·pe sopa de pollo cremosa con trozos de pechuga
Königsberger Klopse ⓜ pl. *kö*·niks·ber·ga *klop*·se albóndigas en crema agria y salsa de alcaparras
Königstorte ⓕ *kö*·niks·tor·te pastel de frutas con sabor a ron
Kopfsalat ⓜ *kopf*·sa·laht lechuga
Kotelett ⓝ kot·*let* chuleta
Krabbe ⓕ *kra*·be cangrejo
Krakauer ⓕ *kra*·kau·a gruesa salchicha sazonada con pimentón dulce de origen polaco
Kraut ⓝ kraut col
—salat ⓜ *kraut*·sa·laht ensalada de repollo, cebolla y zanahoria con mayonesa
Kräuter ⓜ pl. *kroi*·ta hierbas aromáticas
Krebs ⓜ kreps cangrejo
Kren ⓜ krehn rábano picante (Baviera y Austria)
Krokette ⓕ kro·*ke*·te rollito de puré de patata envuelto en pan rallado y frito
Kuchen ⓜ *kuh*·jen pastel/tarta
Kümmel ⓜ *kü*·mel carvi
Kürbis ⓜ *kür*·bis calabaza
Kutteln ⓕ pl. *ku*·teln callos

~ L ~

Labskaus ⓜ *labs*·kauss consistente estofado de carne y patatas
Lachs ⓜ lajs salmón
Lamm

—fleisch ⓝ *lam*·flaish cordero
—keule ⓕ *lam*·koi·le pierna de cordero
Landjäger ⓜ *lant*·yeh·ga salchicha larga, fuerte y picante
Languste ⓕ lan·*gus*·te langosta
Lappenpickert ⓜ *la*·pen·pi·kert panecillo de patata que suele servirse con mermelada o pescado salado (Westfalia)
Lauch ⓜ lauj puerro
Leber ⓕ *leh*·ba hígado
—knödel ⓜ *leh*·ba·knöh·del bolitas de masa con hígado
—knödelsuppe ⓕ *leh*·ba·knöh·del·su·pe caldo caliente con bolitas de masa con hígado
—wurst ⓕ *leh*·ba·vurst salchicha de hígado
Leberkäse ⓜ *leh*·ba·kèh·se pastel de carne sazonado elaborado con distintas variedades de carne picada
Lebkuchen ⓜ *lehb*·kuh·jen panecillo de jengibre
Leckerli ⓝ *le*·ka·lih galletas de jengibre con sabor a miel
Leipziger Allerlei ⓝ *laip*·tsi·ga a·la·lai estofado vegetal (Leipzig)
Lende ⓕ *len*·de lomo
Limburger ⓜ *lim*·bur·ga queso fuerte con sabor a hierbas
Linsen ⓕ pl. *lin*·sen lentejas
— mit Spätzle mit *shpets*·le estofado de lentejas con fideos y salchichas
—suppe ⓕ *lin*·sen·su·pe sopa de lentejas
Linzer Torte ⓕ *lin*·tsa *tor*·te tarta enrejada cubierta de mermelada
Lorbeerblätter ⓝ pl. *lor*·beh·a·ble·ta hojas de laurel
Lübecker Marzipan ⓝ *lü*·be·ka *mar*·tsi·pahn mazapán (Lübeck)
Lucullus-Eier ⓝ pl. lu·*ku*·luss·ai·a huevos pochados, duros o revueltos con hígado de ganso, trufa y otras guarniciones; se sirve con una salsa

~ M ~

Mais ⓜ ma·*iss* maíz
Mayonnaise ⓕ ma·yo·*nèh*·se mayonesa
Makrele ⓕ ma·*kreh*·le caballa
Mandarine ⓕ man·da·*rih*·ne mandarina
Mandel ⓕ *man*·del almendra
Marmelade ⓕ mar·me·*lah*·de mermelada
Matjes ⓜ *mat*·yes arenque joven
Maultasche ⓕ *maul*·ta·she pasta rellena (Suabia)
Meeresfrüchte ⓕ pl. *meh*·res·früsh·te marisco
Meerrettich ⓜ *meh*·re·tish rábano picante
Mehl ⓝ mehl harina
Mett ⓝ met carne magra de cerdo picada
Mettentchen ⓝ *met*·ent·shen monigotes (figuritas) de cerveza
Milch ⓕ milsh leche
—rahmstrudel ⓜ *milsh*·rahm·shtruh·del strudel relleno de flan y queso blando
Mohnbrötchen ⓝ *mohn*·bröht·shen panecillo con semillas de amapola
Möhre ⓕ *möh*·re zanahoria
Muschel ⓕ *mu*·shel almejas/mejillones
Muskat ⓜ muss·*kaht* nuez moscada
Müesli ⓝ *müss*·li muesli
Müsli ⓝ *müss*·li muesli

~ N ~

Nelken ⓕ pl. *nel*·ken clavo
Niere ⓕ *nih*·re riñones
Nockerl ⓝ *no*·kerl bolitas de masa (Austria)
Nudeln ⓕ pl. *nuh*·deln fideos
Nudelauflauf ⓝ *nuh*·del·auf·lauf guiso de pasta
Nürnberger Lebkuchen ⓜ *nürn*·ber·ga *lehb*·kuh·jen pastelitos

con chocolate, frutos secos, cáscara de fruta, miel y especias

~ O ~

Obatzter m *oh*·bats·ta mousse de queso blando de Baviera
Obst n *ohbst* fruta
—salat m *ohbst*·sa·laht macedonia
Ochsenschwanz m *ok*·sen·shvants rabo de buey
—suppe f *ok*·sen·shvants·su·pe sopa de rabo de buey
Öl n *öhl* aceite
Orangenmarmelade f o·*rahn*·zhen·mar·me·lah·de mermelada de naranja

~ P ~

Palatschinken m *pa*·lat·shing·ken crep, normalmente rellena de mermelada o queso, que a veces se sirve cubierta de chocolate caliente y frutos secos
Pampelmuse f pam·pel·*muh*·se pomelo
Paprika f *pa*·pri·kah pimentón
Pastetchen n pas·*teht*·shen molde de masa relleno de hojaldre
Pastete f pas·*teh*·te pastel de masa
Pellkartoffeln f pl. *pel*·kar·to·feln patatas pequeñas asadas con piel que suelen servirse con quark
Petersilie f peh·ta·*sih*·li·e perejil
Pfälzer Saumagen m *pfel*·tsa *sau*·mah·guen estómago de cerdo relleno
Pfannkuchen m *pfan*·kuh·jen crep
Pfeffer m *pfe*·fa pimienta
Pfifferling m *pfi*·fa·ling rebozuelo anaranjado
Pfirsich m *pfir*·sish melocotón
Pflaume f *pflau*·me ciruela
Pilz m *pilts* setas
Pichelsteiner m *pi*·shel·shtai·na estofado de carne y verdura

Pökelfleisch n *pö*·kel·flaish carne marinada
Pomeranzensoße f po·me·*ran*·tsen·soh·sse salsa elaborada con naranjas amargas, vino y brandy, que suele servirse con el pato
Pommes Frites pl. pom frit patatas fritas
Porree m *por*·reh puerro
Preiselbeere f prai·sel·beh·re arándano
Printe f *prin*·te galleta con sabor a miel
Pumpernickel m *pum*·pa·ni·kel pan muy oscuro hecho con harina gruesa integral de centeno
Putenbrust f *puh*·ten·brust pechuga de pavo
Puter m *puh*·ta pavo

~ Q ~

Quargel m *kvar*·guel queso pequeño, redondo, salado y ligeramente ácido
Quark m *kvark* quark (requesón)
Quitte f *kvi*·te membrillo

~ R ~

Radieschen n ra·*dih*·shen rábano
Ragout n ra·*guh* estofado
Rahm m *rahm* nata
Rebhuhn n *rehp*·huhn perdiz
Regensburger m *reh*·guens·bur·ga salchicha ahumada muy picante
Reh n *reh* venado
—pfeffer m *reh*·pfe·fa venado estofado, frito y marinado en su adobo que se sirve con crema agria
—rücken m *reh*·rü·ken lomo de cordero (venado)
Reibekuchen m *rai*·be·kuh·jen pastel de patata
Reis m *raiss* arroz
Remouladensauce f re·mu·*lah*·den·soh·sse mayonesa

con mostaza, anchoas, alcaparras, pepinillos, estragón y perifollo
Rettich ⓜ *re*·tish rábano
Rhabarber ⓜ rah·*bar*·ba ruibarbo
Rheinischer Sauerbraten ⓜ **mit Kartoffelklößen** *rai*·ni·sha *sau*·a·brah·ten mit kar·*to*·fel·klöh·ssen asado de carne marinada, ligeramente agria, que suele servirse con bolas de masa de patata
Rindfleisch ⓝ *rint*·flaish ternera
Rippenspeer ⓜ *ri*·pen·shpeh·a costillas
Roggen ⓜ *ro*·guen centeno
Roggenbrot ⓝ *ro*·guen·broht pan de centeno
Rohkost ⓕ *roh*·kost verduras crudas • comida vegetariana
Rollmops ⓜ *rol*·mops rollo de arenque escabechado con cebolla o pepinillo picados
Rosenkohl ⓜ *roh*·sen·kohl coles de Bruselas
Rosinen ⓕ pl. ro·*sih*·nen pasas
Rosmarin ⓜ *ros*·ma·rihn romero
Rost
—braten ⓜ *rost*·brah·ten asado
—brätl ⓝ *rost*·bre·tel carne a la brasa
—hähnchen ⓝ *rost*·hehn·shen pollo asado
Rösti pl. *röss*·tih patatas fritas ralladas (Suiza)
rot roht tinto (vino)
—e Beete ⓕ *roh*·te *beh*·te remolacha
—e Grütze ⓕ *roh*·te *grü*·tse pudin de frutas hecho con frutos rojos cocidos y azucarados que se espesa y se pone en moldes
—e Johannisbeere ⓕ *roh*·te yo·*ha*·niss·beh·re grosella
—kohl ⓜ *roht*·kohl col lombarda
—e Rüben ⓕ pl. *roh*·te *rüh*·ben remolacha

—wurst ⓕ *roht*·vurst morcilla
Roulade ⓕ ru·*lah*·de finos cortes de ternera rellenos de cebolla, bacón y pepinillos en vinagre que después se enrollan y se cocinan
Rühreier ⓝ pl. *rüh*·a·ai·a huevos revueltos
Russische Eier ⓝ pl. *ru*·ssi·she *ai*·a 'huevos rusos' – huevos con mayonesa

~ **S** ~

Sahne ⓕ *sah*·ne nata
Salat ⓜ sa·*laht* ensalada
Salbei ⓜ *sal*·bai salvia
Salz ⓝ salts sal
Salzburger Nockerln ⓝ pl. *salts*·bur·ga *no*·kerln postre austríaco consistente en bolitas de masa dulces cocidas con leche y servidas con salsa tibia de vainilla
Salzkartoffeln ⓕ pl. *salts*·kar·to·feln patatas hervidas
Sauerbraten ⓜ *sau*·a·brah·ten roastbeef marinado servido con una cremosa salsa agria
Sauerkraut ⓝ *sau*·a·kraut col en vinagre
Schafskäse ⓜ *shahfs*·kèh·se feta de leche de oveja
Schellfisch ⓜ *shel*·fish abadejo
Schinken ⓜ *shing*·ken jamón
Schlachtplatte ⓕ *shlajt*·pla·te surtido de cerdo y salchichas
Schmalzbrot ⓝ *shmalts*·broht rebanada de pan con grasa de carne asada
Schmorbraten ⓜ *shmoh*·a·brah·ten olla de ternera asada
Schnitte ⓕ *shni*·te rebanada de pan • trozo pequeño de tarta
Schnittlauch ⓜ *shnit*·lauj cebolletas
Schnitzel ⓝ *shni*·tsel cerdo, ternera o pechuga de pollo aplanada rebozados con pan rallado y frito

Scholle ⓕ *sho·*le platija
schwarze Johannisbeere ⓕ *shvar·*tse yo·*ha·*niss·beh·re grosella negra
Schwarzwälder Kirschtorte ⓕ *shvarts·*vel·da *kirsh·*tor·te pastel de la Selva Negra (pastel de chocolate relleno de nata y cerezas)
Schwein ⓝ *shvain* cerdo
—ebraten ⓝ *shvai·*ne·brah·ten cerdo asado
—efleisch ⓝ *shvai·*ne·flaish cerdo
—shaxe ⓕ *shvains·*shak·se pierna de cerdo crujiente servida con bolitas de masa
Seezunge ⓕ *seh·*tsun·gue lenguado
Seidfleisch ⓝ *sait·*flaish carne hervida
Sekt ⓜ *sekt* espumoso alemán
Selchfleisch ⓝ *selsh·*flaish cerdo ahumado
Sellerie ⓕ *se·*le·rih apio
Semmel ⓕ *se·*mel panecillo (Austria y Baviera)
—knödel ⓜ pl. *se·*mel·knö·del bolas de masa hechas de panecillos secos remojados en leche (Baviera)
Senf ⓜ *senf* mostaza
Sonnenblumenkerne ⓜ pl. *so·*nen·bluh·men·ker·ne pipas
Soße ⓕ *soh·*sse salsa
spanische Soße ⓕ *shpah·*ni·she *soh·*sse salsa hecha con jugo de carne y hierbas aromáticas
Spanferkel ⓝ *shpahn·*fer·kel cochinillo
Spargel ⓜ *shpar·*guel espárragos
Spätzle pl. *shpets·*le fideos gruesos
Speck ⓜ *shpek* bacón
Spekulatius ⓜ *shpeh·*ku·*lah·*tsi·us galletas de almendra
Spiegelei ⓝ *shpih·*guel·ai huevo frito
Spinat ⓜ *shpi·naht* espinacas
Sprossenkohl ⓜ *shpro·*ssen·kohl coles de Bruselas
Sprotten ⓜ pl. *shpro·*ten espadines (pez pequeño de la familia de los arenques)
Steckrübe ⓕ *shtek·*rü·be nabo
Steinbuscher ⓜ *shtain·*bu·sha queso semiduro, cremoso y de sabor fuerte, ligeramente amargo
Steinbutt ⓜ *shtain·*but rodaballo
Stelze ⓕ *shtel·*tse codillo de cerdo
Sterz ⓜ *shterts* harina de maíz (polenta) austríaca
Stollen ⓜ *shto·*len pan de especias con cáscara de fruta confitada que se come tradicionalmente por Navidad
Strammer Max ⓜ *shtra·*ma maks sándwich con jamón (o salchicha o carne picada de cerdo condimentada), que se sirve con huevos fritos y a veces con cebolla
Streichkäse ⓜ *shtraish·*kèh·se cualquier tipo de queso suave para untar
Streuselkuchen ⓜ *shtroi·*sel·kuh·jen pastel para el café, cubierto con una mezcla de mantequilla, azúcar, harina y canela
Strudel ⓜ *shtruh·*del masa en forma de pan rellena con algo dulce o salado
Suppe ⓕ *su·*pe sopa

~ **T** ~

Tascherl ⓝ *ta·*sherl empanada de masa rellena de carne, queso o mermelada
Tatarenbrot ⓝ *ta·tah·*ren·broht sándwich abierto relleno de carne picada de ternera, cruda y condimentada
Teigwaren pl. *taik·*vah·ren pasta
Thunfisch ⓜ *tuhn·*fish atún
Thüringer ⓕ *tü·*rin·ga salchicha larga, estrecha y con especias
Thymian ⓜ *tü·*mi·ahn tomillo
Toast ⓜ *toust* tostada
Tomate ⓕ to·*mah·*te tomate

—nketchup m *to·mah·ten·ket·chap* salsa de tomate, ketchup
—nsuppe f *to·mah·ten·su·pe* sopa de tomate
Topfen m *top·fen* requesón (Austria)
Törtchen n *töt·shen* tartaleta o pastel pequeño
Torte f *tor·te* pastel relleno
Truthahn m *truht·hahn* pavo
Tunke f *tun·ke* salsa hecha con jugo de carne

~ V ~

Vollkornbrot n *fol·korn·broht* pan integral
Voressen n *foh·a·e·ssen* estofado de carne

~ W ~

Wachtel f *vaj·tel* codorniz
Walnuss f *val·nuss* nuez
Wecke f *ve·ke* panecillo (Austria y sur de Alemania)
Weichkäse m *vaish·kèh·se* queso blando
Weinbergschnecken f pl. *vain·berk·shne·ken* caracoles
Weinkraut n *vain·kraut* col blanca guisada con manzanas y fermentada con vino
Weintraube f *vain·trau·be* uva
Weißbrot n *vaiss·broht* pan blanco
Weißwurst f *vaiss·vurst* salchicha de ternera que se encuentra principalmente en el sur de Alemania
Westfälischer Schinken m *vest·fèh·li·sha shing·ken* variedad de jamón curado y ahumado
Wiener *vih·na* al estilo de Viena
— Würstchen n *vih·na vürst·shen* Frankfurt (salchicha)

— Schnitzel n *vih·na shni·tsel* ternera empanada
Weizenbrot n *vai·tsen·broht* pan de trigo
Wild n *vilt* caza
—braten m *vilt·brah·ten* carne de venado asada
—ente f *vilt·en·te* pato silvestre
—schwein n *vilt·shvain* jabalí
Wilstermarschkäse m *vils·ta·marsh·kèh·se* queso semi(duro)
Wurst f *vurst* salchicha
Würstchen n *vürst·shen* salchicha pequeña
Wurstplatte f *vurst·pla·te* fiambres

~ Z ~

Ziege f *tsih·gue* cabra
Zimt m tsimt canela
Zitrone f *tsi·troh·ne* limón
Zucker m *tsu·ka* azúcar
Zunge f *tsun·gue* lengua
Züricher Geschnetzeltes n *tsü·ri·sha gue·shne·tsel·tes* tacos de ternera con setas y cebolla guisados con vino blanco y crema de leche
Zwetschge f *tsvetsh·gue* ciruela
—ndatschi m *tsvetsh·guen·dat·shi* tarta de ciruelas damascenas
Zwieback m *tsvih·bak* galleta (dura)
Zwiebel f *tsvih·bel* cebolla
—fleisch n *tsvih·bel·flaish* ternera salteada con cebolla
—kuchen m *tsvih·bel·kuh·jen* quiche de cebolla; se suele servir con Federweißer (vino joven)
—suppe f *tsvih·bel·su·pe* sopa de cebolla
—wurst f *tsvih·bel·vurst* salchicha de hígado y cebolla
Zwischenrippenstück n *tsvi·shen·ri·pen·shtük* churrasco

Diccionario
ESPAÑOL-ALEMÁN
Spanisch–Deutsch

En los sustantivos y los adjetivos del diccionario que tienen marca de género, este se indica como ⓕ, ⓜ o ⓝ. Si se trata de un sustantivo plural, se indica con pl Cuando una palabra que podría ser tanto un sustantivo como un verbo no tiene indicación de género, se trata de un verbo.

A

a bordo an Bord *an bort*
a la derecha rechts *rejts*
a menudo oft *oft*
a tiempo completo Vollzeit ⓕ *fol·tsait*
a tiempo parcial Teilzeit ⓕ *tail·tsait·*
a través durch *dursh*
a veces manchmal *manch·mahl*
(hacia) abajo (nach) unten (naj) *un·ten*
abarrotado überfüllt *ü·ba·fült*
abeja Biene ⓕ *bih·ne*
abierto offen *o·fen*
abogado/a Rechtsanwalt/Rechtsanwältin ⓜ/ⓕ *rejts·an·valt/ rejts·an·vel·tin*
aborto Abtreibung ⓕ *ab·trai·bung*
aborto espontáneo Fehlgeburt ⓕ *fehl·gue·burt*
abrazar umarmen *um·ahr·men*
abrelatas Dosenöffner ⓜ *doh·sen·öf·na*
abrigo Mantel ⓜ *man·tel*
abrir öffnen *öf·nen*
abrupto steil *shtail*

abuela Großmutter • Oma ⓕ *grohs·mu·ta • oh·ma*
abuelo Großvater • Opa ⓜ *grohs·fah·ta • oh·pa*
abuelos Großeltern ⓝ pl *grohs·el·tern*
aburrido (estar) gelangweilt *gue·lang·vailt*
aburrido (ser) langweilig *lang·vai·lish*
acabar beenden *be·en·den*
acampar zelten *tsel·ten*
acantilado Klippe ⓕ *kli·pe*
accidente Unfall ⓜ *un·fal*
aceite de oliva Olivenöl ⓝ *o·lih·ven·öl*
aceituna Olive ⓕ *o·lih·ve*
acerca de über *üh·ba*
acondicionador Spülung ⓕ *shpü·lung*
aconsejar raten *rah·ten*
acoso Belästigung ⓕ *be·les·ti·gung*
activista Aktivist(in) ⓜ/ⓕ *ak·ti·vist/ ak·ti·vis·tin*
actor Schauspieler(in) ⓜ/ⓕ *shau·shpih·la/shau·shpih·le·rin*
acuerdo (estar de) zustimmen *tsuh·shti·men*

A

acupuntura Akupunktur ⓕ
a·ku·punk·*tuh*·a
adaptador Adapter ⓜ a·*dap*·ta
adicto abhängig *ab*·hen·guish
adinerado reich raish
adivinar raten *rah*·ten
administración Verwaltung ⓕ
fea·*val*·tung
administrativo Büroangestellte
ⓜ&ⓕ bü·*roh*·an·gue·shtel·te
admirar bewundern be·*vun*·dern
admitir (aceptar como verdadero)
zugeben *tsuh*·gueh·ben
admitir (permitir la entrada)
einlassen *ain*·la·ssen
aduana Zoll ⓜ tsol
adulto Erwachsene ⓜ y ⓕ
eh·a·vak·se·ne
advertir warnen *var*·nen
aerobic Aerobics pl ei·*ro*·biks
aerograma Aerogramm ⓝ
ei·*roh*·gram
aeroplano Flugzeug ⓝ *fluhk*·tsoik
aeropuerto Flughafen ⓜ
fluhk·hah·fen
afección cardíaca Herzleiden ⓝ
herts·lai·den
afeitarse rasieren ra·*sih*·ren
afortunado glücklich *glük*·lish
África Afrika ⓝ a·*fri*·kah
aftas (estomatitis ulcerosa) Mundfäule ⓕ *munt*·foi·le
agencia de noticias Zeitungshändler ⓜ *tsai*·tunks·hen·dla
agencia de viajes Reisebüro ⓝ
rai·se·bü·roh
agenda Terminkalender ⓜ
ter·*mihn*·ka·len·da
agente de la propiedad inmobiliaria Makler(in) ⓜ/ⓕ *mahk*·la/
mahk·le·rin
agotadas (las localidades) ausverkauft *auss*·fea·kauft
agradable nett net
agricultor/a Bauer/Bäuerin ⓜ/ⓕ
bau·a/*boi*·e·rin
agricultura Landwirtschaft ⓕ
lant·virt·shaft
agua Wasser ⓝ *va*·ssa
agua caliente warmes Wasser ⓝ
var·mes *va*·ssa
agua del grifo Leitungswasser ⓝ
lai·tunks·va·ssa
agua mineral Mineralwasser ⓝ
mi·ne·*rahl*·va·ssa
aguacate Avokado ⓕ a·vo·*kah*·do
aguja (de coser) Nadel ⓕ *nah*·del
ahora jetzt yetst
ahorrar sparen *shpah*·ren
aire Luft ⓕ luft
(con) aire acondicionado mit Klimaanlage ⓕ mit *klih*·ma·an·lah·gue
ajedrez Schach ⓜ shaj
ajo Knoblauch ⓜ *kno*·blauj
ajustado eng eng
al otro lado hinüber hih·*nüh*·ba
alambre Draht ⓜ draht
alas Flügel ⓜ pl *flüh*·guel
albañil Maurer ⓜ *mau*·ra
albaricoque Aprikose ⓕ a·pri·*koh*·se
albergue de juventud Jugendherberge ⓕ *yuh*·guent·*heh*·a·bea·gue
alcalde/sa Bürgermeister(in) ⓜ/ⓕ
bür·ga·mais·ta/*bür*·ga·mais·te·rin
alcohol Alkohol ⓜ *al*·ko·hohl
alcohólico/a Alkoholiker(in) ⓜ/ⓕ
al·ko·hoh·li·ka/*al*·ko·hoh·li·ke·rin
alcohólico alkoholisch *al*·ko·hoh·lish
alemán Deutsch ⓜ doich
Alemania Deutschland ⓝ *doich*·lant
alergia Allergie ⓕ a·*lehr*·guih
alergia al polen Heuschnupfen ⓜ
hoi·shnup·fen
alfombra Teppich ⓜ *te*·pish
algo (irgend)etwas (*ir*·guend·)*et*·vass
algodón Baumwolle ⓕ *baum*·vo·le
alguien jemand *yeh*·mant
algún/cualquier irgendein
ir·guend·ain
algunos einige *ai*·ni·gue
alimentar füttern *fü*·tern
allí dort dort

almendra Mandel ⓕ *man·del*
almohada Kissen ⓝ *ki·ssen*
almuerzo Mittagessen ⓝ *mi·tahk·e·ssen*
alojamiento Unterkunft ⓕ *un·ta·kunft*
alojarse übernachten *üh·ba·naj·ten*
alquilar mieten *mih·ten*
alquiler de coches Autoverleih ⓜ *au·to·fea·lai*
altar Altar ⓜ *al·tah*
altitud Höhe ⓕ *höh·e*
alto (estatura) hoch *hoj*
alto (sonido) laut *laut*
alucinar halluzinieren *a·lu·tsi·nih·ren*
alud Lawine ⓕ *la·vih·ne*
amo/a de casa Hausmann/Hausfrau ⓜ/ⓕ *hauss·man/hauss·frau*
amable nett *net*
amante Liebhaber(in) ⓜ/ⓕ *lihb·hah·ba/lihb·hah·be·rin*
amar lieben *lih·ben*
amargo bitter *bi·ta*
amarillo gelb *guelb*
amateur Amateur(in) ⓜ/ⓕ *a·ma·tör/a·ma·tö·rin*
ambos beide *bai·de*
ambulancia Krankenwagen ⓜ *krang·ken·vah·guen*
amigo/a Freund(in) ⓜ/ⓕ *froint/froin·din*
anacardo Cashewnuss ⓕ *kah·shiu·nuss*
anarquista Anarchist(in) ⓜ/ⓕ *ah·nar·jist/ah·nar·jis·tin*
ancho breit *brait*
andar gehen *gueh·en*
andén Bahnsteig ⓜ *bahn·shtaik*
anestésico Betäubung ⓕ *be·toi·bung*
anillo Ring ⓜ *ring*
animal Tier ⓝ *tih·a*
anochecer Dämmerung ⓕ *de·me·rung*
anteayer vorgestern *foh·a·gues·tern*
anteojos Brille ⓕ *bri·le*

antes vor *foh·a*
antibiótico Antibiotika ⓝ pl *an·ti·bioh·ti·ka*
anticonceptivos Verhütungsmittel ⓝ *fea·hüh·tunks·mi·tel*
antigüedad Antiquität ⓕ *an·ti·kui·teht*
antiguo alt *alt*
antinuclear Anti-Atom- *an·ti·a·tohm-*
antiséptico Antiseptikum ⓝ *an·ti·sép·ti·kum*
anuncio Anzeige ⓕ *an·tsai·gue*
(este) año (dieses) Jahr ⓝ *(dih·ses) yahr*
apartamento Wohnung ⓕ *voh·nung*
aparte de außer *au·ssa*
apellido Familienname ⓜ *fa·mih·li·en·nah·me* • Nachname ⓜ *naj·nah·me*
apéndice Blinddarm ⓜ *blint·darm*
apodo Spitzname ⓜ *shpits·nah·me*
aprender lernen *ler·nen*
aprendiz Auszubildende ⓜ y ⓕ *aus·tsuh·bil·den·de*
aproximadamente ungefähr *un·gue·fèh·a*
apuesta Wette ⓕ *ve·te*
aquí hier *hih·a*
araña Spinne ⓕ *shpi·ne*
árbitro Schiedsrichter(in) ⓜ/ⓕ *shihts·rish·ta/shihts·rish·te·rin*
árbol Baum ⓜ *baum*
árbol de Navidad Weihnachtsbaum ⓜ *vai·najts·baum*
arduo schwer *shveh·a*
arena Sand ⓜ *sant*
arenque Hering ⓜ *heh·ring*
arma Waffe ⓕ *va·fe*
armario Schrank ⓜ *shrank*
arqueológico archäologisch *ar·je·o·loh·guish*
arquitectura Architektur ⓕ *ar·shi·tek·tuh·a*
arriba oben *oh·ben*
arroyo Bach ⓜ *baj*
arroz Reis ⓜ *raiss*

arte Kunst ⓕ *kunst*
artes gráficas grafische Kunst ⓕ *grah·fi·she kunst*
artes marciales Kampfsport ⓜ *kampf·shport*
artesanía Handwerk ⓝ *hant·verk* • Kunsthandwerk ⓝ *kunst·hant·verk*
artista Künstler(in) ⓜ/ⓕ *künst·la/künst·le·rin*
ascensor Lift ⓜ *lift*
Asia Asien ⓝ *ah·si·en*
asiento (coche) Sitz ⓜ *sits*
asiento de pasillo Platz ⓜ am Gang *plats am gang*
asiento de seguridad para niños Kindersitz ⓜ *kin·da·sits*
asma Asthma ⓝ *ast·ma*
asombroso erstaunlich *eh·a·shtaun·lish*
aspirina Kopfschmerztablette ⓕ *kopf·shmerts·ta·ble·te*
atajo Abkürzung ⓕ *ab·kür·tsung*
atalaya Aussichtspunkt ⓜ *aus·sishts·punkt*
atletismo Leichtathletik ⓕ *laisht·at·leh·tik*
atmósfera Atmosphäre ⓕ *at·mos·fèh·re*
atracar berauben *be·rau·ben*
atún Thunfisch ⓜ *tuhn·fish*
audífono Hörgerät ⓝ *hö·a·gue·ret*
audioguía Führer ⓜ *füh·ra*
auditorio Konzerthalle ⓕ *kon·tsert·ha·le*
Australia Australien ⓝ *aus·trah·li·en*
Austria Österreich ⓝ *ös·ta·raish*
autobús (interurbano) Fernbus ⓜ *fern·buss*
autobús (urbano) Bus ⓜ *buss*
autocar Bus ⓜ *buss*
automático automatisch *au·to·mah·tish*
autónomo selbstständig *selbst·shten·dish*
autopista (de peaje) Autobahn ⓕ *au·to·bahn*

autor/a Autor(in) ⓜ/ⓕ *au·toh·a/au·toh·rin*
autorización Erlaubnis ⓕ *eh·a·laub·niss*
autoservicio Selbstbedienung ⓕ *selbst·be·dih·nung*
avena Hafer(flocken) ⓜ pl *hah·fa(·flo·ken)*
avenida Allee ⓕ *a·leh*
avergonzado verlegen *fea·leh·guen*
averiarse eine Panne haben *ai·ne pa·ne hah·ben*
avión Flugzeug ⓝ *fluhk·tsoik*
avispa Wespe ⓕ *ves·pe*
ayer gestern *gues·tern*
ayuda social Sozialhilfe ⓕ *so·tsiahl·hil·fe*
ayudar helfen *hel·fen*
azúcar Zucker ⓜ *tsu·ka*
azul blau *blau*

B

bacón Frühstücksspeck ⓜ *früh·shtüks·shpek*
bahía Bucht ⓕ *bujt*
bailar tanzen *tan·tsen*
bajo klein *klain* • niedrig *nih·drish*
balance Kontostand ⓜ *kon·to·shtant*
balas de algodón Watte-Pads pl *va·te·peds*
balcón Balkon ⓜ *bal·kong*
ballet Ballett ⓝ *ba·let*
bálsamo labial Lippenbalsam ⓜ *li·pen·bal·sahm*
bañador Badeanzug ⓜ *bah·de·an·tsuhk*
banco Bank ⓕ *bank*
banda de rock Rockgruppe ⓕ *rok·gru·pe*
bandera Flagge ⓕ *fla·gue*
baño Bad ⓝ *baht*
baños públicos öffentliche Toilette ⓕ *ö·fent·li·she tu·a·le·te*
bar Lokal ⓝ *lo·kahl*
barato billig *bi·lish*
barco Boot ⓝ *boht* • Schiff ⓝ *shif*

barra (bar) Theke ƒ *teh*·ke
barra de labios Lippenstift m
li·pen·shtift
barrio Viertel ƒ *fih*·a·tel
barrio periférico Vorort m *foh*·a·ort
barro Schlamm m shlam
bártulos Gänge m pl *guen*·gue
basura Abfall m *ab*·fal • Müll m mül
batería Batterie ƒ ba·te·*rih*
bautismo Taufe ƒ *tau*·fe
bautizo Taufe ƒ *tau*·fe
bebé Baby n *bei*·bi
beber trinken *tring*·ken
bebida Getränk n gue·*trengk*
béisbol Baseball m *beis*·bohl
bendecir segnen *seg*·nen
beneficios Gewinn m gue·*vin*
berenjena Aubergine ƒ
au·ba·*zhih*·ne • Auberginie ƒ
au·ber·*zhih*·ni·e
besar küssen *kü*·ssen
beso Kuss m kuss
Biblia Bibel ƒ *bih*·bel
biblioteca Bibliothek ƒ bi·bli·o·*tehk*
bicicleta Fahrrad n *fah*·raht
bicicleta de carreras Rennrad n
ren·raht
bicicleta de montaña Mountainbike
n *maun*·ten·baik
bien gut guht
bienestar social Wohlfahrt ƒ
vohl·fahrt
billar americano Billard n *bil*·iart
billete (autobús/metro/tren)
Fahrkarte ƒ *fahr*·kar·te
billete (avión) Flugticket n
fluhk·ti·ket
billete de ida y vuelta Rückfahrkarte ƒ *rük*·fahr·kar·te
billete standby Standby-Ticket n
stand·bai·ti·ket
bisté (ternera) Steak n steik
bizcocho Keks m keks
blanco weiß vaiss
bloqueado blockiert blo·*kih*·ert
boca Mund m munt

bochornoso (tiempo) schwül shvül
boda Hochzeit ƒ *hoj*·tsait
bodega Keller m *ke*·la
bolígrafo Kugelschreiber m
kuh·guel·shrai·ba
bolsa Tasche ƒ *ta*·she
bolsillo Tasche ƒ *ta*·she
bolso Handtasche ƒ *hant*·ta·she
bomba (de aire) (Luft)Pumpe ƒ
(*luft*·)*pum*·pe
bombilla Glühbirne ƒ *glüh*·bir·ne
bombona de gas Gasflasche ƒ
gahs·fla·she
bondadoso liebevoll *lih*·be·fol
bonito schön shöhn
bonito/guapo hübsch hüpsh
bordado Stickerei ƒ shti·ke·*rai*
borracho betrunken be·*trung*·ken
bosque Wald m valt
bota (calzado) Stiefel m *shtih*·fel
botas de senderismo Wanderstiefel
m pl *van*·da·shtih·fel
botella Flasche ƒ *fla*·she
botiquín Verbandskasten m
fea·*bants*·kas·ten
botón Knopf m knopf
boxeo Boxen n *bok*·sen
Braille Blindenschrift ƒ
blin·den·shrift
brandy Weinbrand m *vain*·brant
brazo Arm m arm
brillante brillant bri·*llant*
brócoli Brokkoli n pl *bro*·ko·li
broma Witz m vits
bronceador Bräunungsmilch ƒ
broi·nunks·milsh
bronquitis Bronchitis ƒ bron·*jih*·tis
brújula Kompass m *kom*·pass
budista Buddhist(in) m/ƒ bu·*dist*/
bu·*dis*·tin
bueno gut guht
bufanda Schal m shahl
bufé Buffet n bü·*feh*
burbuja Blase ƒ *bla*·se
buscar suchen nach *suh*·jen naj
buzón Briefkasten m *brihf*·kas·ten

C

caballo Pferd ⓝ pfert
cabaña Hütte ⓕ *hü*·te
cabeza Kopf ⓜ kopf
cabina telefónica Telefonzelle ⓕ te·le·*fohn*·tse·le
cable Kabel ⓝ *kah*·bel
cables de arranque Überbrückungs-kabel ⓝ üh·ba·*brü*·kunks·kah·bel
cabo Kap ⓝ kap
cabra Ziege ⓕ *tsih*·gue
cacahuete Erdnuss ⓕ *ehrt*·nuss
cacao Kakao ⓜ ka·*kao*
cacerola Pfanne ⓕ *pfa*·ne
cada día alltäglich al·*tek*·lish
cada jeder/jede/jedes ⓜ/ⓕ/ⓝ *yeh*·da/*yeh*·de/*yeh*·des
cadena Kette ⓕ *ke*·te
cadena de la bicicleta Fahrradkette ⓕ *fah*·raht·ke·te
café (bebida) Kaffee ⓜ *kah*·fe
café (establecimiento) Café ⓝ ka·*feh*
caja (de cartón) Karton ⓜ kar·*ton*
caja fuerte Safe ⓜ seif
caja registradora Kasse ⓕ *ka*·sse
cajero automático Geldautomat ⓜ *guelt*·au·to·maht
cajero/a Kassierer(in) ⓜ/ⓕ ka·*ssih*·ra/ka·*ssih*·re·rin
calabacín Zucchini ⓕ tsu·*kih*·ni
calabaza Kürbis ⓜ *kür*·bis
calambre Krampf ⓜ krampf
calcetines Socken ⓕ pl *so*·ken
calculadora Taschenrechner ⓜ *ta*·shen·rej·na
calderilla Kleingeld ⓝ *klain*·guelt
calefacción central Zentralheizung ⓕ tsen·*trahl*·hai·tsung
calendario Kalender ⓜ ka·*len*·da
calentador Heizgerät ⓝ *haits*·gue·ret
calidad Qualität ⓕ kva·li·*tèht*
cálido warm varm
caliente heiß haiss
calle Straße ⓕ *shtrah*·sse
calmantes Schmerzmittel ⓝ *shmerts*·mi·tel
calor Hitze ⓕ *hi*·tse
cama Bett ⓝ bet
cama de matrimonio Doppelbett ⓝ *do*·pel·bet
cámara (neumático) Schlauch ⓜ shlauj
cámara Kamera ⓕ *kah*·me·ra
camarero/a Kellner(in) ⓜ/ⓕ *kel*·na/*kel*·ne·rin
camas separadas zwei Einzelbetten ⓝ pl tsvai *ain*·tsel·be·ten
cambiar (dinero) wechseln *vej*·seln
cambio (monedas) Wechselgeld ⓝ *vej*·sel·guelt
cambio de moneda Geldwechsel ⓜ *guelt*·vej·ssel
camino Pfad ⓜ pfaht • Weg ⓜ vehk
camino de herradura Reitweg ⓜ *rait*·vehk
camión Lastwagen ⓜ *last*·vah·guen
camisa Hemd ⓝ hemt
camiseta T-Shirt ⓕ *tih*·shirt
camiseta (ropa interior) Unterhe-md ⓝ *un*·ta·hemt
campeonatos Meisterschaften ⓕ pl *mais*·ta·shaf·ten
camping Zeltplatz ⓜ *tselt*·plats
campo Feld ⓝ felt
campo (campiña) Land ⓝ lant
campo de golf Golfplatz ⓜ *golf*·plats
campo de nieve Schneefeld ⓝ *shneh*·felt
caña de pescar Angel ⓕ *an*·guel
Canadá Kanada ⓝ *ka*·na·dah
canario Kanarienvogel ⓜ ka·*nah*·rien·foh·guel
cancelar stornieren shtor·*nih*·ren
cáncer Krebs ⓜ kreps
canción Lied ⓝ liht
candado Vorhängeschloss ⓝ *foh*·a·hen·gue·shloss
canguro Babysitter ⓜ *bei*·bi·si·ta
cansado müde *müh*·de

cansarse ermüden eh·a·*müh*·den
cantante Sänger(in) Ⓜ/Ⓕ *sen*·ga/*sen*·gue·rin
cantar singen *sin*·guen
cantidad Betrag Ⓜ be·*trahk*
cantimplora Wasserflasche Ⓕ *va*·ssa·fla·she
capa de ozono Ozonschicht Ⓕ *o*·tsohn·shisht
capilla Kapelle Ⓕ ka·*pe*·le
capitalismo Kapitalismus Ⓜ ka·pi·ta·*lis*·muss
cara Gesicht Ⓝ gue·*sisht*
caracol Schnecke Ⓕ *shne*·ke
caramelo Bonbon Ⓜ bon·*bon*
caramelos de menta Pfefferminzbonbons Ⓝ pl pfe·fa·*mints*·bon·bons
caravana Wohnwagen Ⓜ *vohn*·vah·guen
carburador Vergaser Ⓜ fea·*gah*·sa
cárcel Gefängnis Ⓝ gue·*feng*·niss
carne Fleisch Ⓝ flaish
carné de estudiante Studentenausweis Ⓜ shtu·*den*·ten·auss·vaiss
carné de identidad Personalausweis Ⓜ per·so·*nahl*·auss·vaiss
carne picada Gehacktes Ⓝ gue·*hak*·tes
carnicería Metzgerei Ⓕ mets·gue·*rai*
caro teuer *toi*·a
carpintero/a Schreiner(in) Ⓜ/Ⓕ *shrai*·na/*shrai*·ne·rin
carrera Rennen Ⓝ *re*·nen
carrete Film Ⓜ film
carril bici Radweg Ⓜ *raht*·vehk
carta (menú) Speisekarte Ⓕ *shpai*·se·kar·te
carta Brief Ⓜ brihf
cartucho de gas Gaskartusche Ⓕ *gahs*·kar·tu·she
casa Haus Ⓝ hauss
(en) casa zu Hause tsuh *hau*·se
(a) casa nach Hause naj *hau*·se
casarse heiraten *hai*·rah·ten
cascada Wasserfall Ⓜ *va*·ssa·fal
casco Helm Ⓜ helm

casera/dueña Vermieterin Ⓕ fea·*mih*·te·rin
casero/dueño Vermieter Ⓜ fea·*mih*·ta
casi fast fast
casino Kasino Ⓝ ka·*si*·no
casete Kassette Ⓕ ka·*sse*·te
castigar bestrafen be·*shtrah*·fen
castillo Burg Ⓕ burk • Schloss Ⓝ shloss
catedral Dom Ⓜ dohm
catedrático/a Dozent(in) Ⓜ/Ⓕ do·*tsent*/do·*tsen*·tin
católico/a Katholik(in) Ⓜ/Ⓕ ka·to·*lihk*/ka·to·*lih*·kin
caviar Kaviar Ⓜ *kah*·vi·ahr
caza Jagd Ⓕ yajt
CD CD Ⓕ tseh·*deh*
cebo Köder Ⓜ *kö*·da
cebolla Zwiebel Ⓕ *tsvih*·bel
celoso eifersüchtig *ai*·fa·süsh·tish
cementerio Friedhof Ⓜ *friht*·hohf
cena Abendessen Ⓝ *ah*·bent·e·ssen
cenicero Aschenbecher Ⓜ *a*·shen·be·sha
centígrado Celsius Ⓜ *tsel*·si·us
centímetro Zentimeter Ⓜ tsen·ti·*meh*·ta
central telefónica Telefonzentrale Ⓕ te·le·*fohn*·tsen·trah·le
centro comercial Einkaufszentrum Ⓝ *ain*·kaufs·tsen·trum
centro de la ciudad Innenstadt Ⓕ *i*·nen·shtat
centro Zentrum Ⓝ *tsen*·trum
cepillo (para el pelo) Haarbürste Ⓕ *hah*·bürs·te
cepillo de dientes Zahnbürste Ⓕ *tsahn*·bürs·te
cerámica Keramik Ⓕ ke·*rah*·mik • Töpferwaren Ⓕ pl *töp*·fa·vah·ren
cerca nahe *nah*·e
cercano (el más) nächste *nehjs*·te
cercano in der Nähe in *deh*·a *neh*·e
cerdo Schwein Ⓝ shvain

cerdo (carne) Schweinefleisch ⓝ *shvai·*ne·flaish
cereal Frühstücksflocke ⓕ *früh·*shtüks·flo·ke
cerillas Streichhölzer ⓝ pl *shtraish·*höl·tsa
cero null nul
cerrado geschlossen *guesh·*lo·ssen
cerrado con llave abgeschlossen *ab·*gue·shlo·ssen
cerradura Schloss ⓝ shloss
cerrar schließen *shlih·*ssen
certificado Zertifikat ⓝ *tsea·*ti·fi·*kaht*
cerveza Bier ⓝ *bih·*a
césped Gras ⓝ grahs
cesta Korb ⓜ korp
chaleco salvavidas Schwimmweste ⓕ *shvim·*ves·te
champú Shampoo ⓝ *sham·*puh
chaqueta Jacke ⓕ *ya·*ke
chef Koch/Köchin ⓜ/ⓕ koj/*kö·*jin
cheque Scheck ⓜ chek
cheque bancario Bankauszug ⓜ *bank·*aus·tsuhk
cheque de viaje Reisescheck ⓜ *rai·*se·chek
chicle Kaugummi ⓝ *kau·*gu·mi
chile Chili ⓕ *chi·*li
chocolate Schokolade ⓕ *sho·*ko·*lah·*de
choque Zusammenstoß ⓜ *tsu·sa·*men·stoss
chupete Schnuller ⓜ *shnu·*la
chutar treten *treh·*ten
cibercafé Internetcafé ⓝ *in·*ter·net·ka·*feh*
ciclismo Radsport ⓜ *raht·*shport
ciclista Radfahrer(in) ⓜ/ⓕ *raht·*fah·ra/*raht·*fah·re·rin
ciego blind blint
cien hundert *hun·*dert
ciencia Wissenschaft ⓕ *vi·*ssen·shaft
científico Wissenschaftler(in) ⓜ/ⓕ *vi·*ssen·shaft·la/*vi·*ssen·shaft·le·rin

cierto wahr vahr
cigarrillo Zigarette ⓕ *tsi·*ga·*re·*te
cigarro Zigarre ⓕ *tsi·ga·*re
cima Gipfel ⓜ *guip·*fel
cine Kino ⓝ *kih·*no
cinta de vídeo Videokassette ⓕ *vih·*de·o·ka·*sse·*te
cinturón Gürtel ⓜ *gür·*tel
cinturón de seguridad Sicherheitsgurt ⓜ *si·*ja·haits·gurt
circo Zirkus ⓜ *tsir·*kuss
circuito (de carreras) Rennbahn ⓕ *ren·*bahn
circuito Tour ⓕ tuhr
ciruela Pflaume ⓕ *pflau·*me
ciruela pasa Backpflaume ⓕ *bak·*pflau·me
cistitis Blasenentzündung ⓕ *blah·*sen·en·tsün·dung
cita Termin ⓜ ter·*mihn* • Verabredung ⓕ *fea·*ab·re·dung
citología Abstrich ⓜ *ab·*shtrish
ciudad Stadt ⓕ shtat
ciudadano Staatsbürgerschaft ⓕ *shtahts·*bür·ga·shaft
claro hell hel
clase Klasse ⓕ *kla·*sse
clase preferente Business Class ⓕ *bis·*nes klass
clase turista Touristenklasse ⓕ *tu·ris·*ten·kla·sse
clásico klassisch *kla·*ssish
clavo (especia) Gewürznelke ⓕ *gue·*würts·nel·ke
cliente Kunde/Kundin ⓜ/ⓕ *kun·*de/*kun·*din
clima Klima ⓝ *klih·*ma
cobrar (un cheque) (einen Scheck) einlösen (*ai·*nen chek) *ain·*lö·sen
cocaína Kokain ⓝ ko·ka·*ihn*
coche Auto ⓝ *au·*to
coche cama Schlafwagen ⓜ *shlahf·*vah·guen
cocina de camping gas Kocher ⓜ *ko·*ja
cocina Küche ⓕ *kü·*she

cocinar kochen *ko·jen*
cocinero Koch/Köchin ⓜ/ⓕ *koj/kö·jin*
código postal Postleitzahl ⓕ *post·lai·tsahl*
coger/tomar nehmen *neh·men*
col Kohl ⓜ *kohl*
col de Bruselas Rosenkohl ⓜ *roh·sen·kohl*
cola Schlange ⓕ *shlan·gue*
colchón Matratze ⓕ *ma·tra·tse*
colección de arte Kunstsammlung ⓕ *kunst·sam·lung*
colega Kollege/Kollegin ⓜ/ⓕ *ko·leh·gue/ko·leh·guin*
coliflor Blumenkohl ⓜ *bluh·men·kohl*
colina Hügel ⓜ *hü·guel*
collar Halskette ⓕ *hals·kete*
colocado (drogado) stoned *stound*
colocar (en horizontal) legen *leh·guen*
colocar (en vertical) stellen *shte·en*
color Farbe ⓕ *far·be*
combustible Brennstoff ⓜ *bren·shtof*
comedia Komödie ⓕ *ko·mö·di·e*
comedor Kantine ⓕ *kan·tih·ne*
comer essen *e·ssen*
comercio Handel ⓜ *han·del*
comida Essen ⓝ *e·ssen*
comida para bebés Babynahrung ⓕ *bei·bi·nah·rung*
comisaría Polizeirevier ⓝ *po·li·tsai·re·vih·a*
cómo wie *vih*
cómodo bequem *bek·vem*
compañero/a Begleiter(in) ⓜ/ⓕ *be·glai·ta/be·glai·te·rin*
compartir (con) teilen (mit) *tai·len (mit)*
completo ausgebucht *auss·gue·bujt*
comprar kaufen *kau·fen*
compresas Damenbinden ⓕ pl *dah·men·bin·den*

compromiso Verlobung ⓕ *fea·loh·bung*
comunión Kommunion ⓕ *ko·mu·nion*
con mit *mit*
concierto Konzert ⓝ *kon·tsert*
conducir fahren *fah·ren*
conejo Kaninchen ⓝ *ka·nihn·shen*
conexión Verbindung ⓕ *fea·bin·dung*
confesión (religiosa) Beichte ⓕ *baish·te*
confiar (en) trauen *trau·en*
confirmar (una reserva) bestätigen *be·shtèh·ti·guen*
congelar gefrieren *gue·frih·ren*
conocer (a una persona) kennenlernen *ke·nen·ler·nen*
conocer/encontrarse treffen *tre·fen*
consejo Rat ⓜ *raht*
conservador konservativ *kon·ser·va·tihf*
consigna (equipaje) Gepäckaufbewahrung ⓕ *gue·pek·auf·be·vah·rung*
consignas Schließfächer ⓝ pl *shliss·fe·sha*
construir bauen *bau·en*
consulado Konsulat ⓝ *kon·su·laht*
contable Buchhalter(in) ⓜ/ⓕ *buj·hal·ta/buj·hal·te·rin*
contaminación ambiental Umweltverschmutzung ⓕ *um·velt·fea·shmu·tsung*
contaminación del aire Luftverschmutzung ⓕ *luft·fea·shmut·sung*
contar zählen *tseh·len*
contra gegen *gueh·guen*
contrato Vertrag ⓜ *fea·trahk*
contrato de arrendamiento Mietvertrag ⓜ *miht·fea·trahk*
control Kontrollstelle ⓕ *kon·trol·shte·le*
control remoto Fernbedienung ⓕ *fern·be·dih·nung*
controlar prüfen *prü·fen*

convento Kloster ⓝ *klohs*·ta
copia Abzug ⓜ *ab*·tsuhk
copos de cereales Cornflakes pl *korn*·fleks
corazón Herz ⓝ herts
cordero Lamm ⓝ lam
cordillera Gebirgszug ⓜ *gue*·*birks*·tsuhk
correa del ventilador Keilriemen ⓜ *kail*·rih·men
correcto richtig *rish*·tish
correo Post ⓕ post
correo aéreo Luftpost ⓕ *luft*·post
correo certificado Einschreiben ⓝ *ain*·shrai·ben
correo de superficie normale Post ⓕ *nor*·*mah*·le post
correo urgente Expresspost ⓕ *eks*·*pres*·post
correr laufen *lau*·fen
corriente (electricidad) Strom ⓜ shtrohm
corromper korrupt ko·*rupt*
cortar schneiden *shnai*·den
cortaúñas Nagelknipser ⓜ pl *nah*·guel·knip·sa
corto kurz kurts
cosecha Feldfrucht ⓕ *felt*·frujt
coser nähen *neh*·en
costa Küste ⓕ *küs*·te
costar kosten *kos*·ten
cracker Cracker ⓜ *kre*·ka
crecer wachsen *vak*·sen
crema agria Schmand ⓜ shmant
crema hidratante Feuchtigkeitscreme ⓕ *foish*·tish·kaits·krehm
crema solar Sonnencreme ⓕ *so*·nen·krehm
cremallera Reißverschluss ⓜ *rais*·fea·shluss
crepúsculo Dämmerung ⓕ *de*·me·rung
críquet Cricket ⓝ *kri*·ket
cristiano/a Christ(in) ⓜ/ⓕ krist/ *kris*·tin
críticas (arte) Kritik ⓕ kri·*tihk*

crudo roh roh
cruz Kreuz ⓝ kroits
cualquier/algún lugar irgendwo *ir*·guent·*voh*
cuándo wann van
cuando wenn ven
cuarentena Quarantäne ⓕ ka·ran·*tèh*·ne
Cuaresma Fastenzeit ⓕ *fas*·ten·tsait
cuarto de baño Badezimmer ⓝ *bah*·de·tsi·ma
cubiertos (para comer) Besteck ⓝ be·*shtek*
cubo Eimer ⓜ *ai*·ma
cubo (de la basura) Mülleimer ⓜ *mül*·ai·ma
cucaracha Kakerlake ⓕ *kah*·ka·lah·ke
cuchara Löffel ⓜ *lö*·fel
cucharilla Teelöffel ⓜ *teh*·lö·fel
cuchillas de afeitar Rasierklingen ⓕ pl ra·*sih*·a·klin·guen
cuchillo Messer ⓝ *me*·ssa
cuenta Rechnung ⓕ *resh*·nung
cuenta bancaria Bankkonto ⓝ *bank*·kon·to
cuerda de tender Wäscheleine ⓕ *ve*·she·lai·ne
cuerda Seil ⓝ sail
cuerpo Körper ⓜ *kör*·pa
cuesta abajo abwärts *ab*·verts
cuesta arriba aufwärts *auf*·verts
cueva Höhle ⓕ *hö*·le
cuidado de niños Kinderbetreuung ⓕ *kin*·da·be·troi·ung
cuidadoso vorsichtig *foh*·a·sish·tish
cuidar (de) sich kümmern um sish *kü*·mern um
culebrón Seifenoper ⓕ *sai*·fen·oh·pa
culpa Schuld ⓕ shult
culpable schuldig *shul*·dish
cumpleaños Geburtstag ⓜ *gue*·burts·tahk
currículum Lebenslauf ⓜ *leh*·bens·lauf

curry (en polvo) Curry(pulver) ⓝ *kar*·ri(·*pul*·va)
cuscús Couscous ⓜ *kus*·kus

D

dado Würfel ⓜ *vür*·fel
dar geben *gueh*·ben
dar la bienvenida willkommen vil·*ko*·men
dar las gracias danken *dan*·ken
de aus • von auss • fon
de (algodón) aus (Baumwolle) auss (*baum*·vo·le)
de derechas rechts(gerichtet) *rejts*(·gue·rish·tet)
de izquierdas links(gerichtet) *links*(·gue·rish·tet)
de manga larga langärmelig *lang*·èhr·me·lish
de no fumadores Nichtraucher-*nisht*·rau·ja
de segunda mano gebraucht gue·*braujt*
debajo (de) unter *un*·ta
deber schulden *shul*·den
debido a wegen *veh*·guen
débil schwach *shvaj*
decidir entscheiden ent·*shai*·den
decir erzählen eh·a·*tseh*·len • sagen *sah*·guen
dedo Finger ⓜ *fin*·ga
dedo gordo del pie Zehe ⓕ *tseh*·e
defectuoso fehlerhaft *feh*·la·haft
deforestación Abholzung ⓕ *ab*·hol·tsung
dejar (trabajo) kündigen *kün*·di·guen
delante de vor *foh*·a
delgado dünn dün
delicatesen Feinkostgeschäft ⓝ *fain*·kost·gue·sheft
delicioso köstlich *köst*·lish
demasiado zu (viele) tsuh (*fíh*·le)
democracia Demokratie ⓕ *de*·mo·kra·tíh
dentadura Zähne ⓜ pl *tsèh*·ne
dentífrico Zahnpasta ⓕ *tsahn*·pas·ta
dentista Zahnarzt/Zahnärztin ⓜ/ⓕ *tsahn*·artst/*tsahn*·erts·tin
dentro de (una hora) innerhalb (einer Stunde) *i*·na·halp (*ai*·ner *shtun*·de)
dentro innen *i*·nen
deporte Sport ⓜ shport
deportista Sportler(in) ⓜ/ⓕ *shport*·la/*shport*·le·rin
depósito (piso) Anzahlung ⓕ *an*·tsah·lung
derecho Jura ⓝ *yuh*·ra
derechos civiles Bürgerrechte ⓝ pl *bür*·ga·reshte
derechos humanos Menschenrechte ⓝ pl *men*·shen·reshte
desayuno Frühstück ⓝ *früh*·shtük
descansar eine Pause machen *ai*·ne *pau*·se *ma*·jen
descendiente Nachkomme ⓜ *naj*·ko·me
descenso en tobogán (tobogganing) Rodeln ⓝ *roh*·deln
desconocido Fremde ⓜ y ⓕ *frem*·de
descuento Rabatt ⓜ ra·*bat*
desde (mayo) seit (Mai) sait (mai)
desear wünschen *vün*·shen
desfiladero/cañón Schlucht ⓕ shlujt
desglosado einzeln aufgeführt *ain*·tseln *auf*·gue·fürt
desierto Wüste ⓕ *vüs*·te
desigualdad Ungleichheit ⓕ *un*·glaij·hait
desodorante Deo ⓝ *deh*·o
despacio langsam *lang*·sahm
despegar Abflug ⓜ *ab*·fluhk
despertador Wecker ⓜ *ve*·ka
después nach naj
destino (Reise)Ziel ⓝ (*rai*·se·)tsihl
destornillador Schraubenzieher ⓜ *shrau*·ben·tsih·a
desván Dachboden ⓜ *daj*·boh·den
detalle Detail ⓝ de·*tail*

detención Verhaftung ⓕ *fea·haf·tung*
detenerse anhalten *an·hal·ten*
detergente Waschpulver ⓝ *vash·pul·va*
detrás (de) hinter *hin·ta*
devolución Rückzahlung ⓕ *rük·tsah·lung*
Día de Año Nuevo Neujahrstag ⓜ *noi·yahrs·tahk*
día Tag ⓜ *tahk*
día de Navidad (erster) Weihnachtsfeiertag ⓜ *(ehrs·ta) vai·najts·fai·a·tahk*
día festivo Urlaub ⓜ *uh·a·laub*
diabetes Diabetis ⓕ *di·a·beh·tis*
diafragma Zwerchfell ⓝ *tsversh·fel*
diapositivas Dia ⓝ *dih·a*
diario (libro personal) Tagebuch ⓝ *tah·gue·buj*
diario (cada día) täglich *tek·lish*
diarrea Durchfall ⓜ *dursh·fal*
diccionario Wörterbuch ⓝ *vör·ta·buj*
diente (de ajo) Zehe ⓕ *tseh·e*
diente/muela Zahn ⓜ *tsahn*
dieta Diät ⓕ *di·et*
diez zehn *tsehn*
diferencia horaria Zeitunterschied ⓜ *tsait·un·ta·shiht*
difícil schwierig *shvih·rish*
diminuto winzig *vin·tsish*
dinero Geld ⓝ *guelt*
Dios Gott ⓜ *got*
dirección Adresse ⓕ *a·dre·sse*
directo direkt *di·rekt*
director/a Manager(in) ⓜ/ⓕ *me·ne·dzha/me·ne·dzhe·rin*
director/a (cine) Regisseur(in) ⓜ/ⓕ *re·zhi·söh·a/re·zhi·söh·rin*
discapacitado behindert *be·hin·dert*
discoteca Disko(thek) ⓕ *dis·ko(·tehk)*
discriminación Diskriminierung ⓕ *dis·kri·mi·nih·rung*
discutir streiten *shtrai·ten*
diseñar entwerfen *ent·ver·fen*

disparar (arma) schießen *shih·ssen*
disponible frei *frai*
disquete Diskette ⓕ *dis·ke·te*
DIU Intrauterinpessar ⓝ *in·tra·u·te·rihn·pe·ssah*
diversión Spaß ⓜ *shpahs*
divertirse sich amüsieren *sish a·mü·sih·ren*
doble doppelt *do·pelt*
docena Dutzend ⓝ *du·tsent*
doctor/a Doktor(in) ⓜ/ⓕ *dok·toh·a/dok·toh·rin*
documentación del coche Fahrzeugpapiere ⓝ pl *fahr·tsoik·pa·pih·re*
documental Dokumentation ⓕ *do·ku·men·ta·tsion*
dólar Dollar ⓜ *do·lahr*
dolor Schmerz ⓜ *shmerts*
dolor de estómago Magenschmerzen ⓜ pl *mah·guen·shmer·tsen*
dolor de cabeza Kopfschmerzen ⓜ pl *kopf·shmer·tsen*
dolor de garganta Halsschmerzen ⓜ pl *hals·shmer·tsen*
dolor de muelas Zahnschmerzen ⓜ pl *tsahn·shmer·tsen*
dolor menstrual Menstruationsbeschwerden ⓕ pl *mens·tru·a·tsions·be·shvehr·den*
doloroso schmerzhaft *shmerts·haft*
domingo Sonntag ⓜ *son·tahk*
donde/dónde wo *voh*
dormido schlafen *shlah·fen*
dormir schlafen *shlah·fen*
dormitorio Schlafzimmer ⓝ *shlahf·tsi·ma*
dos veces zweimal *tsvai·mahl*
droga Dope ⓝ *doup/dohp* • Droge ⓕ *droh·gue*
drogodependencia Drogenabhängigkeit ⓕ *droh·guen·ab·hen·guish·kait*
ducha Dusche ⓕ *duh·she*
dulce süß *süss*
dulces Süßigkeiten ⓕ pl *süh·ssish·kai·ten*

durante während *vèhr*·rent
duro hart hart

E

echar de menos vermissen fea·*mi*·ssen
eccema Ekzem ⓝ ek·*tsehm*
edad Alter ⓝ *al*·ta
edificio Gebäude ⓝ gue·*boi*·de
editor/a Herausgeber(in) ⓜ/ⓕ he·*rauss*·gueh·ba/he·*rauss*·ghe·be·rin
educación Erziehung ⓕ *eh*·a·tsih·ung
EE UU USA ⓕ pl uh·es·*ah*
efectivo Bargeld ⓝ *bahr*·guelt
egoísta egoistisch e·go·*is*·tish
ejemplo Beispiel ⓝ *bai*·shpihl
él er *eh*·a
el hombre (ser humano) Mensch ⓜ mensh
elecciones Wahlen ⓕ pl *vah*·len
electricidad Elektrizität ⓕ e·lek·tri·tsi·*téht*
electricista Elektriker(in) ⓜ/ⓕ e·*lek*·tri·ka/e·*lek*·tri·ke·rin
elegir (aus)wählen (*auss*·)*vèh*·len
ella sie sih
ellos sie sih
embajada Botschaft ⓕ *boht*·shaft
embajador Botschafter(in) ⓜ/ⓕ *boht*·shaf·ta/*boht*·shaf·te·rin
embarazada schwanger *shvan*·ga
embarcar (avión, barco) besteigen be·*shtai*·guen
embrague Kupplung ⓕ *ku*·plung
embustero/a Betrüger(in) ⓜ/ⓕ be·*trü*·ga/be·*trü*·gue·rin
emocional emotional e·mo·tsio·*nahl*
empezar anfangen *an*·fan·guen • beginnen be·*gui*·nen
empleado Angestellte ⓜ y ⓕ *an*·gue·shtel·te
empresa Firma ⓕ *fir*·ma
empresario/a Geschäftsmann/Geschäftsfrau ⓜ/ⓕ gue·*shefts*·man/gue·*shefts*·frau

empujar schieben *shih*·ben
en (encima) auf auf
en blanco y negro schwarzweiß shvarts·*vaiss*
en el exterior draußen *drau*·ssen
en el fondo unten *un*·ten
en in • an • auf • bei • zu in • an • auf • bai • tsuh
en in in
en lugar de (an)statt (an·)*shtat*
en peligro de extinción (especies) bedrohte (Art) ⓕ be·*droh*·te art
en primera (clase) erste Klasse ⓕ *ehrs*·te *kla*·sse
encaje Spitze ⓕ *shpi*·tse
encantador charmant shar·*mant*
encendido Zündung ⓕ *tsün*·dung
enchufe Stecker ⓜ *shte*·ka
encía Zahnfleisch ⓝ *tsahn*·flaish
encima de über *üh*·ba
encontrar finden *fin*·den
energía Energie ⓕ e·neh·a·*guih*
energía nuclear Atomenergie ⓕ a·*tohm*·e·neh·a·guih
enfadado wütend *vüh*·tent
enfermedad Krankheit ⓕ *krank*·hait
enfermedad venérea Geschlechtskrankheit ⓕ gue·*shlehsts*·krank·hait
enfermero/a Krankenpfleger/Krankenschwester ⓜ/ⓕ *kran*·ken·pfleh·ga/*kran*·ken·shves·ta
enfermo krank krank
enfrente (de) gegenüber *gueh*·guen·*üh*·ba
enojado wütend *vü*·tent
enorme riesig *rih*·sish
ensalada Salat ⓜ sa·*laht*
entender verstehen fea·*shteh*·en
entero ganz gants
entrada (cine/museo) Eintrittskarte ⓕ *ain*·trits·kar·te
entrada (precio) Eintrittspreis ⓜ *ain*·trits·praiss
entrar en (ingresar) eintreten *ain*·treh·ten
entre zwischen *tsvi*·shen

entregar (aus)liefern *(aus·)lih·fern*
entrenador/a Trainer(in) m/f *trai·na/trai·ne·rin*
entrevista Interview n *in·ter·viuh*
enviar senden *sen·den*
epilepsia Epilepsie f *e·pi·lep·sih*
equipaje Gepäck n *gue·pek*
equipamiento Ausrüstung f *auss·rüs·tung*
equipo Mannschaft f *man·shaft*
equipo estéreo Stereoanlage f *shteh·re·o·an·la·gue*
equitación Reiten n *rai·ten*
error Fehler m *feh·la*
erupción Ausschlag m *aus·shlahk*
escalada en roca Klettern n *kle·tern*
escalera mecánica Rolltreppe f *rol·tre·pe*
escalera(s) Treppe f *tre·pe*
escasez Knappheit f *knap·hait*
escena Auftritt m *auf·trit*
escenario Bühne f *büh·ne*
Escocia Schottland n *shot·lant*
escribir schreiben *shrai·ben*
escritor/a Schriftsteller(in) m/f *shrift·shte·la/shrift·shte·le·rin*
escuchar hören *hö·ren*
escuela Schule f *shuh·le*
escuela de equitación Reitschule f *rait·shuh·le*
escultura Skulptur f *skulp·tuh·a*
esgrima Fechten f *fesh·ten*
esguince Muskelzerrung f *mus·kel·tsea·rung*
esnórkel Schnorcheln n *shnör·sheln*
espacio Raum m *raum*
espalda Rücken m *rü·ken*
España Spanien n *shpah·ni·en*
espárrago Spargel m *shpar·guel*
especial speziell *shpe·tsiel*
especialista Spezialist(in) m/f *shpe·tsia·list/shpe·tsia·lis·tin*
espectáculo Show f *shou*
espejo Spiegel m *shpih·guel*
esperar warten *var·ten*
espinacas Spinat m *shpi·naht*
espiral Feder f *feh·da*
espiral antimosquitos Moskitospirale f *mos·kih·to·shpi·rah·le*
esposa Ehefrau f *eh·e·frau*
espuma de afeitar Rasiercreme f *ra·sih·a·krèhm*
espumoso (vino) Schaumwein m *shaum·vain*
esquí acuático Wasserskifahren n *va·ssa·shih·fah·ren*
esquí Skifahren n *shih·fah·ren*
esquiar skifahren *shih·fah·ren*
esquina Ecke f *e·ke*
esta noche heute Abend *hoi·te ah·bent*
estación (año) Jahreszeit f *yah·res·tsait*
estación de ferrocarril Bahnhof m *bahn·hohf*
estación de metro U-Bahnhof m *uh·bahn·hohf*
estación de servicio Tankstelle f *tank·shte·le*
estacionamiento Parkplatz m *park·plats*
estadio Stadion n *shtah·di·on*
estado Staat m *shtaht*
estado civil Familienstand m *fa·mih·li·en·shtant*
estado de bienestar Sozialstaat m *so·tsiahl·shtaht*
estafa Abzockerei f *ab·tso·ke·rai*
estanco Tabakladen m *tah·bak·lah·den*
estante Regal n *re·gahl*
estar resfriado erkältet sein *eh·a·kel·tet sain*
estatua Statue f *shtah·tu·e*
este (esta) dieser/diese/dieses m/f/n *dih·sa/dih·se/dih·ses*
este (mes) diesen (Monat) *dih·sen (moh·nat)*
este (punto cardinal) Osten m *os·ten*
estera Matte f *ma·te*

estilo Stil ⓜ shtihl
estómago Magen ⓜ *mah*·guen
estrella Stern ⓜ shtern
(cuatro) estrellas (Vier-)Sterne- (*fih*·a·)*shter*·ne-
estreñimiento Verstopfung ⓕ fea·*shtop*·fung
estudiante Student(in) ⓜ/ⓕ shtu·*dent*/shtu·*den*·tin
estudiar studieren shtu·*dih*·ren
estudio (artístico) Atelier ⓝ a·te·li·*eh*
estudio (piso) Studio ⓝ *shtuh*·di·o
estufa Herd ⓜ hehrt
estúpido dumm dum
etiqueta para el equipaje Adressanhänger ⓜ a·*dress*·an·hen·ga
euro Euro ⓜ *oi*·ro
Europa Europa ⓝ *oi·roh*·pa
eutanasia Euthanasie ⓕ oi·ta·na·*sih*
excelente ausgezeichnet auss·gue·*tsaij*·net
exceso de equipaje Übergepäck ⓝ *ü*·ba·gue·pek
excluido ausgeschlossen auss·gue·shlo·ssen
existencias Vorrat ⓜ *foh*·a·raht
experiencia Erfahrung ⓕ eh·a·*fah*·rung
explotación Ausbeutung ⓕ auss·*boi*·tung
exposición Ausstellung ⓕ aus·shte·lung
expreso Express- eks·*press*
extrañar (el país/la familia) Heimweh haben *haim*·veh *hah*·ben
extranjero ausländisch *auss*·len·dish
(en el) extranjero im Ausland im *auss*·lant
extraño fremd fremt

F

fábrica Fabrik ⓕ fa·*brihk*
fácil leicht laisht
facturación (mostrador de) Abfertigungsschalter ⓜ *ab*·fer·ti·gunks·shal·ta
falda Rock ⓜ rok
falso falsch falsh
falta Foul ⓝ fohl
familia Familie ⓕ fa·*mih*·li·e
familiar Verwandte ⓜ y ⓕ fea·*van*·te
famoso berühmt be·*rümt*
farmacéutico Apotheke ⓕ a·po·*teh*·ke
farmacia Apotheke ⓕ a·po·*teh*·ke
fase Stadium ⓝ *shtah*·di·um
fax Fax ⓕ faks
fecha Datum ⓝ *dah*·tum
fecha de nacimiento Geburtsdatum ⓝ gue·*burts*·dah·tum
feliz glücklich *glük*·lish
feria industrial/comercial Messe ⓕ *me*·sse
ferretería/mercería Eisenwarengeschäft ⓝ *ai*·sen·vah·ren·gue·sheft
festividad Fest ⓝ fest
fideos Nudeln ⓕ pl *nuh*·deln
fiebre Fieber ⓝ *fih*·ba
fiesta Feier ⓕ *fai*·a
filete Filet ⓝ fi·*leh*
filtrado gefiltert gue·*fil*·tert
fin Ende ⓝ *en*·de
fin de semana Wochenende ⓝ *vo*·jen·en·de
finalizar beenden be·*en*·den
firma Unterschrift ⓕ *un*·ta·shrift
física Physik ⓕ fü·*sihk*
flash Blitz ⓜ blits
flirtear anbaggern *an*·ba·guern
flor Blume ⓕ *bluh*·me
florista Blumenhändler ⓜ *bluh*·men·hen·dla
folleto Broschüre ⓕ bro·*shü*·re
fontanero Installateur(in) ⓜ/ⓕ in·sta·la·*tör*/in·sta·la·*tö*(·rin)
forma Form ⓕ form
formal formell for·*mel*
foto Foto ⓝ *foh*·to
fotografía Fotografie ⓕ fo·to·gra·*fih*

fotografiar fotografieren
fo·to·gra·*fih*·ren
fotógrafo/a Fotograf(in) Ⓜ/Ⓕ
fo·to·*grahf*/fo·to·*grah*·fin
fotómetro Belichtungsmesser Ⓜ
be·*lish*·tunks·me·ssa
frágil zerbrechlich tsea·*brej*·lish
frambuesa Himbeere Ⓕ *him*·beh·re
Francia Frankreich Ⓕ *frank*·raish
franqueo Porto Ⓝ *por*·to
freír braten *brah*·ten
frenos Bremsen Ⓕ pl *brem*·sen
fresa Erdbeere Ⓕ *ehrt*·beh·re
frío kalt kalt
frontera Grenze Ⓕ *gren*·tse
fruta Frucht Ⓕ frusht
fruta seca Trockenobst Ⓝ
tro·ken·ohbst
fuego Feuer Ⓝ *foi*·a
fuente Brunnen Ⓜ *bru*·nen
fuera aus auss
fuera de juego abseits *ab*·saits
fuerte stark shtark
fumar rauchen *rau*·jen
funcionario/a Beamte/Beamtin
Ⓜ/Ⓕ be·*am*·te/be·*am*·tin
funda del almohadón Kissenbezug
Ⓜ *ki*·ssen·be·tsuhk
funeral Begräbnis Ⓝ be·*greb*·niss
furgoneta Lieferwagen Ⓜ
lih·fa·vah·guen
fusible Sicherung Ⓕ *si*·ja·rung
fútbol Fußball Ⓜ *fuss*·bal
fútbol americano American Football
Ⓜ a·*me*·ri·ken *fut*·bohl
fútbol con normativa australiana Australian Rules Football Ⓜ
aus·*trèh*·li·en ruhls *fut*·bohl
futuro Zukunft Ⓕ *tsuh*·kunft

G

gafas de esquí Skibrille Ⓕ *shih*·bri·le
gafas de sol Sonnenbrille Ⓕ
so·nen·bri·le
galería de arte Kunstgalerie Ⓕ
kunst·ga·le·rih

galletita Keks Ⓜ keks
ganador Sieger(in) Ⓜ/Ⓕ *sih*·ga/
sih·gue·rin
ganar (competición) gewinnen
gue·*vi*·nen
ganar (dinero) verdienen fea·*dih*·nen
garaje Garage Ⓕ ga·*rah*·zhe
garbanzo Kichererbse Ⓕ
ki·sha·erp·se
garganta Hals Ⓜ hals
gas Gas Ⓝ gahs
gaseosa Limonade Ⓕ li·mo·*nah*·de
gasolina Benzin Ⓝ ben·*tsihn*
gastroenteritis Magen-Darm-
Katarrh Ⓜ *mah*·guen·*darm*·ka·tar
gatito Kätzchen Ⓝ *kets*·shen
gato Katze Ⓕ *ka*·tse
gaviota Möwe Ⓕ *möh*·ve
gay schwul shvuhl
gemelos Zwillinge Ⓜ pl *tsvi*·lin·gue
general allgemein al·gue·*main*
genial/estupendo groß grohs
gente Menschen Ⓜ pl *men*·shen
gimnasia Gymnastik Ⓕ *güm*·nas·tik
gimnasio Fitness-Studio Ⓝ
fit·nes·shtuh·di·o
ginebra Gin Ⓜ dzhin
ginecólogo Gynäkologe/Gynäkologin Ⓜ/Ⓕ gü·ne·ko·*loh*·gue/
gü·ne·ko·*loh*·guin
girar abbiegen *ab*·bih·guen
glaciar Gletscher Ⓜ *glet*·sha
gobierno Regierung Ⓕ re·*guih*·rung
gol Tor Ⓝ *toh*·a
gordo dick dik
gorila (discoteca) Türsteher Ⓜ
tüh·a·shteh·a
gotas para los ojos Augentropfen Ⓜ
pl *au*·guen·trop·fen
grabación Aufnahme Ⓕ *auf*·nah·me
grabado Druck Ⓜ druk
gracioso lustig *lus*·tish
grado Grad Ⓝ graht
gramo Gramm Ⓝ gram
grande groß grohs

grandes almacenes Warenhaus ⓝ *vah*·ren·hauss
granja Bauernhof ⓜ *bau*·ern·hohf
gratis gratis *grah*·tis
grifo Wasserhahn ⓜ *va*·ssa·hahn
gripe Grippe ⓕ *gri*·pe
gris grau grau
gritar schreien *shrai*·en
grueso dick dik
grupo (de música) Band ⓕ bent
grupo sanguíneo Blutgruppe ⓕ *bluht*·gru·pe
guante Handschuh ⓜ *hant*·shuh
guapo gutaussehend *guht*·aus·seh·ent
guardarropa Garderobe ⓕ gar·de·*roh*·be
guardarropa/vestuario Garderobe ⓕ gar·de·*roh*·be
guerra Krieg ⓜ krihk
guía Führer ⓜ *füh*·ra
guía (libro) Reiseführer ⓜ *rai*·se·füh·ra
guía de conversación Sprachführer ⓜ *shpraj*·füh·ra
guía de teléfonos Telefonbuch ⓝ te·le·*fohn*·buj
guía del ocio Veranstaltungskalender ⓜ fea·*an*·shtal·tunks·ka·*len*·da
guía telefónica Telefonbuch ⓝ te·le·*fohn*·buj
guión (película) Drehbuch ⓝ *dreh*·buj
guisante Erbse ⓕ *erp*·se
guitarra Gitarre ⓕ gui·*ta*·re
gustar mögen *möh*·guen

H

habitación Zimmer ⓝ *tsi*·ma
habitación individual Einzelzimmer ⓝ *ain*·tsel·tsi·ma
hablar sprechen *shpre*·jen
hace (tres días) vor (drei Tagen) *foh*·a (drai *tah*·guen)
hacer machen *ma*·jen • tun tuhn
hacer autostop trampen *tram*·pen
hacer footing Joggen ⓝ *dzho*·guen
hacer huelga streiken *shtrai*·ken
hacer la colada Waschlappen ⓝ *vash*·la·pen
hacer surf surfen *ser*·fen
hacer una pregunta eine Frage stellen *ai*·ne *frah*·gue *shte*·len
hacerse daño sich weh tun sish veh tuhn
hacha Axt ⓕ akst
hacia auf ... zu auf ... tsuh
hacia arriba nach oben naj *oh*·ben
hamaca Hängematte ⓕ *hen*·gue·ma·te
hambriento hungrig *hun*·grish
hámster Hamster ⓜ *hams*·ta
harina Mehl ⓝ mehl
hasta (junio) bis (Juni) bis (*yuh*·ni)
hecho a mano handgemacht *hant*·gue·majt
helada Frost ⓜ frost
heladería Eisdiele ⓕ *aiss*·dih·le
helado Eiscreme ⓕ *aiss*·krihm
hepatitis Hepatitis ⓕ he·pa·*tih*·tis
herbolario Naturheilkundige ⓜ y ⓕ na·*tuh*·a·hail·kun·di·gue
herida Verletzung ⓕ fea·*le*·tsung
hermana Schwester ⓕ *shves*·ta
hermano Bruder ⓜ *bruh*·da
heroína Heroin ⓝ he·ro·*ihn*
herramientas Werkzeug ⓝ *verk*·tsoik
hielo · helado Eis ⓝ aiss
hierbas Kräuter ⓝ pl *kroi*·ta
hígado Leber ⓕ *leh*·ba
higo Feige ⓕ *fai*·gue
hija Tochter ⓕ *toj*·ta
hijo Sohn ⓜ sohn
hilo Faden ⓜ *fah*·den
hindú Hindu ⓜ y ⓕ *hin*·du
histórico historisch his·*toh*·rish
hockey Hockey ⓝ *ho*·ki
hockey sobre hielo Eishockey ⓝ *aiss*·ho·ki
hogar Heim ⓝ haim
hoja Blatt ⓝ blat

hola hallo *ha*·loh
hombre Mann ⓜ man
hombro Schulter ⓕ *shul*·ta
homosexual homosexuell hoh·mo·sek·su·*el*
honrado ehrlich *ehr*·lish
hora Zeit ⓕ tsait
horario de atención al público Öffnungszeiten ⓕ pl *öf*·nunks·tsai·ten
horario (trenes) Fahrplan ⓜ *fahr*·plahn
hormiga Ameise ⓕ *ah*·mai·se
horno Ofen ⓜ *oh*·fen
horóscopo Horoskop ⓝ ho·ros·*kohp*
hospital Krankenhaus ⓝ *kran*·ken·hauss
hospitalidad Gastfreundschaft ⓕ *gast*·froint·shaft
hotel Hotel ⓝ ho·*tel*
hoy heute *hoi*·te
hueso Knochen ⓜ *kno*·jen
huevo Ei ⓝ ai
humanidades Geisteswissenschaften ⓕ pl *gais*·tes·vi·ssen·shaf·ten
humano menschlich *mensh*·lish
humedad feucht foisht

I

idea Idee ⓕ i·*deh*
identificación Ausweis ⓜ *auss*·vaiss
idioma Sprache ⓕ *shprah*·je
idiota Idiot ⓜ i·di·*oht*
iglesia Kirche ⓕ *kir*·she
igualdad Gleichheit ⓕ *glaij*·hait
igualdad de oportunidades Chancengleichheit ⓕ *shahn*·sen·glaij·hait
ilegal illegal i·le·*gahl*
imaginación Phantasie ⓕ fan·ta·*sih*
impedir verhindern fea·*hin*·dern
impermeable wasserdicht *va*·ssa·disht
impermeable (prenda de ropa) Regenmantel ⓜ *reh*·guen·man·tel
importante wichtig *vish*·tish
imposible unmöglich un·*möh*·glish

impuesto sobre la renta Einkommensteuer ⓕ *ain*·ko·men·shtoi·a
impuesto sobre las ventas Umsatzsteuer ⓕ *um*·sats·shtoi·a
impuestos Steuer ⓕ *shtoi*·a
incluido inbegriffen *in*·be·gri·fen
incómodo unbequem *un*·be·kvehm
incorrecto falsch falsh
India Indien ⓝ *in*·di·en
indigestión Magenverstimmung ⓕ *mah*·guen·fea·shti·mung
industria Industrie ⓕ in·dus·*trih*
infección Entzündung ⓕ en·*tsün*·dung
inflamación Entzündung ⓕ en·*tsün*·dung
información (telefónica) Telefonauskunft ⓕ te·le·*fohn*·auss·kunft
información Auskunft ⓕ *auss*·kunft
ingeniería Ingenieurwesen ⓝ in·zhe·ni*ör*·veh·sen
ingeniero/a Ingenieuer(in) ⓜ/ⓕ in·zhe·ni*ör* /in·zhe·ni*ö*·rin
Inglaterra England ⓝ *en*·glant
inglés Englisch ⓝ *en*·glish
ingrediente Zutat ⓕ *tsuh*·taht
injusto unfair *un*·feh·a
inmediatamente sofort so·*fort*
inmigración Immigration ⓕ im·mi·gra·*tsion*
inocente unschuldig *un*·shul·dish
insecto Insekt ⓝ in·*sekt*
inseguro nicht sicher *nisht* si·ja
instituto (secundaria) Hochschule ⓕ *hoch*·shuh·le
instituto College ⓝ *ko*·ledzh
intentar versuchen fea·*suh*·jen
intercambio Umtausch ⓜ *um*·taush
interesante interessant in·te·re·*ssant*
intermitente Blinker ⓜ *bling*·ka
internacional international in·ter·na·tsio·*nahl*
Internet Internet ⓝ *in*·ter·net
intérprete Dolmetscher(in) ⓜ/ⓕ *dol*·met·cha/*dol*·met·che·rin

intoxicación Lebensmittel-vergiftung ⓕ *leh·bens·mi·tel·fea·guif·tung*
inundación Überschwemmung ⓕ *üh·ba·shve·mung*
inusual ungewöhnlich *un·gue·vöhn·lish*
invierno Winter ⓜ *vin·ta*
invitar einladen *ain·lah·den*
inyección (coche) Einspritzung ⓕ *ain·shpri·tsung*
inyección (médica) Injektion ⓕ *in·yek·tsion*
inyectar einspritzen *ain·shpri·tsen*
ir (a pie) gehen *gueh·en*
ir (en algún vehículo) fahren *fah·ren*
ir a misa einen Gottesdienst besuchen *ai·nen go·tes·dihnst be·suh·en*
ir de caminata/excursión wandern *van·dern*
ir de compras einkaufen gehen *ain·kau·fen gueh·en*
ir en bicicleta radfahren *raht·fah·ren*
Irlanda Irland ⓝ *ir·lant*
irritación (por pañales) Windeldermatitis ⓕ *vin·del·deh·a·ma·tih·tiss*
irritado schmerzhaft *shmerts·haft*
isla Insel ⓕ *in·sel*
itinerario Reiseroute ⓕ *rai·se·ruh·te*
izquierda (dirección) links *links*

J

jabalí Wildschwein ⓝ *vilt·shvain*
jabón Seife ⓕ *sai·fe*
jamón Schinken ⓜ *shing·ken*
Japón Japan ⓝ *yah·pahn*
jardín Garten ⓜ *gar·ten*
jardín botánico Botanischer Garten ⓜ *bo·tah·ni·sha gar·ten*
jardín de infancia Kindergarten ⓜ *kin·da·gar·ten*
jeep Jeep ⓜ *dzhihp*
jefe/a Chef(in) ⓜ/ⓕ *shef/she·fin*
jengibre Ingwer ⓜ *ing·va*
jeringuilla Spritze ⓕ *shpri·tse*
jersey Pullover ⓜ *pu·loh·va*
jet lag Jetlag ⓜ *dzhet·lag*

jinete Jockey ⓜ *dzho·ki*
joven jung *yung*
joyería Schmuck ⓜ *shmuk*
jubilado/a Rentner(in) ⓜ/ⓕ *rent·na/rent·ne·rin*
judía Bohne ⓕ *boh·ne*
judío jüdisch *yü·dish*
juego de ordenador Computerspiel ⓝ *kom·piu·ta·shpihl*
Juegos Olímpicos Olympische Spiele ⓝ pl *o·lüm·pi·she shpih·le*
jueves Donnerstag ⓜ *do·ners·tahk*
juez Richter(in) ⓜ/ⓕ *rish·ta/rish·te·rin*
jugar spielen *shpih·len*
juguete Spielzeug ⓝ *shpihl·tsoik*
junto a neben *neh·ben*
juntos zusammen *tsu·sa·men*
justicia Gerechtigkeit ⓕ *gue·resh·tish·kait*
justo allí gleich dort *glaish dort*

K

ketchup Ketchup ⓜ *ket·chap*
kilogramo Kilogramm ⓝ *ki·lo·gram*
kilómetro Kilometer ⓜ *ki·lo·meh·ta*
kiwi Kiwifrucht ⓕ *kih·vi·frusht*
kosher koscher *koh·sha*

L

la píldora (anticonceptiva) die Pille ⓕ *dih pi·le*
labios Lippen ⓕ pl *li·pen*
lado Seite ⓕ *sai·te*
ladrón Dieb ⓜ *dihp*
lagartija Echse ⓕ *ek·se*
lager Lager ⓝ *lah·ga*
lago See ⓜ *seh*
lampistería Elektrogeschäft ⓝ *e·lek·tro·gue·sheft*
lana Wolle ⓕ *vo·le*
langostino Garnele ⓕ *gar·neh·le*
lápiz Bleistift ⓜ *blai·shtift*
largo lang *lang*
lastimar verletzen *fea·le·tsen*

lata de gasolina Benzinkanister ⓜ ben·*tsihn*·ka·nis·ta
lata Dose ⓕ *doh*·se
lavadero Waschküche ⓕ *vash*·kü·she
lavadora Waschmaschine ⓕ *vash*·ma·shih·ne
lavandería Wäscherei ⓕ ve·she·*rai*
lavar waschen *va*·shen
lavarse sich waschen sish *va*·shen
laxantes Abführmittel ⓝ *ab*·füh·a·mi·tel
leche de soja Sojamilch ⓕ *so*·zha·milsh
leche descremada fettarme Milch ⓕ *fet*·a·me milsh
leche Milch ⓕ milsh
lechuga Kopfsalat ⓜ *kopf*·sa·laht
lectura Lesung ⓕ *leh*·sung
leer lesen *leh*·sen
legal legal le·*gahl*
legislación Gesetzgebung ⓕ gue·*sets*·gue·bung
legumbre Hülsenfrucht ⓕ *hül*·sen·frujt
lejos weit vait
leña Brennholz ⓝ *bren*·holts
lentejas Linse ⓕ *lin*·se
lentes Objektiv ⓝ ob·yek·*tihf*
lentillas Kontaktlinsen ⓕ pl kon·*takt*·lin·sen
lento langsam *lang*·sahm
lesbiana Lesbin ⓕ *les*·bin
ley (normas) Gesetz ⓝ gue·*sets*
libra (dinero y peso) Pfund ⓝ pfunt
libre frei frai
librería Buchhandlung ⓕ *buj*·hand·lung
libreta Notizbuch ⓝ no·*tihts*·buj
libro Buch ⓝ buj
libro en rústica Taschenbuch ⓝ *ta*·shen·buj
líder Anführer ⓜ *an*·füh·ra
lima Limone ⓕ li·*moh*·ne
límite de equipaje Freigepäck ⓝ *frai*·gue·pek

límite de velocidad Geschwindigkeits-begrenzung ⓕ gue·*shvin*·dish·kaits·be·*gren*·tsung
limón Zitrone ⓕ tsi·*troh*·ne
limpieza Reinigung ⓕ *rai*·ni·gung
limpio sauber *sau*·ba
línea aérea Fluglinie ⓕ *fluhk*·lih·ni·e
línea Linie ⓕ *lih*·ni·e
lino Leinen ⓝ *lai*·nen
linterna Taschenlampe ⓕ *ta*·shen·lam·pe
lío Haschee ⓝ ha·*sheh*
líquido de frenos Bremsflüssigkeit ⓕ *brems*·flü·ssish·kait
lista de correos postlagernd *post*·lah·guernt
llamada a cobro revertido R-Gespräch ⓝ *er*·gue·shprej
llamar (por teléfono) telefonieren te·le·fo·*nih*·re
llamar (al timbre) klingeln *klin*·gueln
llanura Ebene ⓕ *eh*·be·ne
llave Schlüssel ⓜ *shlü*·ssel
llegada Ankunft ⓕ *an*·kunft
llegar ankommen *an*·ko·men
llenar füllen *füh*·len
lleno voll fol
llevar bringen *brin*·guen
llevar puesto tragen *trah*·guen
lluvia Regen ⓜ *reh*·guen
local örtlich *ört*·lish
localidades de pie Stehplatz ⓜ *shteh*·plats
loción para después del afeitado Aftershave ⓕ *af*·ta·sheif
loco verrückt fe·*rükt*
lombrices Würmer ⓜ pl *vür*·ma
loro Papagei ⓜ pa·pa·*gai*
lozano frisch frish
lubricante Schmiermittel ⓝ *shmih*·a·mi·tel
luces (coche) Scheinwerfer ⓜ pl *shain*·ver·fa
lucha Kampf ⓜ kampf
lugar Platz ⓜ plats

lugar de nacimiento Geburtsort ⓜ *gue·burts·ort*
lujoso luxuriös *luk·su·ri·ös*
luna (llena) (Voll) Mond ⓜ *(fol·)mohnt*
luna de miel Flitterwochen ⓕ pl *fli·ta·vo·jen*
lunes Montag ⓜ *mohn·tahk*
luz Licht ⓝ *lisht*

M

madera Holz ⓝ *holts*
madre Mutter ⓕ *mu·ta*
mago/a Zauberer(in) ⓜ/ⓕ *tsau·be·ra/tsau·be·re·rin*
maleta Koffer ⓜ *ko·fa*
maletero Kofferraum ⓜ *ko·fa·raum*
maletín Aktentasche ⓕ *ak·ten·ta·she*
malo schlecht *shlesht*
mamá Mama ⓕ *ma·ma*
mamografía Mammogramm ⓝ *ma·mo·gram*
mañana (6.00-10.00) Morgen ⓜ *mor·guen*
mañana (10.00-12.00) Vormittag ⓜ *foh·a·mi·tahk*
mañana morgen *mor·guen*
mañana por la mañana morgen früh *mor·gen früh*
mandarina Mandarine ⓕ *man·da·rih·ne*
mandíbula Kiefer ⓜ *kih·fa*
(de) manga corta kurzärmelig *kurts·èhr·me·lish*
mango Mango ⓕ *mang·go*
manifestación Demonstration ⓕ *de·mons·tra·tsion*
manillar Lenker ⓜ *leng·ka*
mano Hand ⓕ *hant*
manopla Waschlappen ⓜ *vash·la·pen*
manta Decke ⓕ *de·ke*
manteca Schmalz ⓝ *shmalts*
mantel Tischdecke ⓕ *tish·de·ke*
mantequilla Butter ⓕ *bu·ta*

manzana Apfel ⓜ *ap·fel*
mapa de carreteras Straßenkarte ⓕ *shtrah·ssen·kar·te*
mapa Karte ⓕ *kar·te*
maquillaje Schminke ⓕ *shming·ke*
máquina expendedora de billetes Fahrkartenautomat ⓜ *fahr·kar·ten·au·to·maht*
máquina Maschine ⓕ *ma·shih·ne*
maquinilla de afeitar Rasierer ⓜ *ra·sih·ra*
mar Meer ⓝ *meh·a*
maravilloso wunderbar *vun·da·bahr*
marcado automático Durchwahl ⓕ *dursh·vahl*
marcador Anzeigetafel ⓕ *an·tsai·gue·tah·fel*
marcapasos Herzschrittmacher ⓜ *herts·shrit·ma·ja*
marchar abfahren *ab·fah·ren*
marco Rahmen ⓜ *rah·men*
mareado schwindelig *shvin·de·lish*
mareado (en el mar) seekrank *seh·krank*
mareas Gezeiten pl *gue·tsai·ten*
mareo (al viajar en avión) Luftkrankheit ⓕ *luft·krank·hait*
mareo Reisekrankheit ⓕ *rai·se·krank·hait*
margarina Margarine ⓕ *mar·ga·rih·ne*
marido Ehemann ⓜ *eh·e·man*
marihuana Marihuana ⓝ *ma·ri·hu·ah·na*
mariposa Schmetterling ⓜ *shme·ta·ling*
marrón braun *braun*
martes Dienstag ⓜ *dihns·tahk*
martillo Hammer ⓜ *ha·ma*
más mehr *meh·a*
masaje Massage ⓕ *ma·sah·zhe*
masajista (f) Masseurin ⓕ *ma·söh·rin*
masajista (m) Masseur ⓜ *ma·söh·a*
matar töten *töh·ten*
material Material ⓝ *ma·te·ri·ahl*

matrimonio Ehe ⓕ *eh*·e
mayonesa Mayonnaise ⓕ ma·yo·*neh*·se
mecánico/a Mechaniker(in) ⓜ/ⓕ me·*jah*·ni·ka/me·*jah*·ni·ke·rin
mechero Feuerzeug ⓝ *foi*·a·tsoik
medianoche Mitternacht ⓕ *mi*·ta·najt
medias Strümpfe ⓜ pl *shtrümp*·fe
medicina homeopática homöopathisches Mittel ⓝ *hoh*·möh·*pah*·ti·shes *mi*·tel
medicina Medizin ⓕ me·di·*tsihn*
médico Arzt/Ärztin ⓜ/ⓕ artst/*erts*·tin
medio ambiente Umwelt ⓕ *um*·velt
medio litro ein halber Liter ⓜ ain *hal*·ba *lih*·ta
mediodía Mittag ⓜ *mi*·tahk
medios de comunicación Medien pl *meh*·di·en
meditación Meditation ⓕ me·di·ta·*tsion*
mejillón Muschel ⓕ *mu*·shel
mejor (comparativo) besser *be*·ssa
mejor (superlativo) beste *bes*·te
melocotón Pfirsich ⓜ *pfir*·sish
melodía Melodie ⓕ me·lo·*dih*
melón Melone ⓕ me·*loh*·ne
mendigo Bettler(in) ⓜ/ⓕ *bet*·la/*bet*·le·rin
menos weniger *veh*·ni·ga
mensaje Mitteilung ⓕ *mit*·tai·lung
menstruación Menstruation ⓕ mens·tru·a·*tsion*
mentiroso Lügner(in) ⓜ/ⓕ *lüg*·na/*lüg*·ne·rin
mercado Markt ⓜ markt
mermelada Marmelade ⓕ mar·me·*lah*·de
mermelada de naranja Orangenmarmelade ⓕ o·*rahn*·zhen·mar·me·*lah*·de
mes Monat ⓜ *moh*·nat
mesa Tisch ⓜ tish
meseta Hochebene ⓕ *hoj*·eh·be·ne

metal Metall ⓝ me·*tal*
metro (medida) Meter ⓜ *meh*·ta
metro (transporte) U-Bahn ⓕ *uh*·bahn
mezclar mischen *mi*·shen
mezquita Moschee ⓕ mo·*sheh*
mi mein/meine/mein ⓜ/ⓕ/ⓝ main/*mai*·ne/main
microondas Mikrowelle ⓕ *mih*·kro·ve·le
miedo (tener) Angst (haben) ankst (*hah*·ben)
miel Honig ⓜ *hoh*·nik
miembro Mitglied ⓝ *mit*·gliht
miércoles Mittwoch ⓜ *mit*·voj
migraña Migräne ⓕ mi·*grèh*·ne
mil tausend *tau*·sent
milímetro Millimeter ⓜ mi·li·*meh*·ta
millón Million ⓕ mi·*lion*
minuto Minute ⓕ mi·*nuh*·te
mirar (an)sehen (*an*·)*seh*·en
misa Messe ⓕ *me*·sse
mismo gleiche *glai*·je
mitad Hälfte ⓕ *helf*·te
mochila Rucksack ⓜ *ruk*·sak
módem Modem ⓜ *moh*·dem
mojado nass nass
monasterio Kloster ⓝ *klohs*·ta
moneda Währung ⓕ *vèh*·rung
monedas Münzen ⓕ pl *mün*·tsen
monitor/a Lehrer(in) ⓜ/ⓕ *leh*·ra/*leh*·re·rin
monja Nonne ⓕ *no*·ne
mononucleosis Drüsenfieber ⓝ *drüh*·sen·fih·ba
montaña Berg ⓜ berk
montañismo/alpinismo Bergsteigen ⓝ *berk*·shtai·guen
montar (a caballo) reiten *rai*·ten
monumento Denkmal ⓝ *dengk*·mahl
morado Schramme ⓕ *shra*·me
mordedura (perro) Biss ⓜ biss
morir sterben *shter*·ben
mosca Fliege ⓕ *flih*·gue

mosquito Stechmücke ⓕ *shtesh*·mü·ke
mostaza Senf ⓜ senf
mostrar zeigen *tsai*·guen
motocicleta Motorrad ⓝ moh·*toh*·a·raht
motor Motor ⓜ mo·*toh*·a/mo·*toh*·a
motora Motorboot ⓝ mo·*toh*·a·boht
mucho viel fihl
muchos viele *fih*·le
mudo stumm shtum
muebles Möbel ⓝ pl *möh*·bel
muerto tot toht
muesli Müsli ⓝ *mühs*·li
mujer Frau ⓕ frau
multa Geldbuße ⓕ *guelt*·buh·sse
Mundial Weltmeisterschaft ⓕ *velt*·mais·ta·shaft
mundo Welt ⓕ velt
muñeca Puppe ⓕ *pu*·pe
muro Mauer ⓕ *mau*·a
músculo Muskel ⓜ *mus*·kel
museo Museum ⓝ mu·*seh*·um
música Musik ⓕ mu·*sihk*
músico callejero Straßenmusiker(in) ⓜ/ⓕ *shtrah*·ssen·mu·sih·ka/ *shtrah*·ssen·mu·sih·ke·rin
músico Musiker(in) ⓜ/ⓕ *muh*·si·ka/ *muh*·sih·ke·rin
muslo de pollo Hähnchenschenkel ⓜ *hèhn*·shen·sheng·kel
musulmán/ana Moslem/Moslime ⓜ/ⓕ *mos*·lem/mos·*lih*·me
muy sehr *seh*·a

N

nacionalidad Staatsangehörigkeit ⓕ *shtahts*·an·gue·hö·rish·kait
nada nichts nishts
nadar schwimmen *shvi*·men
naranja (color) orange o·*rahn*·zhe
naranja (fruta) Orange ⓕ o·*rahn*·zhe
nariz Nase ⓕ *nah*·se
narrativa Prosa ⓕ *proh*·sa

nata Sahne ⓕ *sah*·ne
naturaleza Natur ⓕ na·*tuh*·a
naturopatía Naturheilkunde ⓕ na·*tuh*·a·hail·kun·de
náusea Übelkeit ⓕ *üh*·bel·kait
náuseas del embarazo (Schwangerschafts-)Erbrechen ⓝ (*shvan*·ga·shafts·)eh·a·bre·shen
navaja Taschenmesser ⓝ *ta*·shen·me·ssa
navegación/vela Segeln ⓝ *seh*·gueln
Navidad Weihnachten ⓝ *vai*·naj·ten
nebuloso/con niebla neblig *neh*·blish
necesario notwendig noht·*ven*·dish
necesitar brauchen *brau*·jen
negocios Geschäft ⓝ gue·*sheft*
negro schwarz shvarts
neumático Reifen ⓜ *rai*·fen
nevera Kühlschrank ⓜ *kühl*·shrank
ni auch nicht auj nisht
nieto Enkelkind ⓝ *eng*·kel·kint
nieve Schnee ⓜ shneh
niña/chica Mädchen ⓝ *met*·shen
ninguno keine *kai*·ne
niño/joven Junge ⓜ *yun*·gue
niño Kind ⓝ kint
niños de la calle Straßenkinder ⓝ pl *shtrah*·ssen·kin·da
niños Kinder ⓝ pl *kin*·da
no nein nain
no (para negar un verbo) nicht nisht
noche Nacht ⓕ najt
Nochebuena Heiligabend ⓜ *hai*·lish·*ah*·bent
Nochevieja Silvester ⓝ sil·*ves*·ta
nombre Name ⓜ *nah*·me
nombre de pila Vorname ⓜ *foh*·a·nah·me
norma/regla Vorschrift ⓕ *foh*·a·shrift
normal normal nor·*mahl*
norte Norden ⓜ *nor*·den
nosotros wir *vih*·a

noticias Nachrichten ⓕ pl *naj·rish·ten*
novia Freundin ⓕ *froin·din*
novio Freund ⓜ *froint*
nube Wolke ⓕ *vol·ke*
nublado wolkig *vol·kish*
nuera Schwiegertochter ⓕ *shvih·ga·toj·ta*
nuestro unser *un·sa*
nuevo neu *noi*
nuez Nuss ⓕ *nuss*
número (de teléfono) Nummer ⓕ *nu·ma*
número (numeral) Zahl ⓕ *tsahl*
número de matrícula Auto-kennzeichen ⓝ *au·to·ken·tsai·jen*
número de pasaporte Passnummer ⓕ *pass·nu·ma*
nunca nie *nih*

O

o oder *oh·da*
objetivo Ziel ⓝ *tsihl*
obra de teatro Schauspiel ⓝ *shau·shpihl*
obrero Fabrik-arbeiter(in) ⓜ/ⓕ fa·*brihk*·ahr·bai·ta/ fa·*brihk*·ahr·bai·te·rin
observar beobachten be·*oh*·baj·ten
obvio offensichtlich *o·*fen·*sisht·*lish
océano Ozean ⓜ *oh·*tse·ahn
oculista Optiker(in) ⓜ/ⓕ *op*·ti·ka/ *op*·ti·ke·rin
ocupación Beruf ⓜ be·*ruhf*
ocupado (persona) beschäftigt be·*shef*·tikt
ocupado (teléfono) besetzt be·*setst*
odiar hassen *ha·*ssen
oeste Westen ⓜ *ves·*ten
oficina Büro ⓝ bü·*roh*
oficina de correos Postamt ⓝ *post·*amt
oficina de objetos perdidos Fundbüro ⓝ *funt·*bü·roh
oficina de turismo Fremdenverkehrsbüro ⓝ *frem·*den·fea·*keh·*a·bü·roh

oír hören *hö·*ren
ojo Auge ⓝ *au·*gue
OK okay *o·kei*
ola Welle ⓕ *ve·*le
olla Topf ⓜ *topf*
olor Geruch ⓜ gue·*rush*
olvidar vergessen fea·*gue·*ssen
ópera Oper ⓕ *oh·*pa
ópera (edificio) Opernhaus ⓝ *oh·*parn·hauss
operación Operation ⓕ *oh·*pe·ra·*tsion*
operadora Vermittlung ⓕ fea·*mit·*lung
opinión Meinung ⓕ *mai·*nung
oportunidad Zufall ⓜ *tsuh·*fal
oración Gebet ⓝ gue·*beht*
ordenador Computer ⓜ kom·*piu·*ta
oreja Ohr ⓝ *oh·*a
orfanato Kinderkrippe ⓕ *kin·*da·kri·pe
organizar organisieren ohr·ga·ni·*sih·*ren
órgano (iglesia) Orgel ⓕ *ohr·*guel
orgasmo Orgasmus ⓜ or·*gas·*muss
Oriente Próximo Nahe Osten ⓜ *nah·*e·os·ten
original Original- o·ri·gui·*nahl*·
oro Gold ⓝ *golt*
orquesta Orchester ⓝ ohr·*kes·*ta
oscuro dunkel *dung·*kel
oso Bär ⓜ *bèh·*a
ostra Auster ⓕ *aus·*ta
otoño Herbst ⓜ *herpst*
otra vez wieder *vih·*da
otro andere *an·*de·re
oveja Schaf ⓝ *shahf*
oxígeno Sauerstoff ⓜ *sau·*a·shtof

P

padre Vater ⓜ *fah·*ta
padres Eltern ⓕ pl *el·*tern
pagar bezahlen be·*tsah·*len
pagaré Geldschein ⓜ *guelt·*shain
página Seite ⓕ *sai·*te
pago Zahlung ⓕ *tsah·*lung

país Land ⓝ lant
paisaje Landschaft ⓕ *lant·shaft*
Países Bajos Niederlande pl *nih·da·lan·de*
pájaro Vogel ⓜ *foh·guel*
pala Spaten ⓜ *shpah·ten*
palabra Wort ⓝ *vort*
palillo (de dientes) Zahnstocher ⓜ *tsahn·shto·ja*
pan Brot ⓝ *broht*
panadería Bäckerei ⓕ *be·ke·ra*
pantis Strumpfhose ⓕ *shtrumpf·hoh·se*
pañal Windel ⓕ *vin·del*
panecillo Brötchen ⓝ *bröht·shen*
pantalla (TV/ordenador) Bildschirm ⓜ *bilt·shirm*
pantalones Hose ⓕ *hoh·se*
pantalones cortos Shorts pl *shorts*
pañuelos de papel Papiertaschentücher ⓝ pl *pa·pih·a·ta·shen·tü·sha*
papá Papa ⓜ *pa·pa*
papel Papier ⓝ *pa·pih·a*
papel higiénico Toilettenpapier ⓝ *tu·a·le·ten·pa·pih·a*
papeleo Schreibarbeit ⓕ *shraib·ahr·bait*
papelería Schreibwarenhandlung ⓕ *shraib·vah·ren·hand·lung*
paquete, embalaje Packung ⓕ *pa·kung*
paquete Paket ⓝ *pa·keht*
para für *füh·a*
parabrisas Windschutzscheibe ⓕ *vint·shuts·shai·be*
paracaidismo Fallschirmspringen ⓝ *fal·shirm·shprin·guen*
parada de autobús Bushaltestelle ⓕ *bus·hal·te·shte·le*
parada de taxis Taxistand ⓜ *tak·si·shtant*
parado arbeitslos *ahr·baits·lohs*
paraguas Regenschirm ⓜ *reh·guen·shirm*
parapente Gleitschirmfliegen ⓝ *glait·shirm·flih·guen*

parapléjico Querschnittsgelähmte ⓜ y ⓕ *kveh·a·shnits·gue·lèhm·te*
pareja Paar ⓝ *pahr*
parking Parkplatz ⓜ *park·plats*
parlamentario Abgeordnete ⓜ y ⓕ *abgue·ord·ne·te*
parlamento Parlament ⓝ *par·la·ment*
paro/desempleo Arbeitslosigkeit ⓕ *ahr·baits·lo·sish·kait*
parque nacional Nationalpark ⓜ *na·tsio·nahl·park*
parque Park ⓜ *park*
parte Teil ⓝ *tail*
participar sich beteiligen *sish be·tai·li·guen*
partida de nacimiento Geburtsurkunde ⓕ *gue·burts·uh·a·kun·de*
partido (político) Partei ⓕ *par·tai*
partido (deportivo) Spiel ⓝ *shpihl*
pasa Rosine ⓕ *ro·sih·ne*
pasada (semana) letzte (Woche) *lets·te (vo·je)*
pasado Vergangenheit ⓕ *fea·gan·guen·hait*
pasado mañana übermorgen *ü·ba·mor·guen*
pasajero (autobús/taxi) Fahrgast ⓜ *fahr·gast*
pasajero (avión) Fluggast ⓜ *fluhk·gast*
pasajero (tren) Reisende(r) ⓜ/ⓕ *rai·sen·de*
pasaporte (Reise)Pass ⓜ *(rai·se·)pass*
Pascua Ostern ⓝ *ohs·tern*
pase/abono Pass ⓜ *pass*
pasillo Gang ⓜ *gang*
pasta Nudeln ⓕ pl *nuh·deln*
pastel Kuchen ⓕ *ku·jen*
pastelería Konditorei ⓕ *kon·dih·to·rai*
pastillas/píldoras Pille ⓕ *pi·le*
patata Kartoffel ⓕ *kar·to·fel*
patinaje sobre hielo Eislaufen ⓝ *aiss·lau·fen*

patinar (sobre hielo) eislaufen *aiss*·lau·fen
patines en línea Rollschuhfahren ⓝ *rol*·shuh·fah·ren
patio Terrasse ⓕ te·*ra*·sse
pato Ente ⓕ *en*·te
patrón Arbeitgeber ⓜ ahr·bait·*gueh*·ba
pavo Truthahn ⓜ *truht*·hahn
paz Frieden ⓜ *frih*·den
peatón Fußgänger(in) ⓜ/ⓕ fuhs·*guen*·ga/fuhs·guen·gue·rin
pecho Brust ⓕ brust
pechuga de pollo Hühnerbrust ⓕ *hü*·na·brust
pedal Pedal ⓝ pe·*dahl*
pedido (restaurante) Bestellung ⓕ be·*shte*·lung
pedir (algo) um etwas bitten um *et*·vass *bi*·ten
pedir bestellen be·*shte*·len
pedir prestado (aus)leihen (*auss*·)*lai*·en
peine Kamm ⓜ kam
peldaño Stufe ⓕ *shtuh*·fe
pelea Streit ⓜ shtrait
película Film ⓜ film
película/carrete Film ⓜ film
peligroso gefährlich gue·*fèhr*·lish
pelo Haar ⓝ hah
pelota Ball ⓜ bal
pelota de golf Golfball ⓜ *golf*·bal
peluquero/a Friseur(in) ⓜ/ⓕ fri·*suh*·a/fri·*suh*·a·rin
pendientes Ohrringe ⓜ pl *oh*·a·rin·gue
pene Penis ⓜ *peh*·niss
pensar denken *den*·ken
pensión Pension ⓕ pan·*sion*
pensionista pensioniert pan·sio·*nih*·ert
peor schlechter *shlesh*·ta
pepino Gurke ⓕ *gur*·ke
pequeño klein klain
pera Birne ⓕ *bir*·ne
perder (el autobús) verpassen fea·*pa*·ssen

perder verlieren fea·*lih*·ren
perdido verloren fea·*loh*·ren
perdonar verzeihen fea·*tsai*·en
peregrinación Pilgerfahrt ⓕ *pil*·ga·fahrt
perejil Petersilie ⓕ peh·ta·*sih*·li·e
perezoso faul faul
perfume Parfüm ⓝ par·*füm*
periódico Zeitung ⓕ *tsai*·tung
periodista Journalist(in) ⓜ/ⓕ zhur·na·*list*/zhur·na·*lis*·tin
permiso Genehmigung ⓕ gue·*neh*·mi·gung
permiso de conducir Führerschein ⓜ *füh*·ra·shain
permiso de trabajo Arbeitserlaubnis ⓕ *ahr*·baits·eh·a·*laub*·niss
permitir erlauben eh·a·*lau*·ben
pero aber *ah*·ba
perro Hund ⓜ hunt
perro lazarillo Blindenhund ⓜ *blin*·den·hunt
persona Person ⓕ per·*sohn*
personal persönlich per·*söhn*·lish
pesado schwer *shveh*·a
pesar wiegen *vih*·guen
pesca Fischen ⓝ *fi*·shen
pescadería Fischgeschäft ⓝ *fish*·gue·sheft
pescado Fisch ⓜ fish
peso Gewicht ⓝ gue·*visht*
petición Petition ⓕ pe·ti·*tsiohn*
petróleo Öl ⓝ öl
piano Klavier ⓝ kla·*vih*·a
picada (insecto) Stich ⓜ shtish
picante würzig *vür*·tsish
picnic Picknick ⓝ *pik*·nik
picor Juckreiz ⓜ *yuk*·raits
pie Fuß ⓜ fuss
piedra Stein ⓜ shtain
piel/epidermis Haut ⓕ haut
piel/cuero Leder ⓝ *leh*·da
pierna Bein ⓝ bain
pimentón Paprika ⓕ *pa*·pri·ka
pimentón dulce Paprika ⓕ *pa*·pri·ka
pimienta Pfeffer ⓜ *pfe*·fa

piña Ananas ⓕ *a·na·nass*
pinchazo Reifenpanne ⓕ *rai·fen·pa·ne*
ping-pong Tischtennis ⓝ *tish·te·niss*
pintor/a Maler(in) ⓜ/ⓕ *mah·la/mah·le·rin*
pintura (el arte) Malerei ⓕ *mah·le·rai*
pinturas Farben ⓕ pl *far·ben*
pinzas Pinzette ⓕ *pin·tse·te*
piojos Läuse ⓕ pl *loi·se*
piolet Eispickel ⓜ *aiss·pi·kel*
piqueta Spitzhacke ⓕ *shpits·ha·ke*
piscina Schwimmbad ⓝ *shvim·baht*
piscina (cubierta) Hallenbad ⓝ *ha·len·baht*
piscina (descubierta) Freibad ⓝ *frai·baht*
piso (planta) Stock ⓜ *shtok*
pista (deporte) Platz ⓜ *plats*
pista de tenis Tennisplatz ⓜ *te·nis·plats*
pistacho Pistazie ⓕ *pis·tah·tsih*
planchar bügeln *büh·geln*
planeta Planet ⓜ *pla·neht*
plano flach *flaj*
planta Pflanze ⓕ *pflan·tse*
plástico Plastik ⓝ *plas·tik*
(de) plata silbern *sil·bern*
plátano Banane ⓕ *ba·nah·ne*
plato Teller ⓜ *te·la*
playa Strand ⓜ *shtrant*
plaza Platz ⓜ *plats*
plaza del mercado Marktplatz ⓜ *markt·plats*
plaza mayor Hauptplatz ⓜ *haupt·plats*
plaza/localidad (tren/cine) Platz ⓜ *plats*
pobre arm *arm*
pobreza Armut ⓕ *ar·mut*
poco (no demasiado) wenig *veh·nish*
pocos wenige *veh·ni·gue*
poder (tener permiso) können *kö·nen*

poder (verbo) können *kö·nen*
poder/fuerza Kraft ⓕ *kraft*
poesía Dichtung ⓕ *dish·tung*
polen Pollen ⓜ *po·len*
policía Polizei ⓕ *po·li·tsai*
política Politik ⓕ *po·li·tihk*
político/a Politiker(in) ⓜ/ⓕ *po·lih·ti·ka/po·lih·ti·ke·rin*
pollo Huhn ⓝ *hun*
pomelo Pampelmuse ⓕ *pam·pel·muh·se*
poni Pony ⓝ *po·ni*
popular beliebt *be·lihbt*
póquer Poker ⓝ *poh·ka*
por ejemplo zum Beispiel *tsum bai·shpihl*
por favor bitte *bi·te*
por pro *proh*
por qué warum *va·rum*
porcentaje Prozent ⓜ *pro·tsent*
porque weil *vail*
portátil Laptop ⓝ *lep·top*
portero/a Torwart/Torhüterin ⓜ/ⓕ *toh·a·vart/toh·a·hü·te·rin*
posible möglich *mö·glish*
postal Postkarte ⓕ *post·kar·te*
poste indicador Wegweiser ⓜ *vehk·vai·sa*
póster Plakat ⓝ *pla·kaht*
práctico praktisch *prak·tish*
precio Preis ⓜ *praiss*
precio de entrada Eintrittsgeld ⓝ *ain·trits·guelt*
preferir vorziehen *foh·a·tsih·en*
prefijo Vorwahl ⓕ *foh·a·vahl*
pregunta Frage ⓕ *frah·gue*
preocupado besorgt *be·sorkt*
preocuparse (por alguien) sich kümmern um *sish kü·mern um*
preparado fertig *fer·tish*
preparar vorbereiten *foh·a·be·rai·ten*
presente Gegenwart ⓕ *gueh·guen·vart*
preservativo Kondom ⓝ *kon·dohm*
presidente/a Präsident(in) ⓜ/ⓕ *pre·si·dent/pre·si·den·tin*

presión Druck ⓜ druk
preso Gefangene ⓜ y ⓕ gue·*fan*·gue·ne
primavera Frühling ⓜ *früh*·ling
primer/a ministro/a Premierminister(in) ⓜ/ⓕ pre·mi·*eh*·mi·nis·ta/ pre·mi·*eh*·mi·nis·te·rin
primer/a ministro/a (en Alemania y Austria) Bundeskanzler(in) ⓜ/ⓕ *bun*·des·kants·la/*bun*·des·kants·le·rin
primero erste *ehrs*·te
primo/a Cousin(e) ⓜ/ⓕ ku·*sah*/ ku·*sih*·ne
principal/capital Haupt- *haupt*·
principio Beginn ⓜ be·*guin*
(con) prisa in Eile in *ai*·le
prismáticos Fernglas ⓝ *fern*·glass
privado privat pri·*vaht*
producir/fabricar produzieren pro·du·*tsih*·ren
productos lácteos Milchprodukte ⓝ pl *milsh*·pro·duk·te
profesión Beruf ⓜ be·*ruhf*
profesor/a Lehrer(in) ⓜ/ⓕ *leh*·ra/ *leh*·re·rin
profundo tief tihf
programa Programm ⓝ pro·*gram*
prolongación (visado) Verlängerung ⓕ fea·*len*·gue·rung
prometer versprechen fea·*shpre*·jen
prometido/a Verlobte ⓜ y ⓕ fea·*lop*·te
pronto bald balt
propietario/a Besitzer(in) ⓜ/ⓕ be·*si*·tsa/be·*si*·tse·rin
propina Trinkgeld ⓝ *tringk*·guelt
propuesta Vorschlag ⓜ *foh*·a·shlag
prostituta Prostituierte ⓕ pros·ti·tu·*ihr*·te
proteger beschützen be·*shü*·tsen
protegido (especies animales) geschützte gue·*shüts*·te
protesta Protest ⓜ pro·*test*
protestar protestieren pro·tes·*tih*·ren

provisiones Verpflegung ⓕ fea·*pfleh*·gung
próximo nächste *nèhjs*·te
proyector Projektor ⓜ pro·*yek*·to·a
prueba de embarazo Schwangerschaftstest ⓜ *shvan*·ga·shafts·test
prueba Test ⓜ test
pruebas nucleares Atomtest ⓜ a·*tohm*·test
psicología Psychologie ⓕ psü·jo·lo·*guih*
pub Kneipe ⓕ *knai*·pe
pueblo Dorf ⓝ dorf
puente Brücke ⓕ *brü*·ke
puerro Lauch ⓜ lauj
puerta Tür ⓕ *tüh*·a
puerto Hafen ⓜ *hah*·fen
puesta de sol Sonnenuntergang ⓜ *so*·nen·un·ta·gang
pulga Floh ⓜ floh
pulmones Lungen ⓕ pl *lun*·guen
punto Punkt ⓜ punkt
puro rein rain

Q

qué was vass
quedarse bleiben *blai*·ben
quedarse sin ausgehen *auss*·gueh·en
quemadura de sol Sonnenbrand ⓜ *so*·nen·brant
quemar (ver)brennen (fea·)*bre*·nen
querer wollen *vo*·len
queso Käse ⓜ *kèh*·se
queso para untar Frischkäse ⓜ *frish*·kèh·se
quien/quién wer *veh*·a
quiosco Kiosk ⓜ *kih*·osk
quiste ovárico Eierstockzyste ⓕ *ai*·a·shtok·tsüs·te
quizá vielleicht fi·*laisht*

R

rábano picante Meerrettich ⓜ *meh*·a·re·tish

rábano Rettich m *re·*tish
racismo Rassismus m ra·*ssis*·muss
radiador Heitskörper m *heits*·kör·pa
radio Radio n *rah*·di·o
rally Rallye f *rèh*·li
rana Frosch m frosh
rápido schnell shnel
rápidos Stromschnellen f pl *shtrohm*·shne·len
raqueta Schläger m *shlèh*·ga
raro selten *sel*·ten
rastro (mercado) Flohmarkt m *floh*·markt
rata Ratte f *ra*·te
ratón Maus f mauss
rayo (rueda) Speichen f pl *shpai*·shen
razón Grund m grunt
realista realistisch re·a·*lis*·tish
recargar aufladen *auf*·lah·den
rechazar ablehnen *ab*·leh·nen
recibir erhalten eh·a·*hal*·ten
recibo Quittung f *kvi*·tung
reciclar recyceln ri·*sai*·keln
reclamar sich beschweren sish besh·*veh*·ren
recoger (a alguien) einholen *ein*·hoh·len
recogida de equipajes Gepäckausgabe f gue·*pek*·auss·gah·be
recogida de fruta Obsternte f *ohbst*·ern·te
recomendar empfehlen emp·*feh*·len
recto gerade gue·*rah*·de
recuerdo (souvenir) Souvenir n su·ve·*nihr*
red Netz n nets
redondo rund runt
referéndum Volksentscheid m *folks*·ent·shait
refresco alkoholfreies Getränk n *al*·ko·hohl·frai·es gue·*trengk*
refugiado Flüchtling m *flüsht*·ling
refugio de montaña Berghütte f *berk*·hü·te

regalo de boda Hochzeits-geschenk n *hoj*·tsaits·gue·shenk
regalo Geschenk n gue·*shenk*
región Region f re·*guion*
reglas Regeln f pl *reh*·gueln
regresar zurückkommen tsu·*rük*·ko·men
reina Königin f *köh*·ni·guin
reír lachen *la*·jen
relación de pareja Beziehung f be·*tsih*·ung
relajarse sich entspannen sish ent·*shpa*·nen
relámpago Blitz m blits
relato Geschichte f gue·*shish*·te
religión Religion f re·li·*guion*
religioso religiös re·li·*guiös*
reliquia Reliquie f re·*lih*·kvi·e
reloj de cuco Kuckucksuhr f *ku*·kuks·uh·a
reloj Uhr f *uh*·a
remedio para la tos Hustensaft m *hus*·ten·saft
remo Rudern n *ruh*·dern
remolacha rote Beete f *roh*·te *beh*·te
remoto abgelegen *ab*·gue·leh·guen
reparar reparieren re·pa·*rih*·ren
repartir (cartas) austeilen *aus*·tai·len
repelente de insectos Insektenschutzmittel n in·*sek*·ten·shuts·mi·tel
repetir wiederholen vih·da·*hoh*·len
representación Aufführung f *auf*·füh·rung
república Republik f re·pu·*blihk*
requerimiento Forderung f *foh*·de·rung
requesón Hüttenkäse m *hü*·ten·keh·se
resbaladizo glatt glat
reserva natural Naturreservat n na·*tuh*·a·re·seh·a·vaht
reserva Reservierung f re·sa·*vih*·rung

reservar (una plaza, una habitación) buchen *bu·jen*
reservar reservieren *re·sa·vih·ren*
residir wohnen *voh·nen*
residuos nucleares Atommüll ⓜ *a·tohm·mül*
residuos tóxicos Giftmüll ⓜ *guift·mül*
respirar atmen *aht·men*
responder antworten *ant·vor·ten*
respuesta Antwort ⓕ *ant·vort*
restaurante Restaurant ⓜ *res·to·rahnt*
retraso Verspätung ⓕ *fea·shpèh·tung*
retroceder zurück *tsuh·rük*
reutilizable wiederverwertbar *vih·da·fea·vert·bahr*
revisar (cuenta) Rechnung ⓕ *rej·nung*
revisor/a (en medios de transporte) Fahrkartenkontrolleur/in ⓜ/ⓕ *fahr·kar·ten·kon·tro·lör/ fahr·kar·ten·kon·tro·lö·rin*
revista Zeitschrift ⓕ *tsait·shrift*
rey König ⓜ *köh·nish*
rico reich *raish*
riesgo Risiko ⓜ *rih·si·ko*
riñonera Hüfttasche ⓕ *hüft·ta·she*
río Fluss ⓜ *fluss*
ritmo Rhythmus ⓜ *rüt·muss*
robar stehlen *shteh·len*
robo Raub ⓜ *raub*
roca Fels ⓜ *fels*
rock (música) Rockmusik ⓕ *rok·mu·sihk*
rodilla Knie ⓝ *knih*
rojo rot *roht*
romántico romantisch *ro·man·tish*
romper (zer)brechen *(tsea·)bre·shen*
ron Rum ⓜ *rum*
ropa Kleidung ⓕ *klai·dung*
ropa de cama Bettwäsche ⓕ *bet·ve·she*
ropa interior Unterwäsche ⓕ *un·ta·ve·she*
rosa rosa *roh·sa*
roto kaputt *ka·put*
rotonda Kreisverkehr ⓜ *krais·fea·keh·a*
rueda Rad ⓝ *raht*
rueda de recambio Reservereifen ⓜ *re·seh·a·ve·rai·fen*
rugby Rugby ⓝ *rag·bi*
ruidoso laut *laut*
ruinas Ruinen ⓕ pl *ru·ih·nen*
ruta Route ⓕ *ruh·te*

S

sábado Samstag ⓜ *sams·tahk*
sábana Bettlaken ⓝ *bet·lah·ken*
Sabbath Sabbat ⓜ *sa·bat*
saber (ser capaz) können *kö·nen*
saber (tener conocimiento) wissen *vi·ssen*
sabroso schmackhaft *shmak·haft*
sacacorchos Flaschenöffner ⓜ *fla·shen·öf·na*
sacerdote Priester ⓜ *prihs·ta*
saco de dormir Schlafsack ⓜ *shlahf·sak*
sagrado/santo heilig *hai·lish*
sal Salz ⓜ *salts*
sala de espera (estación de tren) Warte-saal ⓜ *var·te·sahl*
sala de espera (médico) Wartezimmer ⓝ *var·te·tsi·ma*
sala de tránsito Transitraum ⓜ *tran·siht·raum*
salami Salami ⓕ *sa·lah·mi*
salchicha Wurst ⓕ *vurst*
salida Start ⓜ *shtart*
salida del sol Sonnenaufgang ⓜ *so·nen·auf·gang*
salida (para coches) Abfahrt ⓕ *ab·fahrt*
salida (para peatones) Ausgang ⓜ *auss·gang*
salir abfahren *ab·fah·ren*
salir con ausgehen mit *auss·gueh·en mit*
salir (con alguien) mit jeman-

dem ausgehen mit *yeh·man·dem auss·gueh·en*
salmón Lachs ⓜ *lajs*
salón de belleza Schönheitssalon ⓜ *shöhn·haits·sa·lohn*
salsa de soja Sojasauce ⓕ *so·zha·soh·sse*
salsa de tomate Tomatensauce ⓕ *to·mah·ten·soh·sse*
salsa Sauce/Soße ⓕ *soh·sse*
saltar springen *shprin·guen*
salud Gesundheit ⓕ *gue·sunt·hait*
salvaje/silvestre wild *vilt*
salvar retten *re·ten*
sandalias Sandalen ⓕ pl *san·dah·len*
sandía Wassermelone ⓕ *va·ssa·me·loh·ne*
sangre Blut ⓝ *bluht*
santo Heilige ⓜ y ⓕ *hai·li·gue*
santuario Schrein ⓜ *shrain*
sarampión Masern pl *mah·sern*
sardina Sardine ⓕ *sar·dih·ne*
sartén Bratpfanne ⓕ *braht·pfa·ne*
sastre Schneider(in) ⓜ/ⓕ *shnai·da/shnai·de·rin*
sauna Sauna ⓕ *sau·na*
secar trocknen *trok·nen*
seco (vino) trocken *tro·ken*
secretaria Sekretär(in) ⓜ/ⓕ *se·kre·tèh(·rin)*
secreto Geheimnis ⓝ *gue·haim·niss*
seda Seide ⓕ *sai·de*
seda dental Zahnseide ⓕ *tsahn·sai·de*
sede Veranstaltungsort ⓜ *fea·an·shtal·tunks·ort*
sediento durstig *durs·tish*
seguidor (deporte) Fan ⓜ *fen*
seguidores/hinchas Anhänger ⓜ pl *an·hen·ga*
seguir folgen *fol·guen*
segundo (medida temporal) Sekunde ⓕ *se·kun·de*
segundo (posición) zweite *tsvai·te*
seguridad Sicherheit ⓕ *si·ja·hait*

seguro sicher *si·ja*
seguro (de vida, del coche) Versicherung ⓕ *fea·si·je·rung*
sello Briefmarke ⓕ *brihf·mar·ke*
semáforo Ampel ⓕ *am·pel*
(esta) semana (diese) Woche ⓕ *(dih·se) vo·je*
Semana Santa Ostern ⓕ *os·tern*
señal Schild ⓝ *shilt*
señalar zeigen *tsai·guen*
senda Pfad ⓜ *pfaht*
senderismo Wandern ⓝ *van·dern*
sendero Weg ⓜ *vehk*
sendero/ruta Wanderweg ⓜ *van·da·vehk*
sendero de montaña Bergweg ⓜ *berk·vehk*
sensato vernünftig *fea·nünf·tish*
sensibilidad Empfindlichkeit ⓕ *emp·fint·lish·kait*
sensual sinnlich *sin·lish*
sentarse sitzen *si·tsen*
sentimientos Gefühle ⓝ pl *gue·füh·le*
sentir fühlen *füh·len*
separar getrennt *gue·trent*
ser/estar sein *sain*
serie Serie ⓕ *seh·ri·e*
series televisivas Fernsehserie ⓕ *fern·seh·seh·ri·e*
serio ernst *ernst*
seropositivo HIV-positiv *hah·ih·fau·poh·si·tihf*
serpiente Schlange ⓕ *shlan·gue*
servicio (baño) Toilette ⓕ *tu·a·le·te*
servicio (restaurante) Bedienungszuschlag ⓜ *be·dih·nunks·tsuh·shlak*
servicio de asistencia en carretera Abschleppdienst ⓜ *ab·shlep·dihnst*
servicio militar Wehrdienst ⓜ *veh·a·dihnst*
servilleta Serviette ⓕ *ser·vi·e·te*
sesión de ejercicio Training ⓝ *trei·ning*
setas Pilz ⓜ *pilts*
sexismo Sexismus ⓜ *sek·sis·muss*

sexo Sex m seks
sexo seguro Safe Sex m seif seks
sexy sexy *sek·si*
shorts Shorts pl shorts
sí ja yah
si wenn ven
sida AIDS n aids
sidra Apfelmost m *ap·*fel·most
siempre immer *i·*ma
signo del zodíaco Sternzeichen n *shtern·*tsai·jen
silla Stuhl m shtuhl
silla de ruedas Rollstuhl m *rol·*shtuhl
sillín Sattel m *sa·*tel
similar ähnlich *èhn·*lish
simpático freundlich *froint·*lish
simple einfach *ain·*faj
sin apetito appetitlos *a·*pe·*tit·*loss
sin ohne *oh·*ne
sin plomo bleifrei *blai·*frai
sin techo obdachlos *ob·*daj·lohs
sinagoga Synagoge f *sü·*na·*goh·*gue
síndrome premenstrual prämenstruelle Störung f *prèh·*mens·tru·*eh·*le *shtöh·*rung
Singapur Singapur m *sin·*ga·*pu·*a
sintético synthetisch *sün·teh·*tish
situación Lage f *lah·*gue
skateboard Skateboarden n *skeit·*bohr·den
snowboard Snowboarden n *snou·*bohr·den
sobornar bestechen be·*shte·*shen
sobre (de carta) Briefumschlag m *brihf·*um·shlahk
sobredosis Überdosis f *üh·*ba·*doh·*sis
sobrina Nichte f *nish·*te
sobrino Neffe m *ne·*fe
socialista sozialistisch so·tsia·*lis·*tish
sol Sonne f *so·*ne
soleado sonnig *so·*nish
solicitante de asilo Asylant(in) m/f *a·*sü·*lant*/a·sü·*lan·*tin

sólido fest fest
solo (solitario) einsam *ain·*sahm
solo allein *a·*lain
sólo nur *nuh·*a
soltero ledig *leh·*dish
sombra Schatten m *sha·*ten
sombrero Hut m huht
somníferos Schlaftabletten f pl *shlahf·*ta·ble·ten
soñoliento schläfrig *shle·*frish
sonreír lächeln *le·*jeln
sopa Suppe f *su·*pe
sordo taub taup
sorpresa Überraschung f *üh·*ba·ra·*shung*
stop Halt m halt
su (de él) sein sain
su (de ellos) ihr *ih·*a
su (sg, pl, for) Ihr *ih·*a
su (de ella) ihr *ih·*a
submarinismo Tauchen n *tau·*shen
subsidio de desempleo Arbeitslosengeld n *ahr·*baits·*loh·*sen·guelt
subtítulos Untertitel m pl *un·*ta·*tih·*tel
sucesos de actualidad Aktuelles n ak·*tu·*e·les
sucio schmutzig *shmu·*tsish
suegra Schwiegermutter f *shvih·*ga·mu·ta
suegro Schwiegervater m *shvih·*ga·*fah·*ta
sueldo Gehalt n gue·*halt* • Lohn m lohn
suelo Boden m *boh·*den
sueño träumen *troi·*men
suerte Glück n glük
suficiente genug gue·*nuhk*
Suiza Schweiz f shvaits
sujetador BH m beh·*hah*
supermercado Supermarkt m *suh·*pa·markt
superstición Aberglaube m *ah·*ba·glau·be
sur Süden m *süh·*den

T

tabaco Tabak m *tah·*bak
tabla de surf Surfbrett n *serf·*bret
tablón Brett n bret
tacaño geizig *gai·*tsish
talco para bebés Babypuder n *bei·bi·puh·*da
taller Werkstatt f *verk·*shtat
tamaño Größe f *gröh·*se
también auch auj
tampones Tampons m pl *tam·*pons
tapón para el oído Ohrenstöpsel m *oh·ren·shtöp·*sel
tapón Stöpsel m *shtöp·*ssel
taquilla Theaterkasse f *te·ah·ta·ka·*sse
tarde spät shpèht
(esta) tarde (heute) Nachmittag m *(hoi·*te) *naj·mi·*tahk
tarde/noche Abend m *ah·*bent
tareas domésticas Hausarbeit f *hauss·ahr·*bait
tarjeta de crédito Kreditkarte f *kreh·diht·kar·*te
tarjeta de embarque Bordkarte f *bort·kar·*te
tarjeta telefónica Telefonkarte f *te·le·fohn·kar·*te
tarro Glas n glahs
tarta nupcial Hochzeitstorte f *hoj·*tsaits·*tor·*te
tasa de aeropuerto Flughafengebühr f *fluhk·hah·fen·gue·büh·*a
taxi Taxi n *tak·*si
taza Tasse f *ta·*sse
té Tee m teh
teatro Theater n *te·ah·*ta
techo Dach n daj
teclado Tastatur f *tas·ta·tuh·*a
técnica Technik f *tej·*nik
tejido Gewebe n *gue·veh·*be
tejón Dachs m dajs
teleférico Seilbahn f *sail·*bahn
teléfono de monedas Münztelefon n *münts·te·le·*fohn

teléfono móvil Handy n *hen·*di
teléfono público öffentliches Telefon n *ö·fent·li·shes te·le·fohn*
teléfono Telefon n *te·le·*fohn
telegrama Telegramm n *te·le·*gram
telescopio Teleskop n *te·les·*kohp
telesilla Sessellift m *se·sse·*lift
televisor Fernseher m *fern·seh·*a
temperatura Temperatur f *tem·pe·ra·tuh·*a
templo Tempel m *tem·*pel
temprano früh früh
tenedor Gabel f *gah·*bel
tener haben *hah·*ben
tener cuidado aufpassen *auf·pa·*ssen
tenis Tennis n *te·*niss
tensión arterial Blutdruck m *bluht·*druk
tentempié Snack m snak
tercer(o) dritte *dri·*te
terminal (transporte) Endstation f *ent·shta·*tsion
terminal de autobuses Busbahnhof m *bus·*bahn·hohf
termo Thermosflasche f *ter·mos·fla·*she
ternera Kalbfleisch n *kalb·*flaish • Rindfleisch n *rint·*flaish
terremoto Erdbeben n *ehrt·beh·*ben
terrible schrecklich *shrek·*lish
testarudo stur shtuh·a
testigo Zeugnis n *tsoik·*niss
tetera Kessel m *ke·*ssel
TI Informationstechnologie f *in·for·ma·tsions·tej·no·lo·*guih
tía Tante f *tan·*te
tiempo (meteorológico) Wetter n *ve·*ta
tienda Geschäft n *gue·*sheft
tienda (de campaña) Zelt n tselt
tienda de artículos de segunda mano Secondhandgeschäft n *se·kond·hend·gue·*sheft
tienda de comestibles Lebensmittelladen m *leh·bens·mi·tel·lah·*den

tienda de recuerdos Souvenirladen ⓂSu·ve·*nihr*·lah·den
tienda de ropa Bekleidungsgeschäft ⓃBe·*klai*·dunks·gue·sheft
tienda de vinos y licores Getränkehandel Ⓜ gue·*treng*·ke·han·del
Tierra Erde ⓕ *ehr*·de
tierra Land Ⓝ lant
tijeras Schere ⓕ *sheh*·re
tímido schüchtern *shüsh*·tern
tintorería chemische Reinigung ⓕ *sheh*·mi·she *rai*·ni·gung
tío Onkel Ⓜ *ong*·kel
típico typisch *tü*·pish
tipo de cambio Wechselkurs Ⓜ *vej*·ssel·kurs
tipo Typ Ⓜ tüp
tirabeque Zuckererbse ⓕ *tsu*·ka·erp·se
tirar ziehen *tsih*·en
tirita Pflaster Ⓝ *pflas*·ta
título Qualifikationen ⓕ pl kva·li·fi·ka·*tsioh*·nen
toalla Handtuch Ⓝ *hant*·tuhj
toalla de baño Badetuch Ⓝ *bah*·de·tuhj
toallita protectora Slipeinlage ⓕ *slip*·ain·lah·gue
tobillo Knöchel Ⓜ *knö*·jel
tocar (instrumento) spielen *shpih*·len
tocar berühren be·*rüh*·ren
todavía noch noj
todavía no noch nicht noj nisht
todo alles *a*·les
todos jeder *yeh*·da
tofu Tofu Ⓜ *toh*·fu
tomate Tomate ⓕ to·*mah*·te
tono de marcado Wählton Ⓜ *vèhl*·tohn
tormenta Sturm Ⓜ shturm
torre Turm Ⓜ turm
tos husten *hus*·ten
tostada Toast Ⓜ toust
tostadora Toaster Ⓜ *tous*·ta

trabajador/a Arbeiter(in) Ⓜ/ⓕ *ahr*·bai·ta/*ahr*·bai·te·rin
trabajar arbeiten *ahr*·bai·ten
trabajo Arbeit ⓕ *ahr*·bait
(puesto de) trabajo Arbeitsstelle ⓕ *ahr*·baits·shte·le
trabajo eventual Gelegenheitsarbeit ⓕ gue·*leh*·guen·haits·*ahr*·bait
traducir übersetzen üh·ba·*se*·tsen
traer bringen *brin*·guen
traficante de droga Drogenhändler Ⓜ *droh*·guen·hen·dla
tráfico Verkehr Ⓜ fea·*keh*·a
tranquilo ruhig *ruh*·ish
transbordo (trenes) umsteigen *um*·shtai·guen
transporte Transport Ⓜ trans·*port*
tranvía Straßenbahn ⓕ *shtrah*·ssen·bahn
tregua Pause ⓕ *pau*·se
tren Zug Ⓜ tsuhk
trepar klettern *kle*·tern
tribunal Gericht Ⓝ gue·*risht*
triste traurig *trau*·rish
trozo Stück Ⓝ shtük
trueno Donner Ⓜ *do*·na
tu (posesivo) dein dain
tú du duh
tubería Pfeife ⓕ *pfai*·fe
tubo de escape Auspuff Ⓜ *auss*·puf
tumba Grab Ⓝ grahp
tumbarse liegen *lih*·guen
turista Tourist/in Ⓜ/ⓕ tu·*rist*/tu·*ris*·tin

U

últimamente vor kurzem *foh*·a *kur*·tsem
ultrasonido Ultraschall Ⓜ *ul*·tra·shal
un par ein paar ain pahr
un poco ein bisschen ain *bis*·shen
una vez einmal *ain*·mahl
uniforme Uniform ⓕ u·ni·*form*
universidad Universität ⓕ u·ni·ver·si·*tèht*
universo Universum Ⓝ u·ni·*ver*·sum

uno ein(s) ain(s)
urgencia Notfall ⓜ *noht·fal*
urgente dringend *drin·guent*
usted/ustedes Sie *sih*
útil nützlich *nüts·lish*
uvas Weintrauben ⓕ pl *vain·trau·ben*

V

vaca Kuh ⓕ *kuh*
vacaciones Ferien pl *feh·rien*
vacío leer *leh·a*
vacunación Schutzimpfung ⓕ *shuts·im·pfung*
vagina Vagina ⓕ *vad·zhih·na*
vagón (de tren) Wagen ⓜ *vah·guen*
vagón restaurante Speisewagen ⓜ *shpai·se·vah·guen*
vale/cupón Coupon ⓜ *ku·pong*
validar (billete) entwerten *ent·ver·ten*
valiente mutig *muh·tig*
valioso wertvoll *vert·fol*
valla Zaun ⓜ *tsaun*
valle Tal ⓝ *tahl*
valor (precio) Wert ⓜ *vert*
vaqueros Jeans ⓕ pl *dzhihns*
varios einige *ai·ni·gue*
vaso/cristal Glas ⓝ *glahs*
vegetariano/a Vegetarier(in) ⓜ/ⓕ *ve·gue·tah·ri·a/ve·gue·tah·ri·e·rin*
vela Kerze ⓕ *ker·tse*
velocidad Geschwindigkeit ⓕ *gue·shvin·dish·kait*
vena Vene ⓕ *veh·ne*
vendaje Verband ⓜ *fe·a·bant*
vender verkaufen *fea·kau·fen*
venenoso giftig *guif·tish*
venir kommen *ko·men*
venta (Sonder)Angebot ⓝ *(son·da·)an·gue·boht*
ventana Fenster ⓝ *fens·ta*
ventanilla Fahrkartenverkauf ⓜ *fahr·kar·ten·fea·kauf*
ventilador Ventilator ⓜ *ven·ti·lah·tor*
ventoso windig *vin·dish*

ver (TV) fernsehen *fern·seh·en*
ver sehen *seh·en*
verano Sommer ⓜ *so·ma*
verde grün *grün*
verdulero Lebensmittelhändler ⓜ *leh·bens·mi·tel·hen·dla*
verdura Gemüse ⓝ *gue·müh·se*
vestíbulo Foyer ⓝ *fo·yeh*
vestido Kleid ⓝ *klait*
vestuario Umkleideraum ⓜ *um·klai·de·raum*
viajar reisen *rai·sen*
viaje de negocios Geschäftsreise ⓕ *gue·shefts·rai·se*
viaje/trayecto Reise ⓕ *rai·se*
vid Rebe ⓕ *reh·be*
vida Leben ⓝ *leh·ben*
viejo alt *alt*
viento Wind ⓜ *vint*
viernes Freitag ⓜ *frai·tahk*
vinagre Essig ⓜ *e·ssish*
viñedo Weinberg ⓜ *vain·berk*
vino Wein ⓜ *vain*
vino blanco Weißwein ⓜ *vaiss·vain*
vino tinto Rotwein ⓜ *roht·vain*
violar vergewaltigen *fea·gue·val·ti·guen*
violeta lila *lih·la*
virus Virus ⓜ *vih·rus*
visa Visum ⓝ *vih·sum*
visita guiada Führung ⓕ *füh·rung*
visitar besuchen *be·suh·jen*
vista Aussicht ⓕ *aus·sisht*
vitaminas Vitamine ⓝ pl *vi·ta·mih·ne*
vivir leben *leh·ben*
vodka Wodka ⓜ *vot·ka*
volar fliegen *flih·guen*
volumen (cantidad) Volumen ⓝ *vo·luh·men*
volumen (libro) Band ⓜ *bant*
volumen (sonido) Lautstärke ⓕ *laut·shtèhr·ke*
vomitar errechen *bre·jen*
votar wählen *vèh·len*
voz Stimme ⓕ *shti·me*

vuelo con ala delta Drachenfliegen *dra*·jen·flih·guen
vuelo Flug ⓜ fluhk
vuelta/paseo (a caballo) Ritt ⓜ rit

W

whisky Whisky ⓜ *vis*·ki
windsurf Windsurfen *vint*·ser·fen

Y

y und unt
ya schon shohn
yerno Schwiegersohn ⓜ *shvih*·ga·sohn
yo ich ish
yoga Joga *yoh*·ga
yogur Joghurt ⓜ *yoh*·gurt

Z

zanahoria Mohrrübe ⓕ *mohr*·rü·be
zapatería Schuhgeschäft ⓝ *shuh*·gue·sheft
zapatos Schuhe ⓜ pl *shuh*·e
zodíaco Sternzeichen ⓝ *shtern*·tsai·jen
zona de acampada Campingplatz ⓜ *kam*·ping·plats
zoo Zoo ⓜ tsoh
zumo Saft ⓜ saft
zumo de naranja Orangensaft ⓜ o·*rahn*·zhen·saft

Diccionario

ALEMÁN-ESPAÑOL

Deutsch-Spanisch

En los sustantivos y los adjetivos del diccionario que tienen marca de género, este se indica como ⓕ, ⓜ o ⓝ. Si se trata de un sustantivo plural, se indica con pl Cuando una palabra que podría ser tanto un sustantivo como un verbo no tiene indicación de género, se trata de un verbo.

A

abbiegen *ab·bih·guen* girar
Abend ⓜ *ah·bent* tarde-noche
Abendessen ⓝ *ah·bent·e·ssen* cena
aber *ah·ba* pero
Aberglaube ⓜ *ah·ba·glau·be* superstición
abfahren *ab·fah·ren* salir/marcharse
Abfahrt ⓕ *ab·fahrt* salida
Abfall ⓜ *ab·fal* basura
Abfertigungsschalter ⓜ *ab·fer·ti·gunks·shal·ta* mostrador de facturación
Abflug ⓜ *ab·fluhk* despegue
Abführmittel ⓝ *ab·füh·a·mi·tel* laxantes
abgelegen *ab·gue·leh·guen* remoto
Abgeordnete ⓜ y ⓕ *ab·gue·ord·ne·te* parlamentario
abgeschlossen *ab·gue·shlo·ssen* cerrado con llave
abhängig *ab·hen·guish* adicto
Abholzung ⓕ *ab·hol·tsung* deforestación
Abkürzung ⓕ *ab·kür·tsung* atajo
ablehnen *ab·leh·nen* rechazar
Abschleppdienst ⓜ *ab·shlep·dihnst* servicio de asistencia en carretera
abseits *ab·saits* fuera de juego
Abstrich ⓜ *ab·shtrish* citología
Abtreibung ⓕ *ab·trai·bung* aborto
abwärts *ab·verts* cuesta abajo
Abzockerei ⓕ *ab·tso·ke·rai* estafa
Abzug ⓜ *ab·tsuhk* copia (fotografía)
Adapter ⓜ *a·dap·ta* adaptador
Adressanhänger ⓜ *a·dress·an·hen·ga* etiqueta para el equipaje
Adresse ⓕ *a·dre·sse* dirección
Aerobics pl *ei·ro·biks* aerobic
Aerogramm ⓝ *ei·roh·gram* aerograma
Afrika ⓝ *a·fri·kah* África
Aftershave ⓝ *ahf·ta·sheif* loción para después del afeitado
ähnlich *èhn·lish* similar
AIDS ⓝ *aidz* sida
Aktentasche ⓕ *ak·ten·ta·she* maletín
Aktivist(in) ⓜ/ⓕ *ak·ti·vist/ak·ti·vis·tin* activista
Aktuelles ⓝ *ak·tu·e·les* sucesos de actualidad

Akupunktur ⓕ a·ku·punk·*tuh*·a acupuntura
Alkohol ⓜ *al*·ko·hohl alcohol
alkoholfreies Getränk ⓝ *al*·ko·hohl·frai·es gue·*trengk* refresco
Alkoholiker(in) ⓜ/ⓕ *al*·ko·hoh·li·ka/ *al*·ko·hoh·li·ke·rin alcohólico/a (persona)
alkoholisch *al*·ko·hoh·lish alcohólico (bebida)
alle *a*·le todo
Allee ⓕ a·*leh* avenida
allein a·*lain* solo
Allergie ⓕ a·lehr·*guih* alergia
alles *a*·les todo
allgemein al·gue·*main* general
alltäglich al·*tek*·lish cada día
alt alt viejo • antiguo
Altar ⓜ al·*tah* altar
Alter ⓝ *al*·ta edad
Amateur(in) ⓜ/ⓕ a·ma·*tör*/ a·ma·*tör*·in amateur
Ameise ⓕ *ah*·mai·se hormiga
Ampel ⓕ *am*·pel semáforo
sich amüsieren sish a·mü·*sih*·ren divertirse
an an a • al
Anarchist(in) ⓜ/ⓕ a·nar·*jist*/ a·nar·*jis*·tin anarquista
anbaggern *an*·ba·guern ligar
andere *an*·de·re otro • diferente
anfangen *an*·fan·guen empezar
Anführer ⓜ *an*·füh·ra líder
Angel ⓕ *an*·guel caña de pescar
Angestellte ⓜ y ⓕ *an*·gue·shtel·te empleado/a
Angst (haben) ankst (*hah*·ben) (estar) asustado
anhalten *an*·hal·ten detenerse
Anhänger ⓜ pl *an*·hen·ga seguidores/hinchas
ankommen *an*·ko·men llegar
Ankunft ⓕ *an*·kunft llegadas
ansehen *an*·seh·en mirar/considerar
(an)statt *an*·shtat (en) lugar de

Antibiotika ⓝ pl an·ti·bi·*oh*·ti·ka antibióticos
Antiquariat ⓝ an·ti·kva·ri·*aht* librería de libros de segunda mano
Antiquität ⓕ an·ti·kvi·*tèht* antigüedad
Antiseptikum ⓝ an·ti·*sep*·ti·kum antiséptico
Antwort ⓕ *ant*·vort respuesta
antworten *ant*·vor·ten responder
Anzahlung ⓕ *an*·tsah·lung depósito (piso)
Anzeige ⓕ *an*·tsai·gue anuncio
Apfel ⓜ *ap*·fel manzana
Apfelmost ⓜ *ap*·fel·most sidra
Apotheke ⓕ a·po·*teh*·ke farmacia
Aprikose ⓕ a·pri·*koh*·se albaricoque
Arbeit ⓕ *ahr*·bait trabajo
arbeiten *ahr*·bai·ten trabajar
Arbeiter(in) ⓜ/ⓕ *ahr*·bai·ta/ *ahr*·bai·te·rin trabajador/a
Arbeitgeber ⓜ *ahr*·bait·*gueh*·ba patrón
Arbeitserlaubnis ⓕ *ahr*·baits·eh·a·laub·niss permiso de trabajo
arbeitslos *ahr*·baits·lohs parado
Arbeitslosengeld ⓝ *ahr*·baits·loh·sen·guelt subsidio de desempleo
Arbeitslosigkeit ⓕ *ahr*·baits·loh·sish·kait paro
Arbeitsstelle ⓕ *ahr*·baits·shte·le puesto de trabajo
archäologisch ar·je·o·*loh*·guish arqueológico
Architektur ⓕ ar·ji·tek·*tuh*·a arquitectura
Arm ⓜ arm brazo
arm arm pobre
Armut ⓕ *ar*·muht pobreza
Arzt ⓜ artst médico (hombre)
Ärztin ⓕ *erts*·tin médico (mujer)
Aschenbecher ⓜ *a*·shen·be·ja cenicero
Asien ⓝ *ah*·si·en Asia

Asthma ⓝ *ast*·ma asma
Asylant(in) ⓜ/ⓕ a·*sü*·*lant*/a·sü·*lan*·tin solicitante de asilo
Atelier ⓝ a·te·li·*eh* estudio (arte)
atmen *aht*·men respirar
Atmosphäre ⓕ at·mos·*fèh*·re atmósfera
Atomenergie ⓕ a·*tohm*·e·neh·a·*guih* energía nuclear
Atommüll ⓜ a·*tohm*·mül residuos nucleares
Aubergine ⓕ oh·ba·*zhih*·ne berenjena
auch auj también
auch nicht auj nisht ni
auf auf en
auf ... zu auf ... tsuh hacia
Aufführung ⓕ *auf*·füh·rung representación
aufheben *auf*·heh·ben recoger (objeto)
Aufnahme ⓕ *auf*·nah·me grabación
aufpassen *auf*·pa·ssen prestar atención • tener cuidado
Auftritt ⓜ *auf*·trit concierto
aufwärts *auf*·verts cuesta arriba
Auge ⓝ *au*·gue ojo
Augenblick ⓜ *au*·guen·*blik* momento
Augentropfen ⓜ pl *au*·guen·trop·fen gotas para los ojos
aus auss de • en
aus (Baumwolle) auss (*baum*·vo·le) hecho de (algodón)
Ausbeutung ⓕ *auss*·boi·tung explotación
Ausgang ⓜ *auss*·gang salida
ausgebucht *auss*·gue·bujt completo
ausgehen *auss*·gueh·en salir • quedarse sin
mit jemandem ausgehen mit *yeh*·man·dem *auss*·gueh·en salir con alguien
ausgeschlossen *auss*·gue·shlo·ssen excluido
ausgezeichnet auss·gue·*tsaij*·net excelente

Auskunft ⓕ *auss*·kunft información
im Ausland im *auss*·lant en el extranjero
ausländisch *auss*·len·dish extranjero
Auspuff ⓜ *auss*·puf tubo de escape
Ausrüstung ⓕ *auss*·rüs·tung equipamiento
Ausschlag ⓜ *aus*·shlahk erupción
außer *au*·ssa aparte de • además de
Aussicht ⓕ *aus*·sisht vista
Ausstellung ⓕ *aus*·shte·lung exposición
austeilen *aus*·tai·len repartir (cartas)
Auster ⓕ *aus*·ta ostra
Australien ⓝ aus·*trah*·li·en Australia
ausverkauft *auss*·fea·kauft agotado (localidades)
Ausweis ⓜ *auss*·vaiss identificación
Auto ⓝ *au*·to coche
Autobahn ⓕ *au*·to·bahn autopista (de peaje)
Autokennzeichen ⓝ *au*·to·ken·tsai·jen número de matrícula
automatisch au·to·*mah*·tish automático
Autor(in) ⓜ/ⓕ *au*·to·a/au·*toh*·rin autor/a
Autoverleih ⓜ *au*·to·fea·lai alquiler de coches
Avokado ⓕ a·vo·*kah*·do aguacate
Axt ⓕ akst hacha

B

Baby ⓝ *bei*·bi bebé
Babynahrung ⓕ *bei*·bi·nah·rung comida para bebés
Babypuder ⓜ *bei*·bi·puh·da talco para bebés
Babysitter ⓜ *bei*·bi·si·ta canguro
Bach ⓜ baj arroyo
Bäckerei ⓕ be·ke·*rai* panadería
Backpflaume ⓕ *bak*·pflau·me ciruela pasa
Bad ⓝ baht baño

Badeanzug ⓜ *bah*·de·*an*·tsuhk bañador
Badetuch ⓝ *bah*·de·*tuhj* toalla de baño
Badezimmer ⓝ *bah*·de·tsi·ma (cuarto de) baño
Bahn ⓕ *bahn* pista (deportes) • vía férrea
Bahnhof ⓜ *bahn*·hohf estación de trenes
Bahnsteig ⓜ *bahn*·shtaik andén
bald *balt* pronto
Balkon ⓜ *bal*·*kohn* balcón
Ball ⓜ *bal* pelota
Ballett ⓝ ba·*let* ballet
Banane ⓕ ba·*nah*·ne plátano
Band ⓕ *bent* grupo (música)
Band ⓜ *bant* volumen (libro)
Bank ⓕ *bank* banco
Bankauszug ⓜ *bank*·aus·tsuhk extracto bancario
Bankkonto ⓝ *bank*·kon·to cuenta bancaria
Bär ⓜ *beh*·a oso
Bargeld ⓝ *bahr*·guelt efectivo
Batterie ⓕ ba·te·*rih* batería
bauen *bau*·en construir
Bauer ⓜ *bau*·a agricultor/a
Bäuerin ⓕ *boi*·e·rin agricultor
Bauernhof ⓜ *bau*·ern·hohf granja
Baum ⓜ *baum* árbol
Baumwolle ⓕ *baum*·vo·le algodón
bedrohte be·*droh*·te en peligro de extinción
beenden be·*en*·den terminar
Beginn ⓜ be·*guin* principio
beginnen be·*gui*·nen empezar
Begleiter(in) ⓜ/ⓕ be·*glai*·ta/ be·*glai*·te·rin compañero/a
Begräbnis ⓝ be·*greb*·niss entierro
behindert be·*hin*·dert discapacitado
bei *bai* en
Beichte ⓕ *baish*·te confesión
beide *bai*·de ambos
Bein ⓝ *bain* pierna
Beispiel ⓝ *bai*·shpihl ejemplo

Bekleidungsgeschäft ⓝ be·*klai*·dunks·gue·sheft tienda de ropa
Belästigung ⓕ be·*les*·ti·gung acoso
beliebt be·*lihbt* popular
Benzin ⓝ be·*tsihn* gasolina
Benzinkanister ⓜ ben·*tsihn*·ka·nis·ta lata de gasolina
beobachten be·*oh*·baj·ten mirar/observar
bequem be·*kvehm* cómodo
berauben be·*rau*·ben robar/atracar
Berg ⓜ *berk* montaña
Berghütte ⓕ *berk*·hü·te refugio de montaña
Bergsteigen ⓝ *berk*·shtai·guen montañismo/alpinismo
Bergweg ⓜ *berk*·vehk sendero de montaña
Beruf ⓜ be·*ruhf* profesión
berühmt be·*rümt* famoso
berühren be·*rüh*·ren tocar
beschäftigt be·*shef*·tikt ocupado (persona)
beschützen be·*shü*·tsen proteger
sich beschweren sish be·*shveh*·ren quejarse/reclamar
besetzt be·*setst* ocupado (teléfono)
Besitzer(in) ⓜ/ⓕ be·*si*·tsa/ be·*si*·tse·rin propietario/a
besorgt be·*sorkt* preocupado
besser be·*ssa* mejor (comparativo)
bestätigen be·*shtèh*·ti·guen confirmar (reserva)
beste *bes*·te mejor (superlativo)
bestechen be·*shte*·jen sobornar
Besteck ⓝ be·*shtek* cubiertos
besteigen be·*shtai*·guen embarcar (avión, barco)
bestellen be·*shte*·len pedir
Bestellung ⓕ be·*shte*·lung pedido (restaurante)
bestrafen be·*shtrah*·fen castigar
besuchen be·*suh*·jen visitar
Betäubung ⓕ be·*toi*·bung anestésico

sich beteiligen sish be·*tai*·li·guen participar
Betrag ⓜ be·*trahk* cantidad
Betrüger(in) ⓜ/ⓕ be·*trü*·ga/be·*trü*·gue·rin estafador/a
betrunken be·*trung*·ken borracho
Bett ⓝ bet cama
Bettlaken ⓝ *bet*·lah·ken sábana
Bettler(in) ⓜ/ⓕ *bet*·la/*bet*·le·rin mendigo/a
Bettwäsche ⓕ *bet*·ve·she ropa de cama
Bettzeug ⓝ *bet*·tsoik ropa de cama
bezahlen be·*tsah*·len pagar
Beziehung ⓕ be·*tsih*·ung relación
BH ⓜ beh·*hah* sujetador
Bibel ⓕ *bih*·bel Biblia
Bibliothek ⓕ bi·bli·o·*tehk* biblioteca
Biene ⓕ *bih*·ne abeja
Bier ⓝ *bih*·a cerveza
Bildschirm ⓜ *bilt*·shirm pantalla (TV, ordenador)
Billard ⓝ bi·*liart* billar americano
billig *bi*·lish barato
Birne ⓕ *bir*·ne pera
bis (Juni) bis (*yuh*·ni) hasta (junio)
Biss ⓜ bis mordedura (perro)
ein bisschen ain *bis*·shen un poco
bitte *bi*·te por favor
um etwas bitten um *et*·vass *bi*·ten pedir algo
bitter *bi*·ta amargo
Blase ⓕ *blah*·se ampolla
Blasenentzündung ⓕ *blah*·sen·en·tsün·dung cistitis
Blatt ⓝ blat hoja
blau blau azul
bleiben *blai*·ben quedarse
bleifrei *blai*·frai sin plomo
Bleistift ⓜ *blai*·shtift lápiz
blind blint ciego
Blinddarm ⓜ *blint*·darm apéndice
Blindenhund ⓜ *blin*·den·hunt perro lazarillo
Blindenschrift ⓕ *blin*·den·shrift Braille
Blinker ⓜ *bling*·ka intermitente
Blitz ⓜ blits relámpago
blockiert blo·*kih*·ert obstruido
Blume ⓕ *bluh*·me flor
Blumenhändler ⓜ *bluh*·men·hen·dla florista
Blumenkohl ⓜ *bluh*·men·kohl coliflor
Blut ⓝ bluht sangre
Blutdruck ⓜ *bluht*·druk tensión
Blutgruppe ⓕ *bluht*·gru·pe grupo sanguíneo
Bluttest ⓜ *bluht*·test análisis de sangre
Boden ⓜ *boh*·den suelo/piso
Bohne ⓕ *boh*·ne judía(s)
Bonbon ⓝ bon·*bon* caramelo
Boot ⓝ boht barco
an Bord an bort a bordo
Bordkarte ⓕ *bort*·kar·te tarjeta de embarque
Botanischer Garten ⓜ bo·*tah*·ni·sha *gar*·ten jardín botánico
Botschaft ⓕ *boht*·shaft embajada
Botschafter(in) ⓜ/ⓕ *boht*·shaf·ta/*boht*·shaf·te·rin embajador/a
Boxen ⓝ *bok*·sen boxeo
braten *brah*·ten freír
Bratpfanne ⓕ *braht*·pfa·ne sartén
brauchen *brau*·jen necesitar
braun braun marrrón
erbrechen eh·a·*bre*·shen vomitar
breit brait ancho
Bremsen ⓕ pl *brem*·sen frenos
Bremsflüssigkeit ⓕ *brems*·flü·sish·kait líquido de frenos
Brennholz ⓝ *bren*·holts leña
Brennstoff ⓜ *bren*·shtof combustible
Brett ⓝ bret tabla/tablón
Brief ⓜ brihf carta
Briefkasten ⓜ *brihf*·kas·ten buzón
Briefmarke ⓕ *brihf*·mar·ke sello
Briefumschlag ⓜ *brihf*·um·shlahk sobre
brillant bri·*llant* fenomenal

Brille ⓕ *bri·*le anteojos
bringen *brin·*guen traer
Brokkoli ⓜ pl *bro·*ko·li brócoli
Bronchitis ⓕ bron·*jih·*tis bronquitis
Broschüre ⓕ bro·*shü·*re folleto
Brot ⓝ broht pan
Brötchen ⓝ *bröht·*shen panecillo
Brücke ⓕ *brü·*ke puente
Bruder ⓜ *bruh·*da hermano
Brunnen ⓜ *bru·*nen fuente
Brust ⓕ brust pecho (seno)
Buch ⓝ buj libro
buchen *bu·*jen reservar
Buchhalter(in) ⓜ/ⓕ *buj·*hal·ta/*buj·*hal·te·rin contable
Buchhandlung ⓕ *buj·*hand·lung librería
Buddhist(in) ⓜ/ⓕ bu·*dist*/bu·*dis·*tin budista
Buffet ⓝ bü·*feh* buffet
bügeln *bü·*gueln planchar
Bühne ⓕ *büh·*ne escenario
Bundeskanzler(in) ⓜ/ⓕ *bun·*des·kants·la/*bun·*des·kants·le·rin primer/a ministro/a (en Alemania y Austria)
Burg ⓕ burk castillo
Bürgermeister(in) ⓜ/ⓕ *bür·*ga·mais·ta/*bür·*ga·mais·te·rin alcalde/sa
Bürgerrechte ⓝ pl *bür·*ga·resh·te derechos civiles
Büro ⓝ *bü·*roh oficina
Büroangestellte ⓜ y ⓕ *bü·*roh·an·gue·shtel·te administrativo
Bus ⓜ buss autobús (urbano)
Busbahnhof ⓜ *bus·*bahn·hohf terminal de autobuses
Bushaltestelle ⓕ *bus·*hal·te·shte·le parada de autobús
Butter ⓕ *bu·*ta mantequilla

C

Café ⓝ ka·*feh* café (establecimiento)
Campingplatz ⓜ *kam·*ping·plats zona de acampada

Cashewnuss ⓕ*kah·*shiu·nuss anacardo
CD ⓕ tseh·*deh* CD
Celsius ⓜ *tsel·*si·us centígrado
Chancengleichheit ⓕ *shahn·*sen·glaij·hait igualdad de oportunidades
charmant shar·*mant* encantador
Chef(in) ⓜ/ⓕ shef/*she·*fin jefe/a
chemische Reinigung ⓕ *sheh·*mi·she *rai·*ni·gung tintorería
Chili(sauce) ⓕ *chi·*li(·soh·sse) salsa de chile
Christ(in) ⓜ/ⓕ krist/*kris·*tin cristiano/a
Computerspiel ⓝ kom·*piuh·*ta·shpihl juego de ordenador
Coupon ⓜ ku·*pong* vale/cupón
Couscous ⓜ *kus·*kus cuscús
Cousin(e) ⓜ/ⓕ ku·*sah*/ku·*sih·*ne primo/a
Cracker ⓜ *kre·*ka cracker
Cricket ⓝ *kri·*ket cricket
Curry(pulver) ⓝ *kar·*ri(·pul·va) curry (en polvo)

D

Dach ⓝ daj tejado
Dachboden ⓜ *daj·*boh·den desván
Dachs ⓜ dajs tejón
Damenbinden ⓕ pl *dah·*men·bin·den compresas
Dämmerung ⓕ *de·*me·rung crepúsculo • anochecer
danken *dan·*ken dar las gracias
Datum ⓝ *dah·*tum fecha
Decke ⓕ *de·*ke manta
dein (sg, inf) dain tu
Demokratie ⓕ *de·*mo·kra·*tih* democracia
Demonstration ⓕ *de·*mon·stra·*tsion* manifestación
denken *den·*ken pensar
Denkmal ⓝ *dengk·*mahl monumento
Deo ⓝ *deh·*o desodorante

Detail ⓝ de·*tail* detalle
Deutsch ⓝ doich alemán
Deutschland ⓝ *doich*·lant Alemania
Dia ⓕ *dih*·a diapositiva
Diabetis ⓕ di·a·*beh*·tis diabetes
Diät ⓕ di·*et* régimen
Dichtung ⓕ *dish*·tung poesía
dick dik grueso • gordo
Dieb ⓜ dihp ladrón
Dienstag ⓜ *dihns*·tahk martes
dieser ⓜ *dih*·sa este
direkt di·*rekt* directo
Diskette ⓕ dis·*ke*·te disquete
Disko(thek) ⓕ *dis*·ko(·*tehk*) discoteca
Diskriminierung ⓕ dis·kri·mi·*nih*·rung discriminación
Dokumentation ⓕ do·ku·men·ta·*tsion* documental
Dollar ⓜ *do*·lahr dólar
Dolmetscher(in) ⓜ/ⓕ *dol*·met·cha/ *dol*·met·che·rin intérprete
Dom ⓜ dohm catedral
Donner ⓜ *do*·na trueno
Donnerstag ⓜ *do*·ners·tahk jueves
Dope ⓝ doup/dohp drogas
Doppelbett ⓝ *do*·pel·bet cama de matrimonio
doppelt *do*·pelt doble
Doppelzimmer ⓝ *do*·pel·tsi·ma habitación doble
Dorf ⓝ dorf pueblo
dort dort allí
Dose ⓕ *doh*·se lata
Dosenöffner ⓜ *doh*·sen·öf·na abrelatas
Dozent(in) ⓜ/ⓕ do·*tsent*/ do·*tsen*·tin catedrático/a
Drachenfliegen ⓝ *dra*·jen·flih·guen vuelo con ala delta
Draht ⓜ draht alambre
draußen *drau*·ssen exterior
dringend *drin*·guent urgente
dritte *dri*·te tercero
Droge ⓕ *droh*·gue droga
Drogenabhängigkeit ⓕ *droh*·guen·ab·*hen*·guish·kait drogadicción
Drogenhändler ⓜ *droh*·guen·hen·dla traficante de drogas
Druck ⓜ druk presión • grabado (arte)
du (sg, inf) duh tú
dumm dum estúpido
dunkel *dung*·kel oscuro
dünn dün delgado
durch dursh a través
Durchfall ⓜ *dursh*·fal diarrea
Durchwahl ⓕ *dursh*·vahl marcado automático
durstig *durs*·tish sediento
Dusche ⓕ *duh*·she ducha
Dutzend ⓝ *du*·tsent docena

E

Ebene ⓕ *eh*·be·ne llanura
Echse ⓕ *ek*·se lagarto
Ecke ⓕ *e*·ke esquina
egoistisch e·go·*is*·tish egoísta
Ehe ⓕ *eh*·e matrimonio/enlace
Ehefrau ⓕ *eh*·e·frau esposa
Ehemann ⓜ *eh*·e·man marido
ehrlich *eh*·a·lish honrado
Ei ⓝ ai huevo
Eierstockzyste ⓕ *ai*·a·shtok·tsüs·te quiste ovárico
eifersüchtig *ai*·fa·süsh·tish celoso
in Eile in *ai*·le con prisas
Eimer ⓜ *ai*·ma cubo
ein(s) ain(s) uno
einfach *ain*·faj simple
einfache Fahrkarte ⓕ *ain*·fa·je *fahr*·kar·te billete de ida
einige *ai*·ni·gue algunos • varios
einkaufen gehen *ain*·kau·fen *gueh*·en ir de compras
Einkaufszentrum ⓝ *ain*·kaufs·tsen·trum centro comercial
Einkommensteuer ⓕ *ain*·ko·men·shtoi·a impuesto sobre la renta
einladen *ain*·lah·den invitar

einlassen *ain*·la·ssen admitir (dejar entrar)
einlösen *ain*·löh·sen cobrar (un cheque)
einmal *ain*·mahl una vez
Einschreiben ⓝ *ain*·shrai·ben correo certificado
eintreten *ain*·treh·ten entrar
Eintrittskarte ⓕ *ain*·trits·kar·te entrada
Eintrittspreis ⓜ *ain*·trits·praiss precio de la entrada
einzeln aufgeführt *ain*·tseln *auf*·gue·fürt detallado · desglosado
Einzelzimmer ⓝ *ain*·tsel·tsi·ma habitación individual
Eis ⓝ aiss hielo
Eiscreme ⓕ aiss·krèhm helado
Eisdiele ⓕ aiss·dih·le heladería
Eisenwarengeschäft ⓝ ai·sen·vah·ren·gue·sheft ferretería/mercería
Eishockey ⓜ aiss·ho·ki hockey sobre hielo
eislaufen aiss·lau·fen patinaje sobre hielo
Ekzem ⓝ ek·*tsehm* eczema
Elektrizität ⓕ e·lek·tri·tsi·*teht* electricidad
Eltern ⓝ pl *el*·tern padres
emotional e·mo·tsio·*nahl* emocional
empfehlen emp·*feh*·len recomendar
Empfindlichkeit ⓕ emp·*fint*·lish·kait sensibilidad (carrete)
(am) Ende (am) *en*·de (al) final
Endstation ⓕ *ent*·shta·tsion terminal
Energie ⓕ e·neh·a·*guih* energía
eng eng ajustado
Englisch ⓝ *en*·glish inglés
Enkelkind ⓝ *eng*·kel·kint nieto
Ente ⓕ *en*·te pato
entscheiden ent·*shai*·den decidir
sich entspannen sish ent·*shpa*·nen relajarse
entwerfen ent·*ver*·fen diseñar
entwerten ent·*ver*·ten validar (billete)
Entzündung ⓕ en·*tsün*·dung infección · inflamación
er *eh*·a él
erbrechen eh·a·*bre*·shen vomitar
Erbse ⓕ *erp*·se guisante
Erdbeben ⓝ *ehrt*·beh·ben terremoto
Erdbeere ⓕ *ehrt*·beh·re fresa
Erde ⓕ *ehr*·de Tierra
Erdnuss ⓕ *ehrt*·nuss cacahuete
Erfahrung ⓕ eh·a·*fah*·rung experiencia
erhalten eh·a·*hal*·ten recibir
erkältet sein eh·a·*kel*·tet sain estar resfriado
Erlaubnis ⓕ eh·a·*laub*·niss permiso
ermüden eh·a·*müh*·den cansarse
ernst ernst serio
erstaunlich eh·a·*shtaun*·lish asombroso
erste *ehrs*·te primero
Erwachsene ⓜ y ⓕ eh·a·*vak*·se·ne adulto
erzählen eh·a·*tseh*·len decir/contar
Erziehung ⓕ eh·a·*tsih*·ung educación
Essen ⓝ e·ssen comida
essen e·ssen comer
Essig ⓜ e·ssih vinagre
etwas *et*·vass algo
Euro ⓜ *oi*·ro euro
Europa ⓝ oi·*roh*·pa Europa
Euthanasie ⓕ oi·ta·na·*sih* eutanasia
Express- eks·*pres*· expreso
Expresspost ⓕ eks·*pres*·post correo urgente

F

Fabrik ⓕ fa·*brihk* fábrica
Faden ⓕ *fah*·den hilo
fahren *fah*·ren viajar en coche
Fahrgast ⓜ *fahr*·gast pasajero (autobús/taxi)
Fahrkarte ⓕ *fahr*·kar·te billete
Fahrkartenautomat ⓜ

fahr·kar·ten·au·to·maht máquina expendedora de billetes
Fahrkartenkontrolleur(in) m/f *fahr·kar·ten·kon·tro·lö·(rin)* revisor/a
Fahrkartenverkauf m *fahr·kar·ten·fea·kauf* ventanilla
Fahrplan m *fahr·plahn* horario
Fahrrad n *fahr·raht* bicicleta
Fahrradkette f *fahr·raht·ke·te* cadena de bicicleta
Fahrzeugpapiere n pl *fahr·tsoik·pa·pih·re* documentación del coche
Fallschirmspringen n *fal·shirm·shprin·guen* paracaidismo
falsch *falsh* erróneo• mal
Familie f *fa·mih·li·e* familia
Familienname m *fa·mih·li·en·nah·me* apellido
Familienstand m *fa·mih·li·en·shtant* estado civil
Fan m *fen* seguidor (deportes)
Farbe f *far·be* color
Farben f pl *far·ben* pintura
fast *fast* casi
Fastenzeit f *fas·ten·tsait* lentillas
faul *faul* holgazán
Fechten n *fesh·ten* esgrima
Feder f *feh·da* espiral
Fehler m *feh·la* error
fehlerhaft *feh·la·haft* defectuoso
Fehlgeburt f *fehl·gue·burt* aborto espontáneo
Feier f *fai·a* fiesta
Feige f *fai·gue* higo
Feinkostgeschäft n *fain·kost·gue·sheft* tienda de delicatessen
Feld n *felt* campo
Feldfrucht f *felt·frujt* cosecha
Fels m *fels* roca
Fenster n *fens·ta* ventana
Ferien pl *feh·rien* vacaciones
Fern- *fern-* de largo recorrido
Fernbedienung f *fern·be·dih·nung* control remoto

Fernbus m *fern·buss* autobús (interurbano)
Fernglas n *fern·glahs* prismáticos
fernsehen *fern·seh·en* ver la televisión
Fernseher m *fern·seh·a* televisor
Fernsehserie f *fern·seh·seh·ri·e* serie televisiva
fertig *fer·tish* listo • terminado
Fest n *fest* festival • fiesta
fest *fest* sólido
fettarme Milch f *fet·ar·me milsh* leche descremada
feucht *foisht* húmedo
Feuchtigkeitscreme f *foish·tish·kaits·krehm* crema hidratante
Feuer n *foi·a* fuego
Feuerzeug n *foi·a·tsoik* mechero
Fieber n *fih·ba* fiebre
Filet n *fi·leh* filete
Film m *film* película (cine) • carrete (cámara)
finden *fin·den* encontrar
Finger m *fin·ga* dedo
Firma f *fir·ma* empresa
Fisch m *fish* pescado
Fischen n *fi·shen* pesca
Fitness-Studio n *fit·nes·shtuh·di·o* gimnasio
flach *flaj* llano
Flagge f *fla·gue* bandera
Flasche f *fla·she* botella
Flaschenöffner m *fla·shen·öf·na* abrebotellas
Fleisch n *flaish* carne
Fliege f *flih·gue* mosca
fliegen *flih·guen* volar
Flitterwochen pl *fli·ta·vo·jen* luna de miel
Floh m *floh* pulga
Flohmarkt m *floh·markt* rastro (mercado)
Flüchtling m *flüsht·ling* refugiado
Flug m *fluhk* vuelo
Flügel m pl *flüh·guel* alas

Fluggast m *fluhk*·gast pasajero (avión)
Flughafen m *fluhk*·hah·fen aeropuerto
Flughafengebühr f *fluhk*·hah·fen·gue·büh·a tasa de aeropuerto
Fluglinie f *fluhk*·lih·ni·e línea aérea
Flugticket n *fluhk*·ti·ket billete de avión
Flugzeug n *fluhk*·tsoik avión
Fluss m *fluss* río
folgen *fol*·guen seguir
Forderung f *foh*·de·rung exigencia
Form f *form* forma
formell for·*mel* formal
Foto n *foh*·to foto
Fotogeschäft n *foh*·to·gue·sheft tienda de fotografía
Fotograf(in) m/f *fo·to·grahf/fo·to·grah·fin* fotógrafo/a
Fotografie f *fo·to·gra·fih* fotografía
fotografieren *fo·to·gra·fih·ren* hacer una fotografía
Foul n *faul* falta
Foyer n *foh·yeh* foyer
Frage f *frah*·gue pregunta
eine Frage stellen *ai*·ne *frah*·gue *shte*·len preguntar
Frankreich f *frank*·raish Francia
Frau f *frau* mujer
frei *frai* suelto • libre
Freibad n *frai*·baht piscina (descubierta)
Freigepäck n *frai*·gue·pek límite de equipaje
Freitag m *frai*·tahk viernes
fremd *fremt* raro
Fremde m y f *frem*·de desconocido/a (persona)
Fremdenverkehrsbüro n *frem·den·fea·keh·a·bü·roh* oficina de turismo
Freund m *froint* amigo • novio
Freundin f *froin*·din amiga • novia
freundlich *froint*·lish simpático
Frieden m *frih*·den paz
Friedhof m *friht*·hohf cementerio
frisch *frish* fresco
Frischkäse m *frish*·keh·se queso para untar
Friseur(in) m/f *fri·suh·a/fri·suh·a·rin* peluquero/a
Frosch m *frosh* rana
Frost m *frost* helada/escarcha
Frucht f *frusht* fruta
früh *früh* temprano
Frühling m *früh*·ling primavera
Frühstück n *früh*·shtük desayuno
Frühstücksflocke f *früh·shtüks·flo·ke* cereales para el desayuno
fühlen *füh*·len sentir
Führer m *füh*·ra guía (persona) • guía (libro)
Führerschein m *füh*·ra·shain permiso de conducir
Führung f *füh*·rung visita guiada
füllen *füh*·len llenar/rellenar
Fundbüro n *funt*·bü·roh oficina de objetos perdidos
für *füh*·a para
Fuß m *fuss* pie
Fußball m *fuss*·bal fútbol
Fußgänger(in) m/f *fuss·guen·ga/fuss·guen·gue·rin* peatón
füttern *fü*·tern alimentar

G

Gabel f *gah*·bel tenedor
Gang m *gang* pasillo
Gänge m pl *guen*·gue bártulos
ganz *gants* entero
Garage f *ga·rah*·zhe parking (particular)
Garderobe f *gar·de·roh*·be guardarropa
Garnele f *gar·neh*·le langostino
Garten m *gar*·ten jardín
Gas n *gahs* gas (para cocinar)
Gasflasche f *gahs*·fla·she bombona

Gaskartusche ⓕ *gahs*·kar·tu·she cartucho de gas
Gastfreundschaft ⓕ *gast*·froint·shaft hospitalidad
Gebäude ⓝ gue·*boi*·de edificio
geben *gueh*·ben dar
Gebet ⓝ gue·*beht* oración
Gebirgszug ⓜ gue·*birks*·tsuhk cordillera
gebraucht gue·*braujt* de segunda mano
Geburtsdatum ⓝ gue·*burts*·dah·tum fecha de nacimiento
Geburtsort ⓜ gue·*burts*·ort lugar de nacimiento
Geburtstag ⓜ gue·*burts*·tahk cumpleaños
Geburtsurkunde ⓕ gue·*burts*·uh·a·kun·de partida de nacimiento
gefährlich gue·*fèhr*·lish peligroso
Gefangene ⓜ y ⓕ gue·*fan*·gue·ne cárcel
Gefängnis ⓝ gue·*feng*·niss preso
gefiltert gue·*fil*·tert filtrado
gefrieren gue·*frih*·ren congelar
Gefühle ⓝ pl gue·*füh*·le sentimientos
gegen *gueh*·guen contra
gegenüber gueh·guen·*üh*·ba enfrente
Gegenwart ⓕ *gueh*·guen·vart presente
Gehacktes ⓝ gue·*hak*·tes carne picada
Gehalt ⓝ gue·*halt* sueldo
Geheimnis ⓝ gue·*haim*·niss secreto
gehen *gueh*·en andar
Gehweg ⓜ *gueh*·vehk sendero/acera
Geisteswissenschaften ⓕ pl *gais*·tes·vi·ssen·shaf·ten humanidades
geizig *gai*·tsish tacaño
gelangweilt gue·*lang*·vailt aburrido
gelb *guelb* amarillo

Geld ⓝ *guelt* dinero
Geldautomat ⓜ *guelt*·au·to·maht cajero automático
Geldbuße ⓕ *guelt*·buh·se multa
Geldschein ⓜ *guelt*·shain billete (de banco)
Geldwechsel ⓜ *guelt*·vej·ssel cambio de divisas
Gelegenheitsarbeit ⓕ gue·*leh*·guen·haits·ahr·bait trabajo eventual
Gemüse ⓝ gue·*müh*·se verdura
Genehmigung ⓕ gue·*neh*·mi·gung permiso
genug gue·*nuhk* suficiente
Gepäck ⓝ gue·*pek* equipaje
Gepäckaufbewahrung ⓕ gue·*pek*·auf·be·vah·rung consigna
Gepäckausgabe ⓕ gue·*pek*·auss·gah·be recogida de equipajes
gerade gue·*rah*·de recto
Gerechtigkeit ⓕ gue·*resh*·tish·kait justicia
Gericht ⓝ gue·*risht* tribunal
Geruch ⓜ gue·*rush* olor
Geschäft ⓝ gue·*sheft* tienda • negocio
Geschäftsfrau ⓕ gue·*shefts*·frau mujer de negocios
Geschäftsmann ⓜ gue·*shefts*·man hombre de negocios
Geschäftsreise ⓕ gue·*shefts*·rai·se viaje de negocios
Geschenk ⓝ gue·*shenk* regalo
Geschichte ⓕ gue·*shish*·te relato
Geschlechtskrankheit ⓕ gue·*shleshts*·krank·hait enfermedad venérea
geschlossen gue·*shlo*·ssen cerrado
geschützte (Tierarten) ⓕ pl gue·*shüts*·te (tih·a·ar·ten) protegidas (especies)
Geschwindigkeit ⓕ gue·*shvin*·dish·kait velocidad
Geschwindigkeitsbegrenzung ⓕ

gue·shvin·dish·kaits·be·gren·tsung límite de velocidad
Gesetz ⓝ *gue·sets* ley/derecho
Gesetzgebung ⓕ *gue·sets·gueh·bung* legislación
Gesicht ⓝ *gue·sisht* cara
gestern *gues·tern* ayer
Gesundheit ⓕ *gue·sunt·hait* salud
Getränk ⓝ *gue·trengk* bebida
Getränkehandel *gue·treng·ke·han·del* tienda de vinos y licores
getrennt *gue·trent* aparte
Gewebe ⓝ *gue·veh·be* tela/tejido
Gewicht ⓝ *gue·visht* peso
Gewinn ⓝ *gue·vin* beneficios
gewinnen *gue·vi·nen* ganar
Gewürznelke ⓕ *gue·vürts·nel·ke* clavo (especia)
Gezeiten pl *gue·tsai·ten* mareas
giftig *guif·tish* venenoso
Giftmüll ⓜ *guift·mül* residuos tóxicos
Gin ⓜ *dzhin* ginebra
Gipfel ⓜ *guip·fel* cima
Gitarre ⓕ *gui·ta·re* guitarra
Glas ⓝ *glahs* vaso • tarro
glatt *glat* resbaladizo
gleich dort *glaish dort* justo allí
gleiche *glai·je* mismo
Gleichheit ⓕ *glaish·hait* igualdad
Gleis ⓝ *glaiss* andén
Gleitschirmfliegen ⓝ *glait·shirm·flih·guen* parapente
Gletscher ⓜ *glet·sha* glaciar
Glück ⓝ *glük* suerte • felicidad
glücklich *glük·lish* afortunado • feliz
Glückwunsch ⓜ *glük·vunsh* felicidades
Glühbirne ⓕ *glü·bir·ne* bombilla
Gold ⓝ *golt* oro
Golfplatz ⓜ *golf·plats* campo de golf
Gott ⓜ *got* Dios
Gottesdienst ⓜ *go·tes·dihnst* oficio religioso
Grab ⓝ *grahp* tumba
Grad ⓜ *graht* grado
grafische Kunst ⓕ *grah·fi·she kunst* artes gráficas
Gramm ⓝ *gram* gramo
gratis *grah·tis* gratis
grau *grau* gris
Grenze ⓕ *gren·tse* frontera
Grippe ⓕ *gri·pe* gripe
groß *grohs* grande • enorme • alto
Größe ⓕ *gröh·sse* tamaño (general)
Großeltern ⓕ pl *grohs·el·tern* abuelos
Großmutter ⓕ *grohs·mu·ta* abuela
Großvater ⓜ *grohs·fah·ta* abuelo
grün *grün* verde
Grund ⓜ *grunt* razón
Gurke ⓕ *gur·ke* pepino
Gürtel ⓜ *gür·tel* cinturón
gut *guht* bueno • bien
gutaussehend *guht·auss·seh·ent* guapo
Gymnastik ⓕ *güm·nas·tik* gimnasia
Gynäkologe ⓜ *gü·ne·ko·loh·gue* ginecólogo
Gynäkologin ⓕ *gü·ne·ko·loh·guin* ginecóloga

H

Haar ⓝ *hah* pelo
Haarbürste ⓕ *hah·bürs·te* cepillo
haben *hah·ben* tener
Hafen ⓜ *hah·fen* puerto
Hafer(flocken) ⓜ pl *hah·fa(·flo·ken)* avena
Hähnchenschenkel ⓜ *hèhn·shen·sheng·kel* muslo de pollo
Hälfte ⓕ *helf·te* mitad
Hallenbad ⓝ *ha·len·baht* piscina (cubierta)
hallo *ha·lo/ha·loh* hola
halluzinieren *ha·lu·tsi·nih·ren* alucinar
Hals ⓜ *hals* garganta
Halskette ⓕ *hals·ke·te* collar
Halsschmerzen pl *hals·shmer·tsen* dolor de garganta

Halt ⓜ *halt* stop
Hammer ⓜ *ha*·ma martillo
Hamster ⓜ *hams*·ta hámster
Hand ⓕ *hant* mano
Handel ⓜ *han*·del comercio
handgemacht *hant*·gue·majt hecho a mano
Handschuh ⓜ *hant*·shuh guante
Handtasche ⓕ *hant*·ta·she bolso
Handtuch ⓝ *hant*·tuhj toalla
Handwerk ⓝ *hant*·verk artesanía
Handy ⓝ *hen*·di teléfono móvil
Hang ⓜ *hang* pista de esquí
Hängematte ⓕ *hen*·gue·ma·te hamaca
hart *hart* duro
Haupt- *haupt·* principal· capital
Hauptplatz ⓜ *haupt*·plats plaza mayor
Haus ⓝ *hauss* casa
Hausarbeit ⓕ *hauss*·ahr·bait tareas domésticas
nach Hause *naj hau*·se (ir) a casa
Hausfrau ⓕ *hauss*·frau casera
Hausmann ⓜ *hauss*·man casero
Haut ⓕ *haut* piel
heilig *hai*·lish santo/sagrado
Heiligabend ⓜ *hai*·lish·*ah*·bent Nochebuena
Heilige ⓜ y ⓕ *hai*·li·gue santo
Heim ⓝ *haim* hogar
Heimweh haben *haim*·veh *hah*·ben extrañar a la familia, al país
heiraten *hai*·rah·ten casarse
heiß *haiss* caliente
Heizgerät ⓝ *haits*·gue·reht calentador
helfen *hel*·fen ayudar
hell *hel* ligero (peso)
Helm ⓜ *helm* casco
Hemd ⓝ *hemt* camisa
Herausgeber(in) ⓜ/ⓕ he·*rauss*·gueh·ba/ he·*rauss*·gueh·be·rin editor/a
Herbst ⓜ *herpst* otoño
Herd ⓜ *hehrt* estufa

Hering ⓜ *heh*·ring arenque
Heroin ⓝ he·ro·*ihn* heroína
Herz ⓝ *herts* corazón
Herzleiden ⓝ *herts*·lai·den afección cardíaca
Herzschrittmacher ⓜ *herts*·shrit·ma·ja marcapasos
Heuschnupfen ⓜ *hoi*·shnup·fen alergia al polen
heute *hoi*·te hoy
heute Abend *hoi*·te *ah*·bent esta tarde-noche
hier *hih*·a aquí
Hilfe ⓕ *hil*·fe ayuda
Himbeere ⓕ *him*·beh·re frambuesa
Himmel ⓜ *hi*·mel cielo
hinten *hin*·ten al fondo
hinter *hin*·ta detrás´
Hintern *hin*·tern trasero (parte del cuerpo)
hinüber hih·*nüh*·ba desde el otro lado
historisch his·*toh*·rish histórico
Hitze ⓕ *hi*·tse calor
HIV-positiv hah·ih·fau·*poh*·si·tihf seropositivo
hoch *hoj* alto
Hochebene ⓕ *hoj*·eh·be·ne meseta
Hochzeit ⓕ *hoj*·tsait boda
Hochzeitsgeschenk ⓝ *hoj*·tsaits·gue·shenk regalo de boda
Hochzeitstorte ⓕ *hoj*·tsaits·tor·te tarta nupcial
Hockey ⓜ *ho*·ki hockey
Höhe ⓕ *hö*·e altitud
Höhle ⓕ *hö*·le cueva
Holz ⓝ *holts* madera
homöopathisches Mittel ⓝ hoh·möh·*pah*·ti·shes *mi*·tel medicina homeopática
homosexuell hoh·mo·sek·su·*el* homosexual
Honig ⓜ *hoh*·nik miel
hören *hö*·ren oír · escuchar
Hörgerät ⓝ *hö*·a·gue·ret audífono

Horoskop ⓝ ho·ros·*kohp* horóscopo
Hose ⓕ *hoh*·se pantalones
Hotel ⓝ ho·*tel* hotel
hübsch *hüpsh* bonito
Hüfttasche ⓕ *hüft*·ta·she riñonera
Hügel ⓜ *hü*·guel colina
Huhn ⓝ huhn pollo
Hühnerbrust ⓕ *hü*·na·brust pechuga de pollo
Hülsenfrucht ⓕ *hül*·sen·frujt legumbre
Hund ⓜ hunt perro
hundert *hun*·dert cien
hungrig *hun*·grish hambriento
husten *hus*·ten toser
Hustensaft ⓜ *hus*·ten·saft medicina para la tos
Hut ⓜ huht sombrero
Hütte ⓕ *hü*·te cabaña
Hüttenkäse ⓜ *hü*·ten·keh·se requesón

I

ich ish yo
Idee ⓕ i·*deh* idea
Idiot ⓜ i·di·*oht* idiota
ihr *ih*·a su (ella) • su (ellos)
Ihr *ih*·a su (usted)
illegal *i*·le·gahl ilegal
immer *i*·ma siempre
Immigration ⓕ i·mi·gra·*tsion* inmigración
in in en
inbegriffen *in*·be·gri·fen incluido
Indien ⓝ *in*·di·en India
Industrie ⓕ in·dus·*trih* industria
Ingenieur(in) ⓜ/ⓕ in·zhe·*nih*·a(·rin) ingeniero/a
Ingenieurwesen ⓝ in·zhe·*nih*·a·veh·sen ingeniería
Ingwer ⓜ *ing*·va jengibre
Injektion ⓕ in·yek·*tsion* inyección
injizieren in·yi·*tsih*·ren inyectar
innen *i*·nen dentro
Innenstadt ⓕ *i*·nen·shtat centro de la ciudad
innerhalb (einer Stunde) *i*·na·halp (*ai*·na shtun·de) dentro de (una hora)
Insekt ⓝ in·*sekt* insecto
Insektenschutzmittel ⓝ in·*sek*·ten·shuts·mi·tel repelente de insectos
Insel ⓕ *in*·sel isla
Installateur(in) ⓜ/ⓕ in·sta·la·*tör*/in·sta·la·*tö*·rin fontanero
interessant in·te·re·*sant* interesante
international in·ter·na·tsio·*nahl* internacional
Internet ⓝ *in*·ter·net Internet
Interview ⓝ *in*·ter·viuh entrevista
Intrauterinpessar ⓝ in·tra·u·te·*rihn*·pe·ssah DIU
irgendein ir·guend·*ain* cualquier/algún
irgendetwas *ir*·guend·*et*·vass algo/nada
irgendwo ir·guent·*voh* cualquier lugar

J

ja yah sí
Jacke ⓕ *ya*·ke chaqueta
Jagd ⓕ yajt caza
Jahr ⓝ yahr año
Jahreszeit ⓕ *yah*·res·tsait estación
Japan ⓝ *yah*·pahn Japón
Jeans ⓕ pl dzhihns vaqueros
jeder ⓜ *yeh*·da cada
jemand *yeh*·mant alguien
jetzt yetst ahora
Jockey ⓜ *dzho*·ki jinete
Joga ⓕ *yoh*·ga yoga
Joghurt ⓜ *yoh*·gurt yogur
Journalist(in) ⓜ/ⓕ zhur·na·*list*/zhur·na·*lis*·tin periodista
Juckreiz ⓜ *yuk*·raits picor
jüdisch *yü*·dish judío
Jugendherberge ⓕ *yuh*·guent·*heh*·a·bea·gue albergue de juventud
jung yung joven

Junge ⓜ *yun*·gue chico
Jura ⓝ *yuh*·ra derecho (estudios)

K

Kabel ⓝ *kah*·bel cable
Kaffee ⓜ *ka*·feh café (bebida)
Kakao ⓜ *ka*·kau cacao
Kakerlake ⓕ *kah*·ka·lah·ke cucaracha
Kalbfleisch ⓝ *kalp*·flaish ternera
Kalender ⓜ *ka*·*len*·da calendario
kalt *kalt* frío
Kamera ⓕ *kah*·me·ra cámara
Kamm ⓜ *kam* peine
Kampf ⓜ *kampf* lucha
Kampfsport ⓜ *kampf*·shport artes marciales
Kanarienvogel ⓜ ka·*nah*·ri·en·foh·guel canario
Kaninchen ⓝ ka·*nihn*·shen conejo
Kantine ⓕ kan·*tih*·ne comedor
Kapelle ⓕ ka·*pe*·le capilla • grupo (música)
Kapitalismus ⓜ ka·pi·ta·*lis*·muss capitalismo
kaputt ka·*put* roto
Karte ⓕ *kar*·te mapa • billete
Karten ⓕ pl *kar*·ten cartas
Kartoffel ⓕ *kar*·to·fel patata
Karton ⓜ *kar*·ton caja • cartón
Ostern ⓕ *os*·tern Semana Santa
Käse ⓜ *keh*·se queso
Kasino ⓝ ka·*sih*·no casino
Kasse ⓕ *ka*·sse caja registradora • caja
Kassette ⓕ *ka*·sse·te casete
Kassierer(in) ⓜ/ⓕ ka·*sih*·ra/ka·sih·re·rin cajero/a
Katholik(in) ⓜ/ⓕ ka·to·*lihk*/ka·to·lih·kin católico/a
Kätzchen ⓝ *kets*·shen gatito
Katze ⓕ *ka*·tse gato
kaufen *kau*·fen comprar
Kaugummi ⓜ *kau*·gu·mi chicle
Kaviar ⓜ *kah*·vi·ar caviar
Keilriemen ⓜ *kail*·rih·men correa del ventilador

keine *kai*·ne ninguno
Keks ⓜ *keks* galleta
Keller ⓜ *ke*·la bodega
Kellner(in) ⓜ/ⓕ *kel*·na/*kel*·ne·rin camarero/a
Kennen(-lernen) *ke*·nen·ler·nen conocer (a alguien)
Keramik ⓕ ke·*rah*·mik cerámica
Kerze ⓕ *ker*·tse vela
Kessel ⓜ *ke*·ssel tetera
Ketchup ⓜ *ket*·chap ketchup
Kette ⓕ *ke*·te cadena
Kichererbse ⓕ *ki*·sha·erp·se garbanzo
Kiefer ⓜ *kih*·fa mandíbula
Kilogramm ⓝ *kih*·lo·gram kilogramo
Kilometer ⓜ ki·lo·*meh*·ta kilómetro
Kind ⓝ *kint* niño
Kinder ⓝ pl *kin*·da niños
Kinderbetreuung ⓕ *kin*·da·be·troi·ung cuidado de niños
Kindergarten ⓜ *kin*·da·gar·ten jardín de infancia
Kinderkrippe ⓕ *kin*·da·kri·pe orfanato
Kindersitz ⓜ *kin*·da·sits silla para niños (coche)
Kino ⓝ *kih*·no cine
Kiosk ⓜ *kih*·osk quiosco
Kirche ⓕ *kir*·she iglesia
Kissen ⓝ *ki*·ssen almohada
Kiwifrucht ⓕ *kih*·vi·frujt kiwi
Klasse ⓕ *kla*·sse clase
klassisch *kla*·ssish clásico
Klavier ⓝ *kla*·vih·a piano
Kleid ⓝ *klait* vestido
Kleidung ⓕ *klai*·dung ropa
klein *klain* pequeño • bajo (altura)
Kleingeld ⓝ *klain*·guelt calderilla
klettern *kle*·tern escalar/trepar
Klima ⓝ *klih*·ma clima
Klimaanlage ⓕ *klih*·ma·an·lah·gue aire acondicionado
klingeln *klin*·gueln sonar (el teléfono)
Klippe ⓕ *kli*·pe acantilado

Kloster ⓝ *klohs*·ta convento • monasterio
Knappheit ⓕ *knap*·hait escasez
Kneipe ⓕ *knai*·pe pub
Knie ⓝ knih rodilla
Knoblauch ⓜ *kno*·blauj ajo
Knöchel ⓜ *knö*·jel tobillo
Knochen ⓜ *kno*·jen hueso
Knopf ⓜ knopf botón
Koch ⓜ koj chef • cocinero
kochen *ko*·jen cocinar
Kocher ⓜ *ko*·ja cocina de camping gas
Köchin ⓕ *kö*·jin chef • cocinero
Köder ⓜ *kö*·da cebo
Koffer ⓜ *ko*·fa maleta
Kofferraum ⓜ *ko*·fa·raum maletero
Kohl ⓜ kohl col
Kokain ⓝ *ko*·ka·ihn cocaína
Kollege ⓜ ko·*leh*·gue colega
Kollegin ⓕ ko·*leh*·guin colega
kommen *ko*·men venir
Kommunion ⓕ ko·mu·*nion* comunión
Komödie ⓕ ko·*mö*·di·e comedia
Kompass ⓜ *kom*·pass brújula
Konditorei ⓕ kon·dih·to·*rai* pastelería
Kondom ⓝ kon·*dohm* preservativo
König ⓜ *köh*·nish rey
Königin ⓕ *köh*·ni·guin reina
können *kö*·nen poder • tener permiso para
konservativ kon·ser·va·tihf conservador
Konsulat ⓝ kon·su·*laht* consulado
Kontaktlinsen ⓕ pl kon·*takt*·lin·sen lentillas
Kontostand ⓜ *kon*·to·shtant situación de la cuenta bancaria
Kontrollstelle ⓕ kon·*trol*·shte·le control
Konzert ⓝ kon·*tsert* concierto
Konzerthalle ⓕ kon·*tsert*·ha·le auditorio
Kopf ⓜ kopf cabeza

Kopfsalat ⓜ *kopf*·sa·laht lechuga
Kopfschmerzen pl *kopf*·shmer·tsen dolor de cabeza
Kopfschmerztablette ⓕ *kopf*·shmerts·ta·ble·te aspirina
Korb ⓜ korp cesto
Körper ⓜ *kör*·pa cuerpo
korrupt ko·*rupt* corrupto
kosten *kos*·ten costar
köstlich *köst*·lish delicioso
Kraft ⓕ kraft poder
Krampf ⓜ krampf rampa
krank krank enfermo/mareado
Krankenhaus ⓝ *kran*·ken·haus hospital
Krankenpfleger ⓜ *kran*·ken·pfleh·ga enfermero
Krankenschwester ⓕ *kran*·ken·shves·ta enfermera
Krankenwagen ⓜ *kran*·ken·vah·guen ambulancia
Krankheit ⓕ *krank*·hait enfermedad
Kräuter ⓝ pl *kroi*·ta hierbas
Krebs ⓜ kreps cáncer
Kreditkarte ⓕ kreh·*diht*·kar·te tarjeta de crédito
Kreisverkehr ⓜ *krais*·fea·keh·a rotonda
Kreuz ⓝ kroits cruz
Krieg ⓜ krehk guerra
Kritik ⓕ kri·*tihk* críticas (arte)
Küche ⓕ *kü*·she cocina
Kuchen ⓜ *kuh*·jen pastel/tarta
Kuckucksuhr ⓕ *ku*·kuks·uh·a reloj de cuco
Kugelschreiber ⓜ *kuh*·guel·shrai·ba bolígrafo
Kuh ⓕ kuh vaca
Heitskörper ⓜ *heits*·kör·pa radiador
Kühlschrank ⓜ *kül*·shrank nevera
sich kümmern um sish *kü*·mern um cuidar
Kunde ⓜ *kun*·de cliente
kündigen *kün*·di·guen dimitir
Kundin ⓕ *kun*·din cliente
Kunst ⓕ kunst arte

Kunstgalerie ⓕ *kunst*·ga·le·rih galería de arte
Kunstgewerbe ⓝ *kunst*·gue·ver·be artesanía
Kunsthandwerk ⓝ *kunst*·hant·verk artesanía
Künstler(in) ⓜ/ⓕ *künst*·la/*künst*·le·rin artista
Kunstsammlung ⓕ *kunst*·sam·lung colección de arte
Kunstwerk ⓝ *kunst*·verk obra de arte
Kupplung ⓕ *ku*·plung embrague
Kürbis ⓜ *kür*·bis calabaza
kurz *kurts* corto
kurzärmelig *kurts*·èhr·me·lish de manga corta
Kuss ⓜ *kuss* beso
küssen *kü*·ssen besar
Küste ⓕ *küs*·te costa

L

lächeln *le*·jeln sonreír
lachen *la*·jen reír
Lachs ⓜ *lajs* salmón
Lage ⓕ *lah*·gue situación
Lamm ⓝ *lam* cordero
Land ⓝ *lant* país • campo
Landschaft ⓕ *lant*·shaft paisaje
Landwirtschaft ⓕ *lant*·virt·shaft agricultura
lang *lang* largo
langärmelig *lang*·ehr·me·lish de manga larga
langsam *lang*·sahm lento • despacio
langweilig *lang*·vai·lish aburrido
Laptop ⓜ *lep*·top ordenador portátil
Lastwagen ⓜ *last*·vah·guen camión
Lauch ⓜ *lauj* puerro
laufen *lau*·fen correr
Läuse ⓕ pl *loi*·se piojos
laut *laut* fuerte (sonido) • ruidoso
Lautstärke ⓕ *laut*·shtehr·ke volumen (sonido)
Lawine ⓕ la·*vih*·ne alud
leben *leh*·ben vivir
Leben ⓝ *leh*·ben vida

Lebenslauf ⓜ *leh*·bens·lauf currículum (CV)
Lebensmittelladen ⓜ *leh*·bens·mi·tel·lah·den tienda de comestibles
Lebensmittelvergiftung ⓕ *leh*·bens·mi·tel·fea·*guif*·tung intoxicación
Leber ⓕ *leh*·ba hígado
Leder ⓝ *leh*·da piel (cuero)
ledig *leh*·dish soltero
leer *leh*·a vacío
legen *leh*·guen colocar horizontalmente
Lehrer(in) ⓜ/ⓕ *leh*·ra/*leh*·re·rin profesor/a • monitor/a
leicht *laisht* fácil
Leichtathletik ⓕ *laisht*·at·leh·tik atletismo
leihen *lai*·en tomar prestado
Leinen ⓝ *lai*·nen lino
Leitungswasser ⓝ *lai*·tunks·va·ssa agua del grifo
Lenker ⓜ *leng*·ka manillar
lernen *ler*·nen aprender
Lesbierin ⓕ *les*·bin lesbiana
lesen *leh*·sen leer
letzte *lets*·te último
Licht ⓝ *lisht* luz
lieben *lih*·ben amor
liebevoll *lih*·be·fol afectuoso
Liebhaber(in) ⓜ/ⓕ *lihb*·hah·ba/*lihb*·hah·be·rin amante
Lied ⓝ *liht* canción
liefern *lih*·fern entregar
Lieferwagen ⓜ *lih*·fea·vah·guen furgoneta
liegen *lih*·guen tumbado
Lift ⓜ *lift* ascensor
lila *lih*·la violeta
Limonade ⓕ li·mo·*nah*·de gaseosa
Limone ⓕ li·*moh*·ne lima
Linie ⓕ *lih*·ni·e línea
links *links* izquierda (dirección)
linksgerichtet *links*·gue·rish·tet de izquierdas

Linse *lin*·se lentejas
Lippen ⓕ pl *li*·pen labios
Lippenbalsam ⓜ *li*·pen·bal·sahm bálsamo labial
Lippenstift ⓜ *li*·pen·shtift barra de labios
Liter ⓜ *lih*·ta litro
Löffel ⓜ *lö*·fel cuchara
Lohn ⓜ lohn sueldo
Lohnsatz ⓜ *lohn*·sats sueldo
Lokal ⓜ lo·*kahl* bar
Luft ⓕ luft aire
Luftkrankheit ⓕ *luft*·krank·hait mareo (por viajar en avión)
Luftpost ⓕ *luft*·post correo aéreo
Luftpumpe ⓕ *luft*·pum·pe bomba
Luftverschmutzung ⓕ *luft*·fea·shmu·tsung contaminación ambiental
Lügner(in) ⓜ/ⓕ *lüg*·na/*lüg*·ne·rin mentiroso/a
Lungen ⓕ pl *lun*·guen pulmones
lustig *lus*·tish gracioso
luxuriös luk·su·ri·ós lujoso

M

machen *ma*·jen hacer
Mädchen ⓝ *met*·shen niña
Magen ⓜ *mah*·guen estómago
Magen-Darm-Katarrh ⓜ *mah*·guen·*darm*·ka·tar gastroenteritis
Magenschmerzen ⓜ pl *mah*·guen·shmer·tsen dolor de barriga
Magenverstimmung ⓕ *mah*·guen·fea·shti·mung indigestión
Mayonnaise ⓕ ma·yo·*neh*·se mayonesa
Makler(in) ⓜ/ⓕ *mah*·kla/*mah*·kle·rin agente de la propiedad inmobiliaria
Maler(in) ⓜ/ⓕ *mah*·la/*mah*·le·rin pintor/a
Malerei ⓕ mah·le·*rai* pintura (el arte)
Mama ⓕ *ma*·ma mamá

Mammogramm ⓝ ma·mo·*gram* mamografía
manchmal *manch*·mahl a veces
Mandarine ⓕ man·da·*rih*·ne mandarina
Mandel ⓕ *man*·del almendra
Mann ⓜ man hombre
Mannschaft ⓕ *man*·shaft equipo
Mantel ⓜ *man*·tel abrigo • capa
Margarine ⓕ mar·ga·*rih*·ne margarina
Marihuana ⓝ ma·ri·hu·*ah*·na marihuana
Markt ⓜ markt mercado
Marktplatz ⓜ *markt*·plats plaza del mercado
Marmelade ⓕ mar·me·*lah*·de mermelada
Maschine ⓕ ma·*shih*·ne máquina
Masern pl *mah*·sern sarampión
Massage ⓕ ma·*ssah*·zhe masaje
Masseur(in) ⓜ/ⓕ ma·*söh*·a(·rin) masajista
Material ⓝ ma·te·ri·*ahl* material
Matratze ⓕ ma·*tra*·tse colchón
Matte ⓕ *ma*·te estera
Mauer ⓕ *mau*·a muro
Maurer(in) ⓜ/ⓕ *mau*·ra/*mau*·re·rin albañil
Maus ⓕ mauss ratón
Mechaniker(in) ⓜ/ⓕ me·*jah*·ni·ka/me·*jah*·ni·ke·rin mecánico
Medien pl *meh*·di·en medios de comunicación
Meditation ⓕ me·di·ta·*tsion* meditación
Medizin ⓕ me·di·*tsihn* medicina
Meer ⓝ *meh*·a mar
Meeresküste ⓕ *meh*·res·küs·te costa
Meerrettich ⓜ *meh*·a·re·tish rábano picante
Mehl ⓝ mehl harina
mehr *meh*·a más
nicht mehr nisht *meh*·a ya no
mein main mío • mi

Meinung ⓕ *mai·*nung opinión
Meisterschaften ⓕ pl
mais·ta·shaf·ten campeonatos
Melodie ⓕ *me·lo·dih* melodía
Melone ⓕ *me·loh·*ne melón
Mensch ⓜ *mensh* persona
Menschen ⓜ pl *men·shen* gente
Menschenrechte ⓝ pl
men·shen·resh·te derechos humanos
menschlich *mensh·lish* humano
Menstruation ⓕ *mens·tru·a·tsion* menstruación
Menstruationsbeschwerden
pl *mens·tru·a·tsions·be·shvehr·den* dolores menstruales
Messe ⓕ *me·sse* misa (católica) • feria comercial
Messer ⓝ *me·ssa* cuchillo
Metall ⓝ *me·tal* metal
Meter ⓝ *meh·ta* metro
Metzgerei ⓕ *mets·gue·rai* carnicería
mieten *mih·ten* alquilar
Mietvertrag ⓜ *miht·fea·trahk* contrato de arrendamiento
Migräne ⓕ *mi·grèh·*ne migraña
Mikrowelle ⓕ *mih·kro·ve·le* microondas
Milch ⓕ *milsh* leche
Milchprodukte ⓝ pl
milsh·pro·duk·te productos lácteos
Militär ⓝ *mi·li·teh·a* ejército
Millimeter ⓝ *mi·li·meh·ta* milímetro
Million ⓕ *mi·lion* millón
Mineralwasser ⓝ *mi·ne·rahl·va·ssa* agua mineral
Minute ⓕ *mi·nuh·te* minuto
mischen *mi·shen* mezclar
mit *mit* con
Mitglied ⓝ *mit·gliht* miembro
Mittag ⓜ *mi·tahk* mediodía
Mittagessen ⓝ *mi·tahk·e·ssen* almuerzo
Mitteilung ⓕ *mit·tai·lung* mensaje
Mitternacht ⓕ *mi·ta·najt* medianoche
Mittwoch ⓜ *mit·voj* miércoles

Möbel ⓝ pl *mö·bel* muebles
Modem ⓝ *moh·dem* módem
mögen *möh·guen* gustar
möglich *mö·glish* posible
Mohrrübe ⓕ *mohr·rü·be* zanahoria
Monat ⓜ *moh·nat* mes
Montag ⓜ *mohn·tahk* lunes
Morgen ⓜ *mor·guen* mañana
morgen *mor·guen* mañana (día siguiente)
morgen früh *mor·guen früh* mañana por la mañana
Moschee ⓕ *mo·sheh* mezquita
Moslem ⓜ *mos·lem* musulmán
Moslime ⓕ *mos·lih·me* musulmana
Motor ⓜ *moh·to·a/mo·toh·a* motor
Motorboot ⓝ *moh·toh·a·boht* motora
Motorrad ⓝ *moh·toh·a·raht* motocicleta
Möwe ⓕ *möh·ve* gaviota
müde *müh·de* cansado
Müll ⓜ *mül* basura
Mülleimer ⓜ *mül·ai·ma* cubo de la basura
Mund ⓜ *munt* boca
Mundfäule ⓕ *munt·foi·le* aftas (estomatitis ulcerosa)
Münzen ⓕ pl *mün·tsen* monedas
Muschel ⓕ *mu·shel* mejillón
Museum ⓝ *mu·seh·um* museo
Musik ⓕ *mu·sihk* música
Musiker(in) ⓜ/ⓕ *muh·si·ka/muh·si·ke·rin* músico
Muskel ⓜ *mus·kel* músculo
Muskelzerrung ⓕ *mus·kel·tsea·rung* esguince
Müsli ⓝ *müs·li* muesli
mutig *muh·tish* valiente
Mutter ⓕ *mu·ta* madre

nach *naj* después • hacia
Nachkomme ⓜ *naj·ko·me* descendiente

Nachmittag ⓜ *naj*·mi·tahk tarde
Nachname ⓜ *naj*·nah·me apellido
Nachrichten pl *naj*·rish·ten noticias
nächste *nèhjs*·te al lado • más cercano
Nacht ⓕ najt noche
Nadel ⓕ *nah*·del aguja de coser • jeringuilla
Nagelknipser ⓜ pl *nah*·guel·knip·sa cortaúñas
nahe *nah*·e próximo (cercano)
in der Nähe in *deh*·a *neh*·e cercano
nähen *nèh*·en coser
Name ⓜ *nah*·me nombre
Nase ⓕ *nah*·se nariz
nass nass mojado
Natur ⓕ na·*tuh*·a naturaleza
Naturheilkunde ⓕ na·*tuh*·a·hail·kun·de naturopatía
Naturreservat ⓝ na·*tuh*·a·re·seh·a·vaht reserva natural
neben *neh*·ben al lado de
neblig *neh*·blish nebuloso
Neffe ⓜ *ne*·fe sobrino
nehmen *neh*·men llevar/tomar
nein nain no
nett net amable
Netz ⓝ nets red
neu noi nuevo
Neujahrstag ⓜ *noi*·yahrs·tahk Día de Año Nuevo
nicht nisht no
Nichte ⓕ *nish*·te sobrina
Nichtraucher- *nisht*·rau·ja· de no fumadores
nichts nishts nada
nie nih nunca
Niederlande pl *nih*·da·lan·de Países Bajos
niedrig *nih*·drish bajo
noch nicht noj nisht todavía no
Nonne ⓕ *no*·ne monja
Norden ⓜ *nor*·den norte
normal nor·*mahl* normal
normale Post ⓕ nor·*mah*·le *post* correo de superficie

Notfall ⓜ *noht*·fal urgencia
Notizbuch ⓝ no·*tihts*·buj libreta
notwendig noht·*ven*·dish necesario
Nudeln pl *nuh*·deln fideos • pasta
null nul cero
Nummer ⓕ *nu*·ma number
nur *nuh*·a solo
Nuss ⓕ nuss fruto seco
nützlich *nüts*·lish útil

O

obdachlos *ob*·daj·lohs sin techo
oben *oh*·ben piso de arriba
Objektiv *ob*·yek·*tihf* lentes (cámara)
Obsternte ⓕ *ohbst*·ern·te recogida de fruta
oder *oh*·da o
Ofen ⓜ *oh*·fen horno
offen *o*·fen abierto
offensichtlich o·fen·*sisht*·lish obvio
öffentlich *ö*·fent·lish público
öffnen *öf*·nen abrir
Öffnungszeiten ⓕ pl *öf*·nunks·tsai·ten horario de atención al público
oft oft a menudo
ohne *oh*·ne sin
Ohr ⓝ *oh*·a oído/oreja
Ohrenstöpsel ⓜ *oh*·ren·shtöp·sel tapones para el oído
Ohrringe ⓜ pl *oh*·a·rin·gue pendientes
Öl ⓝ öl petróleo
Olive ⓕ o·*lih*·ve aceituna
Olivenöl ⓝ o·*lih*·ven·öl aceite de oliva
Olympische Spiele ⓝ pl o·*lüm*·pi·she *shpih*·le Juegos Olímpicos
Oma ⓕ *oh*·ma abuela
Onkel ⓜ *on*·kel tío
Opa ⓜ *oh*·pa abuelo
Oper ⓕ *oh*·pa ópera
Operation ⓕ o·pe·ra·*tsion* operación

Opernhaus ⓝ *oh*·pern·hauss ópera (edificio)
Optiker(in) ⓜ/ⓕ *op*·ti·ka/*op*·ti·ke·rin óptico/a
orange o·*rahn*·zhe naranja (color)
Orange ⓕ o·*rahn*·zhe naranja (fruta)
Orangenmarmelade ⓕ o·*rahn*·zhen·mar·me·*lah*·de mermelada de naranja
Orangensaft ⓜ o·*rahn*·zhen·saft zumo de naranja
Orchester ⓝ ohr·*kes*·ta orquesta
organisieren or·ga·ni·*sih*·ren organizar
Orgasmus ⓜ or·*gas*·muss orgasmo
Orgel ⓕ *ohr*·guel órgano (iglesia)
Original- o·ri·gui·*nahl*· original (ejemplar)
örtlich *ört*·lish local
Osten ⓜ *os*·ten este
der Nahe Osten ⓜ *deh*·a *nah*·e *os*·ten Oriente Medio
Ostern ⓝ *os*·tern Pascua
Österreich ⓝ *ös*·ta·raish Austria
Ozean ⓜ *oh*·tse·ahn océano
Ozonschicht ⓕ o·*tsohn*·shisht capa de ozono

P

Paar ⓝ pahr pareja
ein paar ain pahr un par
Packung ⓕ *pa*·kung paquete (general)
Paket ⓝ pa·*keht* paquete
Pampelmuse ⓕ pam·pel·*muh*·se pomelo
eine Panne haben ai·ne *pa*·ne *hah*·ben averiarse
Papa ⓜ *pa*·pa papá
Papagei ⓜ pa·pa·*gai* loro
Papier ⓝ pa·*pih*·a papel
Papiertaschentücher ⓝ pl pa·*pih*·a·ta·shen·tü·sha pañuelos de papel
Paprika ⓕ *pa*·pri·kah pimentón dulce · pimentón

Parfüm ⓝ par·*füm* perfume
Park ⓜ park parque
Parkplatz ⓜ *park*·plats parking
Parlament ⓝ par·la·*ment* parlamento
Partei ⓕ par·*tai* partido (político)
Pass ⓜ pass pasaporte
Passnummer ⓕ *pass*·nu·ma número de pasaporte
Pause ⓕ *pau*·se pausa
eine Pause machen ai·ne *pau*·se *ma*·jen descansar
Pedal ⓝ pe·*dahl* pedal
Penis ⓜ *peh*·niss pene
Pension ⓕ pan·*sion* pensión
pensioniert pan·sio·*nih*·ert jubilado
Person ⓕ per·*sohn* persona
Personalausweis ⓜ per·so·*nahl*·auss·vaiss identificación (documento)
persönlich per·*söhn*·lish personal
Petersilie ⓕ peh·ta·*sih*·li·e perejil
Petition ⓕ pe·ti·*tsion* petición/demanda
Pfad ⓜ pfaht camino · sendero
Pfanne ⓕ *pfa*·ne cacerola
Pfeffer ⓜ *pfe*·fa pimienta
Pfefferminzbonbons ⓝ pl pfe·fa·*mints*·bon·bons caramelos de menta
Pfeife ⓕ *pfai*·fe tubería
Pferd ⓝ pfehrt caballo
Pfirsich ⓜ *pfir*·sish melocotón
Pflanze ⓕ *pflan*·tse planta
Pflaster ⓝ *pflas*·ta tirita
Pflaume ⓕ *pflau*·me ciruela
pflücken *pflü*·ken coger (flores)
Pfund ⓝ pfunt libra (peso)
Phantasie ⓕ fan·ta·*sih* imaginación
Physik ⓕ fü·*sihk* física
Picknick ⓝ *pik*·nik picnic
Pilgerfahrt ⓕ *pil*·ga·fahrt peregrinación
Pille ⓕ *pi*·le píldora/pastilla
die Pille ⓕ dih *pi*·le la píldora
Pilz ⓜ pilts setas

Pinzette ⓕ pin·*tse*·te pinzas
PKW-Zulassung ⓕ *peh*·kah·veh·*tsuh*·la·ssung matrícula de coche
Plakat ⓝ pla·*kaht* póster
Planet ⓜ pla·*neht* planeta
Plastik ⓝ *plas*·tik plástico
Platz ⓜ plats lugar • asiento (tren, cine) • plaza (ciudad) • pista (tenis)
Platz ⓜ **am Gang** plats am gang asiento al lado del pasillo
Poker ⓝ *poh*·ka póquer
Politik ⓕ po·li·*tihk* política
Politiker(in) ⓜ/ⓕ po·*lih*·ti·ka/ po·*lih*·ti·ke·rin político/a
Polizei ⓕ po·li·*tsai* policía
Polizeirevier ⓝ po·li·*tsai*·re·vih·a comisaría
Pollen ⓜ *po*·len polen
Pony ⓝ *po*·ni poni
Porto ⓝ *por*·to franqueo
Post ⓕ post correo
Postamt ⓝ *post*·amt oficina de correos
Postkarte ⓕ *post*·kar·te postal
postlagernd *post*·lah·guernt lista de correos
Postleitzahl ⓕ *post*·lai·tsahl código postal
praktisch *prak*·tish práctico
prämenstruelle Störung ⓕ prèh·mens·tru·*eh*·le shtöh·rung síndrome premenstrual
Präsident(in) ⓜ/ⓕ pre·si·*dent*/ pre·si·*den*·tin presidente/a
Preis ⓜ praiss precio
Premierminister(in) ⓜ/ⓕ pre·mi·*eh*·mi·nis·ta/ pre·mi·*eh*·mi·nis·te·rin primer/a ministro/a
Priester ⓜ *prihs*·ta cura
privat pri·*vaht* privado
Privatklinik ⓕ pri·*vaht*·klih·nik clínica
pro pro por
produzieren pro·du·*tsih*·ren producir

Programm ⓝ pro·*gram* programa
Projektor ⓜ pro·*yek*·to·a proyector
Prosa ⓕ *proh*·sa ficción
Prostituierte ⓕ pros·ti·tu·*ihr*·te prostituta
Protest ⓜ pro·*test* protesta
protestieren pro·tes·*tih*·ren protestar
Prozent ⓝ pro·*tsent* porcentaje
prüfen *prü*·fen comprobar
Psychologie ⓕ psü·jo·lo·*guih* psicología
Pullover ⓜ pu·*loh*·va jersey
Pumpe ⓕ *pum*·pe bomba
Punkt ⓜ punkt punto
Puppe ⓕ *pu*·pe muñeca

Q

Qualifikationen ⓕ pl kva·li·fi·ka·*tsio*·nen titulación
Qualität ⓕ kva·li·*teht* calidad
Quarantäne ⓕ ka·ran·*tèh*·ne cuarentena
Querschnittsgelähmte ⓜ y ⓕ *kveh*·a·shnits·gue·lèhm·te parapléjico
Quittung ⓕ *kvi*·tung recibo

R

Rabatt ⓜ ra·*bat* descuento
Rad ⓝ raht rueda
radfahren *raht*·fah·ren ir en bicicleta
Radfahrer(in) ⓜ/ⓕ *raht*·fah·ra/ *raht*·fah·re·rin ciclista
Radio ⓝ *rah*·di·o radio
Radsport ⓜ *raht*·shport ciclismo
Radweg ⓜ *raht*·vehk carril bici
Rahmen ⓜ *rah*·men marco
Rallye ⓕ *rèh*·li rally
Rasiercreme ⓕ ra·*sih*·a·krèhm espuma de afeitar
rasieren ra·*sih*·ren afeitar
Rasierer ⓜ ra·*sih*·ra maquinilla de afeitar
Rasierklingen ⓕ pl ra·*sih*·a·klin·guen cuchillas de afeitar

Rassismus m *ra·ssis·muss* racismo
Rat m *raht* consejo
raten *rah·ten* aconsejar • adivinar
Ratte f *ra·te* rata
Raub m *raub* robo/atraco
rauchen *rau·jen* fumar
Raum m *raum* espacio
realistisch *re·a·lis·tish* realista
Rebe f *reh·be* vid
Rechnung f *rej·nung* cuenta
rechts *rejts* derecha (dirección)
rechtsgerichtet *rejts·gue·rish·tet* de derechas
Rechtsanwalt m *rejts·an·valt* abogado
Rechtsanwältin f *rejts·an·vel·tin* abogada
recyklieren *ri·sih·keln* reciclar
Regal n *re·gahl* estante
Regeln f pl *reh·gueln* reglas/normas
Regen m *reh·guen* lluvia
Regenmantel m *reh·guen·man·tel* impermeable
Regenschirm m *reh·guen·shirm* paraguas
Regierung f *re·guih·rung* gobierno
Region f *re·guion* región
Regisseur(in) m/f *re·zhi·söh·a/re·zhi·söh·rin* director/a
reich *raish* adinerado
Reifen m *rai·fen* neumático
Reifenpanne f *rai·fen·pa·ne* pinchazo
rein *rain* puro
Reinigung f *rai·ni·gung* limpieza
Reis m *raiss* arroz
Reise f *rai·se* viaje • excursión
Reisebüro n *rai·se·bü·roh* agencia de viajes
Reiseführer m *rai·se·füh·ra* guía
Reisekrankheit f *rai·se·krank·hait* mareo
reisen *rai·sen* viajar
Reisende m/f *rai·sen·de* pasajero/a (tren)
Reisepass m *rai·se·pass* pasaporte
Reiseroute f *rai·se·ruh·te* itinerario
Reisescheck m *rai·se·chek* cheque de viaje
Reiseziel n *rai·se·tsihl* destino
Reißverschluss m *raiss·fea·shluss* cremallera
Reiten n *rai·ten* equitación
reiten *rai·ten* montar (a caballo)
Reitweg m *rait·vehk* camino de herradura
Religion f *re·li·guion* religión
religiös *re·li·guiös* religioso
Reliquie f *re·lih·kvi·e* reliquia
Rennbahn f *ren·bahn* circuito/pista
rennen *re·nen* correr
Rennen n *re·nen* carrera (deporte)
Rennrad n *ren·raht* bicicleta de carreras
Rentner(in) m/f *rent·na/rent·ne·rin* pensionista
reparieren *re·pa·rih·ren* reparar
Republik f *re·pu·blihk* república
Reservereifen m *re·seh·a·ve·rai·fen* rueda de recambio
reservieren *re·sa·vih·ren* reservar
Reservierung f *re·sa·vih·rung* reserva
Restaurant n *res·to·rahnt* restaurante
retten *re·ten* salvar (a alguien)
Rettich m *re·tish* rábano
R-Gespräch n *er·gue·shprej* llamada a cobro revertido
Rhythmus m *rüt·muss* ritmo
Richter(in) m/f *rish·ta/rish·te·rin* juez
richtig *rish·tish* correcto
riesig *rih·sish* enorme
Rindfleisch n *rint·flaish* ternera/buey
Ring m *ring* anillo
Risiko n *rih·si·ko* riesgo
Ritt m *rit* vuelta
Rock m *rok* falda
Rockgruppe f *rok·gru·pe* banda de rock

Rockmusik ⓕ *rok·mu·sihk* rock (música)
Roggenbrot ⓝ *ro·guen·broht* pan de centeno
roh *roh* crudo
Rollschuhfahren ⓝ *rol·shuh·fah·ren* patinaje sobre patines en línea
Rollstuhl ⓜ *rol·shtuhl* silla de ruedas
Rolltreppe ⓕ *rol·tre·pe* escalera mecánica
romantisch *ro·man·tish* romántico
rosa *roh·sa* rosa
Rosenkohl ⓜ *roh·sen·kohl* coles de Bruselas
Rosine ⓕ *ro·sih·ne* pasas
rot *roht* rojo
Rotwein ⓜ *roht·vain* vino tinto
Route ⓕ *ruh·te* ruta
Rücken ⓜ *rü·ken* espalda
Rückfahrkarte ⓕ *rük·fahr·kar·te* billete de ida y vuelta
Rucksack ⓜ *ruk·sak* mochila
Rückzahlung ⓕ *rük·tsah·lung* reembolso
Rudern ⓝ *ruh·dern* remo
Rugby ⓝ *rag·bi* rugby
ruhig *ruh·ish* tranquilo
Ruinen ⓕ pl *ru·ih·nen* ruinas
Rum ⓜ *rum* ron
rund *runt* redondo

S

Saft ⓜ *saft* zumo
sagen *sah·guen* decir
Sahne ⓕ *sah·ne* nata/crema de leche
Salami ⓕ *sa·lah·mi* salami
Salat ⓜ *sa·laht* ensalada
Salz ⓝ *salts* sal
Samstag ⓜ *sams·tahk* sábado
Sand ⓜ *sant* arena
Sandalen ⓕ pl *san·dah·len* sandalias
Sänger(in) ⓜ/ⓕ *sen·ga/sen·gue·rin* cantante
Sardine ⓕ *sar·dih·ne* sardina
Sattel ⓜ *sa·tel* sillín
sauber *sau·ba* limpio
Sauce ⓕ *soh·sse* salsa
Sauerstoff ⓜ *sau·a·shtof* oxígeno
Sauerteigbrot ⓝ *sau·a·taik·broht* pan de masa fermentada
Sauna ⓕ *sau·na* sauna
Schach ⓝ *shaj* ajedrez
Schaf ⓝ *shahf* oveja
Schaffner(in) ⓜ/ⓕ *shaf·na/shaf·ne·rin* cobrador/a
Schal ⓜ *shahl* bufanda
Schatten ⓜ *sha·ten* sombra
einen Schaufensterbummel machen *ai·nen shau·fens·ta·bu·mel ma·jen* ir a mirar escaparates
Schaumwein ⓜ *shaum·vain* vino espumoso
Schauspiel ⓝ *shau·shpihl* obra de teatro
Schauspieler(in) ⓜ/ⓕ *shau·shpih·la/shau·shpih·le·rin* actor, actriz
Scheck ⓜ *chek* cheque
einen Scheck einlösen *ai·nen chek ain·löh·sen* cobrar un cheque
Scheckkarte ⓕ *chek·kar·te* tarjeta bancaria
Scheinwerfer ⓜ pl *shain·ver·fa* luces cortas
Schere ⓕ *shehr·re* tijeras
schieben *shih·ben* empujar
Schiedsrichter(in) ⓜ/ⓕ *shihts·rish·ta/shihts·rish·te·rin* árbitro
schießen *shih·ssen* disparar (pistola)
Schiff ⓝ *shif* barco
Schild ⓝ *shilt* señal
Schinken ⓜ *shing·ken* jamón
schlafen *shlah·fen* dormir
schläfrig *shlèh·frish* soñoliento
Schlafsack ⓜ *shlahf·sak* saco de dormir
Schlaftabletten ⓕ pl *shlahf·ta·ble·ten* somnífero

Schlafwagen ⓜ *shlahf*·vah·guen coche cama
Schlafzimmer ⓝ *shlahf*·tsi·ma dormitorio
Schläger ⓜ *shleh*·ga raqueta
Schlamm ⓜ *shlam* barro
Schlange ⓕ *shlan*·gue cola • serpiente
Schlauch ⓜ *shlauj* cámara (neumático)
schlecht *shlejt* malo • caducado (comida)
schlechter *shlesh*·ta peor
schließen *shlih*·ssen cerrar
Schließfächer ⓝ pl *shliss*·fe·sha consignas
Schloss ⓝ *shloss* cerradura • palacio
Schlucht ⓕ *shlujt* cañón/garganta
Schlüssel ⓜ *shlü*·ssel llave
schmackhaft *shmak*·haft sabroso
Schmalz ⓝ *shmalts* manteca
Schmand ⓜ *shmant* crema agria
Schmerz ⓜ *shmerts* dolor
schmerzhaft *shmerts*·haft doloroso
Schmerzmittel ⓝ *shmerts*·mi·tel calmante
Schmetterling ⓜ *shme*·ta·ling mariposa
Schmiermittel ⓝ *shmih*·a·mi·tel lubricante
Schminke ⓕ *shming*·ke maquillaje
Schmuck ⓜ *shmuk* joyas
schmutzig *shmu*·tsish sucio
Schnecke ⓕ *shne*·ke caracol
Schnee ⓜ *shneh* nieve
schneiden *shnai*·den cortar
Schneider(in) ⓜ/ⓕ *shnai*·da/*shnai*·de·rin sastre
schnell *shnel* rápido
Schnorcheln ⓝ *shnör*·sheln snorkelling
Schnuller ⓜ *shnu*·la chupete
Schnur ⓕ *shnuh*·a cordón/cuerda
Schokolade ⓕ *sho*·ko·*lah*·de chocolate

schon *shohn* ya
schön *shöhn* hermoso
Schönheitssalon ⓜ *shöhn*·haits·sa·lohn salón de belleza
Schramme ⓕ *shra*·me morado
Schrank ⓜ *shrank* armario
Schraubenzieher ⓜ *shrau*·ben·tsih·a destornillador
schrecklich *shrek*·lish terrible
Schreibarbeit ⓕ *shraib*·ahr·bait papeleo
schreiben *shrai*·ben escribir
Schreibwarenhandlung ⓕ *shraib*·vah·ren·hand·lung dueño de una papelería
schreien *shrai*·en gritar
Schrein ⓜ *shrain* santuario
Schreiner(in) ⓜ/ⓕ *shrai*·na/*shrai*·ne·rin carpintero/a
Schriftsteller(in) ⓜ/ⓕ *shrift*·shte·la/*shrift*·shte·le·rin escritor/a
schüchtern *shüsh*·tern tímido
Schuhe ⓜ pl *shuh*·e zapatos
Schuld ⓕ *shult* culpa
schulden *shul*·den deber
schuldig *shul*·dish culpable
Schule ⓕ *shuh*·le escuela
Schulter ⓕ *shul*·ta hombro
Schüssel ⓕ *shü*·ssel cuenco
Schutzimpfung ⓕ *shuts*·im·pfung vacunación
schwach *shvaj* débil
schwanger *shvan*·ga embarazada
Schwangerschaftserbrechen ⓝ *shvan*·ga·shafts·eh·a·bre·shen náuseas
Schwangerschaftstest ⓜ *shvan*·ga·shafts·test prueba del embarazo
Schwanz ⓜ *shvants* cola
schwarz *shvarts* negro
schwarzer Pfeffer ⓜ *shvar*·tsa *pfe*·fa pimienta negra
schwarzweiß *shvarts*·*vaiss* en blanco y negro (carrete)

Schwein ⓝ *shvain* cerdo
Schweinefleisch ⓝ *shvai·ne·flaish* carne de cerdo
Schweiz ⓕ *shvaits* Suiza
schwer *shveh·a* difícil • arduo
Schwester ⓕ *shves·ta* hermana
Schwiegermutter ⓕ *shvih·ga·mu·ta* suegra
Schwiegersohn ⓜ *shvih·ga·sohn* yerno
Schwiegertochter ⓕ *shvih·ga·toj·ta* nuera
Schwiegervater ⓜ *shvih·ga·fah·ta* suegro
schwierig *shvih·rish* difícil
Schwimmbad ⓝ *shvim·baht* piscina
schwimmen *shvi·men* nadar
Schwimmweste ⓕ *shvim·ves·te* chaleco salvavidas
schwindelig *shvin·de·lish* mareado
schwul *shvuhl* gay
schwül *shvül* bochornoso
Secondhandgeschäft ⓝ *se·kond·hend·gue·sheft* tienda de artículos de segunda mano
See ⓜ *seh* lago
seekrank *seh·krank* mareado
Segeln ⓝ *seh·gueln* navegación/vela
segnen *seg·nen* bendecir
sehen *seh·en* ver • mirar
sehr *seh·a* muy
Seide ⓕ *sai·de* seda
Seife ⓕ *sai·fe* jabón
Seifenoper ⓕ *sai·fen·oh·pa* culebrón
Seil ⓝ *sail* cuerda
Seilbahn ⓕ *sail·bahn* teleférico
sein *sain* su (él)
sein *sain* ser/estar
seit (Mai) *sait (mai)* desde (mayo)
Seite ⓕ *sai·te* lado • página
Sekretär(in) ⓜ/ⓕ *se·kre·tèh·a/se·kre·tèh·rin* secretario/a
Sekunde ⓕ *se·kun·de* segundo
Selbstbedienung ⓕ *selbst·be·dih·nung* autoservicio
selbstständig *selbst·shten·dish* autónomo
selten *sel·ten* excepcional
senden *sen·den* enviar
Senf ⓜ *senf* mostaza
Serie ⓕ *seh·ri·e* serie
Serviette ⓕ *ser·vi·e·te* servilleta
Sessellift ⓜ *se·sse·lift* telesilla
Sex ⓜ *seks* sexo
Sexismus ⓜ *sek·sis·muss* sexismo
sexy *sek·si* sexy
Shampoo ⓝ *sham·puh* champú
Shorts pl *shorts* shorts • calzoncillos
Show ⓕ *shou* espectáculo
sicher *si·ja* seguro
Sicherheit ⓕ *si·ja·hait* seguridad
Sicherheitsgurt ⓜ *si·ja·haits·gurt* cinturón de seguridad
Sicherung ⓕ *si·ja·rung* fusible
sie *sih* ella • ellos
Sie (sg, pl, for) *sih* usted/ustedes
Sieger(in) ⓜ/ⓕ *sih·ga/sih·gue·rin* ganador
silbern *sil·bern* de plata
Silvester ⓜ *sil·ves·ta* Nochevieja
Singapur ⓝ *sin·ga·pu·a* Singapur
singen *sin·guen* cantar
Single ⓕ *singuel* soltero
sinnlich *sin·lish* sensual
Sitz ⓜ *sits* asiento (coche)
sitzen *si·tsen* sentarse
Skibrille ⓕ *shih·bri·le* gafas de esquí
skifahren *shih·fah·ren* esquiar
Skulptur ⓕ *skulp·tuh·a* escultura
Slipeinlage ⓕ *slip·ain·lah·gue* toallita protectora
Snack ⓜ *snak* tentempié
Snowboarden ⓝ *snou·bohr·den* snowboard
Socken ⓕ pl *so·ken* calcetines
sofort *so·fort* inmediatamente
Sohn ⓜ *sohn* hijo
Sojamilch ⓕ *so·zha·milsh* leche de soja

Sojasauce ⓕ *so·zha·soh·sse* salsa de soja
Sommer ⓜ *so·ma* verano
Sonne ⓕ *so·ne* sol
Sonnenaufgang ⓜ *so·nen·auf·gang* salida del sol
Sonnenbrand ⓜ *so·nen·brant* quemadura de sol
Sonnenbrille ⓕ *so·nen·bri·le* gafas de sol
Sonnencreme ⓕ *so·nen·krèhm* filtro solar
Sonnenuntergang ⓜ *so·nen·un·ta·gang* puesta de sol
sonnig *so·nish* soleado
Sonntag ⓜ *son·tahk* domingo
Soße ⓕ *soh·sse* salsa
Souvenir ⓜ *su·ve·nihr* recuerdo (souvenir)
Souvenirladen ⓜ *su·ve·nihr·lah·den* tienda de recuerdos
Sozialhilfe ⓕ *so·tsiahl·hil·fe* bienestar
sozialistisch *so·tsia·lis·tish* socialista
Sozialstaat ⓜ *so·tsiahl·shtaht* estado de bienestar
Spanien ⓝ *shpah·ni·en* España
sparen *shpah·ren* ahorrar
Spargel ⓜ *shpar·guel* espárrago
Spaß ⓜ *shpahs* diversión
Spaß haben *shpahs hah·ben* divertirse
spät *shpèht* tarde
Spaten ⓜ *shpah·ten* pala
Speisekarte ⓕ *shpai·se·kar·te* carta
Speisewagen ⓜ *shpai·se·vah·guen* vagón restaurante
Spezialist(in) ⓜ/ⓕ *shpe·tsia·list/shpe·tsia·lis·tin* especialista
speziell *shpe·tsiel* especial
Spiegel ⓜ *shpih·guel* espejo
Spiel ⓝ *shpihl* partido (deportes)
spielen *shpih·len* jugar (juego) • tocar (instrumento)
Spielzeug ⓝ *shpihl·tsoik* juguete
Spinat ⓜ *shpi·naht* espinacas

Spinne ⓕ *shpi·ne* araña
Spitze ⓕ *shpi·tse* encaje
Spitzhacke ⓕ *shpits·ha·ke* piqueta
Spitzname ⓜ *shpits·nah·me* apodo
Sport ⓜ *shport* deporte
Sportler(in) ⓜ/ⓕ *shport·la/shport·le·rin* deportista
Sprache ⓕ *shprah·je* idioma/lengua
Sprachführer ⓜ *shpraj·füh·ra* guía de conversación
sprechen *shpre·jen* hablar
springen *shprin·guen* saltar
Spritze ⓕ *shpri·tse* jeringuilla
Spülung ⓕ *shpü·lung* acondicionador
Staat ⓜ *shtaht* estado
Staatsangehörigkeit ⓕ *shtahts·an·gue·hö·rish·kait* nacionalidad
Staatsbürgerschaft ⓕ *shtahts·bür·ga·shaft* ciudadanía
Stadion ⓝ *shtah·di·on* estadio
Stadium ⓝ *shtah·di·um* fase
Stadt ⓕ *shtat* ciudad
Standby-Ticket ⓝ *stand·bai·ti·ket* billete stand-by
stark *shtark* fuerte
Start ⓜ *shtart* salida
statt *shtat* en lugar de
Statue ⓕ *shtah·tu·e* estatua
Steak ⓝ *steik* bisté (ternera)
Stechmücke ⓕ *shtesh·mü·ke* mosquito
Stecker ⓜ *shte·ka* enchufe
stehlen *shteh·len* robar
Stehplatz ⓜ *sheh·plats* localidades de pie
steil *shtail* abrupto
Stein ⓜ *shtain* piedra
stellen *shte·len* colocar vertical
sterben *shter·ben* morir
Stereoanlage ⓕ *shteh·re·o·an·lah·gue* estéreo
Sterne pl *shter·ne* estrellas
Sternzeichen ⓝ *shtern·tsai·jen* zodíaco

Steuer ⓕ *shtoi*·a impuesto
Stich ⓜ shtish picada (insecto)
Stickerei ⓕ *shti*·ke·*rai* bordado
Stiefel ⓜ *shtih*·fel bota
Stil ⓜ shtihl estilo
stilles Wasser ⓝ *shti*·les *va*·ssa aguas mansas
Stimme ⓕ *shti*·me voz
Stock ⓜ shtok piso
stoned *stound* colocado (drogado)
stoppen *shto*·pen detenerse
Stöpsel ⓜ *shtöp*·sel tapón
stornieren shtor·*nih*·ren cancelar
Strand ⓜ shtrant playa
Straße ⓕ *shtrah*·sse calle
Straßenbahn ⓕ *shtrah*·ssen·bahn tranvía
Straßenkarte ⓕ *shtrah*·ssen·kar·te mapa de carreteras
Straßenkinder ⓝ pl *shtrah*·ssen·kin·da niños de la calle
Straßenmusiker(in) ⓜ/ⓕ *shtrah*·ssen·muh·si·ka/ *shtrah*·ssen·muh·si·ke·rin músico callejero
Streichhölzer ⓝ pl *shtraish*·höl·tsa cerillas
streiken *shtrai*·ken (estar) en huelga
Streit ⓜ shtrait pelea
streiten *shtrai*·ten discutir
Strom ⓜ shtrohm corriente
Stromschnellen ⓕ pl *shtrohm*·shne·len rápidos
Strümpfe ⓝ pl *shtrüm*·fe medias
Strumpfhose ⓕ *shtrumpf*·hoh·se panti (medias)
Stück ⓝ shtük trozo
Student(in) ⓜ/ⓕ shtu·*dent*/ shtu·*den*·tin estudiante
Studentenausweis ⓜ shtu·*den*·ten·auss·vaiss carné de estudiante
studieren shtu·*dih*·ren estudiar
Studio ⓝ *shtuh*·di·o estudio
Stufe ⓕ *shtuh*·fe peldaño
Stuhl ⓜ shtuhl silla
stumm shtum mudo
stur *shtuh*·a testarudo
Sturm ⓜ shturm tormenta
suchen nach *suh*·jen naj buscar
Süchtige ⓜ/ⓕ *süsh*·ti·gue adicto
Süden ⓜ *sü*·den sur
Supermarkt ⓜ *suh*·pa·markt supermercado
Suppe ⓕ *su*·pe sopa
Surfbrett ⓝ *serf*·bret tabla de surf
surfen *ser*·fen hacer surf
süß süss caramelo
Süßigkeiten ⓕ pl *süh*·ssish·kai·ten dulces
Synagoge ⓕ sü·na·*goh*·gue sinagoga
synthetisch sün·*teh*·tish sintético

T

Tabak ⓜ *tah*·bak tabaco
Tabakladen ⓜ *tah*·bak·lah·den estanco
Tag ⓜ tahk día
Tagebuch ⓝ *tah*·gue·buj diario
täglich *tèhk*·lish diario
Tal ⓝ tahl valle
Tampons ⓜ pl *tam*·pons tampones
Tankstelle ⓕ *tank*·shte·le estación de servicio
Tante ⓕ *tan*·te tía
tanzen *tan*·tsen bailar
Tasche ⓕ *ta*·she bolsa • bolsillo
Taschenbuch ⓝ *ta*·shen·buj libro en rústica
Taschenlampe ⓕ *ta*·shen·lam·pe linterna
Taschenmesser ⓝ *ta*·shen·me·ssa navaja
Taschenrechner ⓜ *ta*·shen·rej·na calculadora
Tasse ⓕ *ta*·sse taza
Tastatur ⓕ tas·ta·*tuh*·a teclado
taub taup sordo
Tauchen ⓝ *tau*·shen submarinismo
Taufe ⓕ *tau*·fe bautismo
tausend *tau*·sent mil

Taxi ⁿ *tak*·si taxi
Taxistand ᵐ *tak*·si·shtant parada de taxis
Technik ᶠ *tej*·nik técnica
Tee ᵐ *teh* té
Teelöffel ᵐ *teh*·lö·fel cucharilla
Teil ⁿ *tail* parte
teilen *tai*·len compartir
Teilzeit ᶠ *tail*·tsait a tiempo parcial
Telefon ⁿ *te*·le·*fohn* teléfono
Telefonauskunft ᶠ *te*·le·*fohn*·auss·kunft información telefónica
Telefonbuch ⁿ *le*·le·*fohn*·buj guía telefónica
telefonieren *te*·le·fo·*nih*·ren telefonear
Telefonkarte ᶠ *te*·le·*fohn*·kar·te tarjeta telefónica
Telefonzelle ᶠ *te*·le·*fohn*·tse·le cabina telefónica
Telefonzentrale ᶠ *te*·le·*fohn*·tsen·trah·le central telefónica
Telegramm ⁿ *te*·le·*gram* telegrama
Teleskop ⁿ *te*·les·*kohp* telescopio
Teller ᵐ *te*·la plato
Tempel ᵐ *tem*·pel templo
Temperatur ᶠ *tem*·pe·ra·*tuh*·a temperatura
Tennis ⁿ *te*·niss tenis
Tennisplatz ᵐ *te*·nis·*plats* pista de tenis
Teppich ⁿ *te*·pish alfombra
Termin ᵐ *ter*·mihn cita
Terminkalender ᵐ *ter*·mihn·ka·len·da agenda
Terrasse ᶠ *te*·ra·sse patio
Test ᵐ *test* prueba
teuer *toi*·a caro
Theater ⁿ *te*·ah·ta teatro
Theaterkasse ᶠ *te*·ah·ta·ka·sse taquilla (teatro)
Theke ᶠ *teh*·ke barra (bar)
Thermosflasche ᶠ *ter*·mos·fla·she termo

Thunfisch ᵐ *tuhn*·fish atún
tief *tihf* profundo
Tier ⁿ *tih*·a animal
Tisch ᵐ *tish* mesa
Tischdecke ᶠ *tish*·de·ke mantel
Tischtennis ⁿ *tish*·te·niss ping pong
Toast ᵐ *toust* tostada
Toaster ᵐ *tous*·ta tostadora
Tochter ᶠ *toj*·ta hija
Tofu ᵐ *toh*·fu tofu
Toilette ᶠ *tu*·a·*le*·te baño/servicio
Toilettenpapier ⁿ *tu*·a·*le*·ten·pa·*pih*·a papel higiénico
toll *tol* estupendo
Tomate ᶠ *to*·*mah*·te tomate
Tomatensauce ᶠ *to*·*mah*·ten·soh·sse salsa de tomate
Topf ᵐ *topf* vasija
Töpferwaren ᶠ pl *töp*·fa·vah·ren cerámica
Tor ⁿ *toh*·a puerta • portería
Torhüterin ᶠ *toh*·a·hü·te·rin portera
Torwart ᵐ *toh*·a·vart portero
ein Tor schießen *ain toh*·a *shih*·ssen marcar un gol
tot *toht* muerto
töten *töh*·ten matar
Tour ᶠ *tuhr* recorrido
Tourist(in) ᵐ/ᶠ *tu*·*rist*/*tu*·*ris*·tin turista
Touristenklasse ᶠ *tu*·*ris*·ten·kla·sse clase turista
tragen *trah*·guen llevar • llevar puesto
Training ⁿ *trei*·ning sesión de ejercicio
trampen *tram*·pen hacer autostop
Transitraum ᵐ *tran*·*siht*·raum sala de tránsito
Transport ᵐ *trans*·*port* transporte
trauen *trau*·en confiar en
träumen *troi*·men soñar
traurig *trai*·rish triste
treffen *tre*·fen conocer
Treppe ᶠ *tre*·pe escalera(s)

U

trinken *tring*·ken beber
Trinkgeld ⓝ *tringk*·guelt propina
trocken *tro*·ken seco
Trockenobst ⓝ *tro*·ken·ohbst fruta seca
trocknen *trok*·nen secar (ropa)
Truthahn ⓜ *truht*·hahn pavo
T-Shirt ⓝ *tih*·shirt camiseta
tun *tuhn* hacer
Tür ⓕ *tüh*·a puerta
Turm ⓜ *turm* torre
Tüte ⓕ *tü*·te cartón (leche)
Typ ⓜ *tüp* tipo
typisch *tü*·pish típico

U

U-Bahn ⓕ *uh*·bahn metro
U-Bahnhof ⓜ *uh*·bahn·hohf estación de metro
Übelkeit ⓕ *üh*·bel·kait náusea
über *üh*·ba acerca de • encima de
Überbrückungskabel ⓝ *üh*·ba·*brü*·kunks·kah·bel cables de arranque
Überdosis ⓕ *üh*·ba·doh·sis sobredosis
überfüllt *üh*·ba·fült abarrotado
Übergepäck ⓝ *üh*·ba·gue·pek exceso de equipaje
übermorgen *üh*·ba·mor·guen pasado mañana
übernachten *üh*·ba·*naj*·ten alojarse (en un hotel)
Überraschung ⓕ *üh*·ba·*ra*·shung sorpresa
Überschwemmung ⓕ *üh*·ba·*shve*·mung inundación
übersetzen *üh*·ba·*se*·tsen traducir
Uhr ⓕ *uh*·a reloj
Ultraschall ⓜ *ul*·tra·shal ultrasonido
umarmen *um*·*ar*·men abrazar
Umfrage ⓕ *um*·frah·gue urnas (elecciones)
Umkleideraum ⓜ *um*·klai·de·raum vestuario

Umsatzsteuer ⓕ *um*·sats·shtoi·a impuesto sobre las ventas
umsteigen *um*·shtai·guen hacer transbordo (trenes)
Umtausch ⓜ *um*·taush cambio de moneda
Umwelt ⓕ *um*·velt medio ambiente
Umweltverschmutzung ⓕ *um*·velt·fea·shmu·tsung contaminación
unbequem *un*·be·kvehm incómodo
und *unt* y
unfair *un*·feh·a injusto
Unfall ⓜ *un*·fal accidente
ungefähr *un*·gue·*feh*·a aproximadamente
ungewöhnlich *un*·gue·vöhn·lish inusual
Ungleichheit ⓕ *un*·glaij·hait desigualdad
Uniform ⓕ *u*·ni·*form* uniforme
Universität ⓕ *u*·ni·ver·si·*teht* universidad
Universum ⓝ *u*·ni·*ver*·sum universo
unmöglich *un*·*mö*·glish imposible
unschuldig *un*·shul·dish inocente
unser *un*·sa nuestro
unten *un*·ten abajo • en el fondo
unter *un*·ta entre • debajo de • bajo
Unterhemd ⓝ *un*·ta·hemt camiseta
Unterkunft ⓕ *un*·ta·kunft alojamiento
Unterschrift ⓕ *un*·ta·shrift firma
Untertitel ⓜ pl *un*·ta·tih·tel subtítulos
Unterwäsche ⓕ *un*·ta·ve·she ropa interior
Urlaub ⓜ *uh*·a·laub vacaciones

V

Vagina ⓕ vad·*zhih*·na vagina
Vater ⓜ *fah*·ta padre
Vegetarier(in) ⓜ/ⓕ ve·gue·*tah*·ri·a/ve·gue·*tah*·ri·e·rin vegetariano/a
Vene ⓕ *veh*·ne vena
Ventilator ⓜ ven·ti·*lah*·tor ventilador

Verabredung ⓕ fea·ab·reh·dung cita
Veranstaltungskalender ⓜ fea·an·shtal·tunks·ka·len·da guía del ocio
Veranstaltungsort ⓜ fea·an·shtal·tunks·ort sede
Verband ⓜ fea·bant vendaje
Verbandskasten ⓜ fea·bants·kas·ten botiquín de primeros auxilios
Verbindung ⓕ fea·bin·dung conexión
verbrennen fea·bre·nen quemar
verdienen fea·dih·nen ganar dinero
Vergangenheit ⓕ fea·gan·guen·hait pasado
vergessen fea·gue·ssen olvidar
vergewaltigen fea·gue·val·ti·guen violar
Verhaftung ⓕ fea·haf·tung detención
verhindern fea·hin·dern impedir
Verhütungsmittel ⓝ fea·hüh·tunks·mi·tel anticonceptivo
verkaufen fea·kau·fen vender
Verkehr ⓜ fea·keh·a tráfico
Verlängerung ⓕ fea·len·gue·rung prolongación (visado)
verlegen fea·leh·guen avergonzado
verletzen fea·le·tsen herido
Verletzung ⓕ fea·le·tsung lesión
verlieren fea·lih·ren perder
Verlobte ⓜ y ⓕ fea·lop·te prometido/a
Verlobung ⓕ fea·loh·bung compromiso (matrimonio)
verloren fea·loh·ren perdido
Vermieter(in) ⓜ/ⓕ fea·mih·ta/fea·mih·te·rin casero/a
vermissen fea·mi·ssen echar de menos
Vermittlung ⓕ fea·mit·lung operadora
vernünftig fea·nünf·tish sensible
verpassen fea·pa·ssen perder (el autobús)
Verpflegung ⓕ fea·pfleh·gung provisiones
verrückt fea·rükt loco
Versicherung ⓕ fea·si·je·rung seguro
Verspätung ⓕ fea·shpèh·tung retraso
versprechen fea·shpre·jen prometer
verstehen fea·shteh·en comprender
Verstopfung ⓕ fea·shtop·fung estreñimiento
versuchen fea·suh·jen intentar
Vertrag ⓜ fea·trahk contrato
Verwaltung ⓕ fea·val·tung administración
Verwandte ⓜ y ⓕ fea·van·te familiar
verzeihen fea·tsai·en perdonar
Videokassette ⓕ vih·de·o·ka·sse·te cinta de vídeo
viel fihl mucho • muchos
viele *fih*·le muchos
vielleicht fi·*laisht* quizá
Viertel ⓝ *fih*·a·tel barrio
Virus ⓜ *vih*·rus virus (salud y ordenador)
Visum ⓝ *vih*·sum visado
Vitamine ⓕ pl vi·ta·*mih*·ne vitaminas
Vogel ⓜ *foh*·guel pájaro
Volksentscheid ⓜ *folks*·ent·shait referéndum
voll fol lleno
Vollkornbrot ⓝ *fol*·korn·broht pan integral
Vollkornreis ⓜ *fol*·korn·raiss arroz integral
Vollzeit ⓕ *fol*·tsait a tiempo completo
Volumen ⓝ vo·*luh*·men volumen
von fon desde • de
vor *foh*·a delante de
vor kurzem *foh*·a *kur*·tsem últimamente
vor uns *foh*·a uns adelante/por delante de
vorbereiten *foh*·a·be·rai·ten preparar

W

vorgestern *foh·a·gues·tern* anteayer
Vorhängeschloss ⓝ *foh·a·hen·gue·shloss* candado
Vormittag ⓜ *foh·a·mi·tahk* mañana
Vorname ⓜ *foh·a·nah·me* nombre de pila
Vorort ⓜ *foh·a·ort* barrio periférico
Vorrat ⓜ *foh·a·raht* existencias
vorsichtig *foh·a·sish·tish* cuidadoso
Vorwahl ⓕ *foh·a·vahl* prefijo
vorziehen *foh·a·tsih·en* preferir

W

wachsen *vak·sen* crecer
sich waschen *sish va·shen* lavarse
Waffe ⓕ *va·fe* arma
Wagen ⓜ *vah·guen* vagón
wählen *vèh·len* elegir • votar
Wahlen ⓕ pl *vah·len* elecciones
Wählton ⓜ *vèhl·ton* tono de marcado
wahr *vahr* cierto
während *vèh·rent* durante
Währung ⓕ *vèh·rung* moneda
Wald ⓜ *valt* bosque
wandern *van·dern* ir de caminata/excursión
Wanderstiefel ⓜ pl *van·da·shtih·fel* botas de trekking
Wanderweg ⓜ *van·da·vehk* ruta para hacer excursiones
wann *van* cuando
Warenhaus ⓝ *vah·ren·hauss* grandes almacenes
warm *varm* cálido/templado
warnen *var·nen* advertir
warten *var·ten* esperar
Wartesaal ⓜ *var·te·sahl* sala de espera (estación de trenes)
Wartezimmer ⓝ *var·te·tsi·ma* sala de espera (médico)
warum *va·rum* por qué
was *vass* qué
Wäscheleine ⓕ *ve·she·lai·ne* cuerda de tender
waschen *va·shen* lavar
Wäscherei ⓕ *ve·she·rai* lavandería
Waschküche ⓕ *vash·kü·she* lavadero
Waschlappen ⓜ *vash·la·pen* manopla
Waschmaschine ⓕ *vash·ma·shih·ne* lavadora
Waschpulver ⓝ *vash·pul·va* detergente
Wasser ⓝ *va·ssa* agua
wasserdicht *va·ssa·disht* impermeable
Wasserfall ⓜ *va·ssa·fal* cascada
Wasserflasche ⓕ *va·ssa·fla·she* cantimplora
Wasserhahn ⓜ *va·ssa·hahn* grifo
Wassermelone ⓕ *va·ssa·me·loh·ne* sandía
Wasserskifahren ⓝ *va·ssa·shih·fah·ren* esquí acuático
Watte-Pads pl *va·te·peds* balas de algodón
Wechselgeld ⓝ *vej·ssel·guelt* cambio (monedas)
Wechselkurs ⓜ *vej·ssel·kurs* tipo de cambio
wechseln *vej·sseln* cambiar (divisas)
Wecker ⓜ *ve·ka* despertador
Weg ⓜ *vehk* camino
wegen *veh·guen* debido a
Wegweiser ⓜ *vehk·vai·sa* poste indicador
sich weh tun *sish veh tuhn* hacerse daño
Wehrdienst ⓜ *veh·a·dihnst* servicio militar
Weihnachten ⓝ *vai·naj·ten* Navidad
Weihnachtsbaum ⓜ *vai·najts·baum* árbol de Navidad
Weihnachtsfeiertag ⓜ *vai·najts·fai·a·tahk* día de Navidad
weil *vail* porque
Wein ⓜ *vain* vino
Weinberg ⓜ *vain·berk* viñedo
Weinbrand ⓜ *vain·brant* brandy
Weintrauben ⓕ pl *vain·trau·ben* uva

weiß vaiss blanco
Weißbrot ⓃⓃ *vaiss*-broht pan blanco
weißer Pfeffer ⓂⓂ *vai*-ssa *pfe*-fa pimienta blanca
weißer Reis ⓂⓂ *vai*-ssa *raiss* arroz blanco
Weißwein ⓂⓂ *vaiss*-vain vino blanco
weit vait lejos
Welle ⒻⒻ *ve*-le ola
Welt ⒻⒻ velt mundo
wenig *veh*-nish (un) poco
wenige *veh*-ni-gue pocos
weniger *veh*-ni-ga menos
wenn ven cuando • si
wer *veh*-a quién/quien
Werkstatt ⒻⒻ *verk*-shtat taller
Werkzeug ⓃⓃ *verk*-tsoik herramientas
Wert ⓂⓂ vert valor (precio)
wertvoll *vert*-fol valioso
Wespe ⒻⒻ *ves*-pe avispa
Westen ⓂⓂ *ves*-ten oeste
Wette ⒻⒻ *ve*-te apuesta
Wetter ⓃⓃ *ve*-ta tiempo (meteorológico)
Whisky ⓂⓂ *vis*-ki whisky
wichtig *vish*-tish importante
wie vih cómo
wie viel vih fihl cuánto
wieder *vih*-da otra vez
wiederverwertbar *vih*-da-fea-vert-bahr reciclable
wiegen *vih*-guen pesar
wild vilt salvaje/silvestre
willkommen vil-*ko*-men dar la bienvenida
Wind ⓂⓂ vint viento
Windel ⒻⒻ *vin*-del pañal
Windeldermatitis ⒻⒻ *vin*-del-deh-a-ma-*tih*-tis irritación (por pañales)
windig *vin*-dish ventoso
Windschutzscheibe ⒻⒻ *vint*-shuts-shai-be parabrisas
Windsurfen ⓃⓃ *vint*-ser-fen windsurf
Winter ⓂⓂ *vin*-ta invierno

winzig *vin*-tsish diminuto
wir *vih*-a nosotros
wissen *vi*-ssen saber
Wissenschaft ⒻⒻ *vi*-ssen-shaft ciencia
Wissenschaftler(in) ⓂⓂ/ⒻⒻ *vi*-ssen-shaft-la/*vi*-ssen-shaft-le-rin científico/a
Witz ⓂⓂ vits broma
wo voh dónde/donde
Wochenende ⓃⓃ *vo*-jen-en-de fin de semana
Wodka ⓂⓂ *vot*-ka vodka
Wohlfahrt ⒻⒻ *vohl*-fahrt bienestar social
wohnen *voh*-nen residir
Wohnung ⒻⒻ *voh*-nung apartamento
Wohnwagen ⓂⓂ *vohn*-vah-guen caravana
Wolke ⒻⒻ *vol*-ke nube
wolkig *vol*-kish nublado
Wolle ⒻⒻ *vo*-le lana
wollen *vo*-len querer
Wort ⓃⓃ vort palabra
Wörterbuch ⓃⓃ *vör*-ta-buj diccionario
wunderbar *vun*-da-bahr maravilloso
wünschen *vün*-shen desear
Würfel ⓂⓂ *vür*-fel dado
Würmer ⓂⓂ pl *vür*-ma lombrices
Wurst ⒻⒻ vurst salchicha
würzig *vür*-tsish picante
Wüste ⒻⒻ *vüs*-te desierto
wütend *vü*-tent enfadado

Z

Zahl ⒻⒻ tsahl número
zählen *tseh*-len contar
Zahlung ⒻⒻ *tsah*-lung pago
Zahn ⓂⓂ tsahn diente/muela
Zahnarz ⓂⓂ *tsahn*-artst dentista
Zahnärztin ⒻⒻ *tsahn*-erts-tin dentista
Zahnbürste ⒻⒻ *tsahn*-bürs-te cepillo de dientes
Zähne ⓂⓂ pl *tseh*-ne dentadura
Zahnfleisch ⓃⓃ *tsahn*-flaish encía

Zahnpasta ⓕ *tsahn·pas·ta* dentífrico
Zahnschmerzen pl *tsahn·shmer·tsen* dolor de muelas
Zahnseide ⓕ *tsahn·sai·de* hilo dental
Zahnstocher ⓜ *tsahn·shto·ja* palillo
Zauberer(in) ⓜ/ⓕ *tsau·be·ra/tsau·be·re·rin* mago/a
Zaun ⓜ *tsaun* valla
Zehe ⓕ *tseh·e* dedo gordo del pie • diente (de ajo)
zehn *tsehn* diez
zeigen *tsai·guen* mostrar • señalar
Zeit ⓕ *tsait* hora
Zeitschrift ⓕ *tsait·shrift* revista
Zeitung ⓕ *tsai·tung* periódico
Zeitungshändler ⓜ *tsai·tunks·hen·dla* agencia de noticias
Zeitungskiosk ⓜ *tsai·tunks·kih·osk* quiosco
Zeitunterschied ⓜ *tsait·un·ta·shiht* diferencia horaria
Zelt ⓝ *tselt* tienda (de campaña)
zelten *tsel·ten* campamento
Zeltplatz ⓜ *tselt·plats* camping
Zentimeter ⓜ *tsen·ti·meh·ta* centímetro
Zentralheizung ⓕ *tsen·trahl·hai·tsung* calefacción central
Zentrum ⓝ *tsen·trum* centro
zerbrechen *tsea·bre·shen* romper
zerbrechlich *tsea·brej·lish* frágil
Zertifikat ⓝ *tsea·ti·fi·kaht* certificado
Ziege ⓕ *tsih·gue* cabra
ziehen *tsih·en* tirar de
Ziel ⓝ *tsihl* objetivo • llegada (deporte)
Zigarette ⓕ *tsi·ga·re·te* cigarrillo
Zigarre ⓕ *tsi·ga·re* cigarro
Zimmer ⓝ *tsi·ma* habitación
Zimmernummer ⓕ *tsi·ma·nu·ma* número de habitación
Zirkus ⓜ *tsir·kus* circo
Zitrone ⓕ *tsi·troh·ne* limón
Zoll ⓜ *tsol* aduana
Zoo ⓜ *tsoh* zoo
zu *tsuh* también • en
zu Hause *tsuh hau·sse* (en) casa
Zucchini ⓕ *tsu·kih·ni* calabacín
Zucker ⓜ *tsu·ka* azúcar
Zuckererbse ⓕ *tsu·ka·erp·se* tirabeque
Zufall ⓜ *tsuh·fal* oportunidad
Zug ⓜ *tsuhk* tren
zugeben *tsuh·gueh·ben* admitir (aceptar como verdadero)
Zukunft ⓕ *tsuh·kunft* futuro
Zulassung ⓕ *tsuh·la·ssung* matrícula de coche
zum Beispiel *tsum bai·shpihl* por ejemplo
Zündung ⓕ *tsün·dung* combustión
zurück *tsu·rük* atrás
zurückkommen *tsu·rük·ko·men* regresar/volver
zusammen *tsu·sa·men* juntos
Zusammenstoß ⓜ *tsu·sa·men·stohss* choque
zustimmen *tsuh·shti·men* estar de acuerdo
Zutat ⓕ *tsuh·taht* ingrediente
zweimal *tsvai·mahl* dos veces
zweite *tsvai·te* segundo
Zwerchfell ⓝ *tsversh·fel* diafragma
Zwiebel ⓕ *tsvih·bel* cebolla
Zwillinge ⓜ pl *tsvi·lin·gue* gemelos
zwischen *tsvi·shen* entre

Índice

Register

Algunos temas se tratan en varios apartados de la guía. En ese caso, el número de la página más relevante figura en negrita.

A

abogados	151
abreviaturas	3
accesos (turismo)	94
accidentes	49, **148**
acento (pronunciación)	12
acercamientos	130
actividades	114, **136**, 142
adjetivos (gramática)	14
aduanas	51
adverbios (gramática)	14
aficiones	114
agua (potable)	65, 143, 144, 172
aire libre	142
alemán austríaco	103
alergias	**157**, 185
alfabeto (alemán)	13
alojamiento	56, 59
alquilar (alojamiento)	66
alquilar (automóvil y motocicleta)	47
alquilar (bicicleta)	50
alquilar (equipamiento deportivo)	140
ambulancias	149
amor	133
anticoncepción	157
aparcamiento (automóvil)	48
aparcamiento (bicicletas)	50
arte	94
artículos (gramática)	15
asaltos	150
ascensores	**61**, 98
autobuses	38, **43**
aviones	38

B

bailar	115, 126
bancos	86
barcos	38, **46**
bares	125, 163, **176**
bebés	99
bebidas	8, 168, **172**
bebidas alcohólicas	172
bebidas no alcohólicas	172
besar	132
bicicletas	**50**, 140
bolsas (compras)	70, 72

C

café	172
cafés	125
cajeros automáticos	87
calendario	33
calle (ilustración)	55
cámaras	**75**, 78, 85
cambiar dinero	86
caminar	142
camping	56, **64**
cantidades	**31**, 181
carreras	109
caso (gramática)	16
CD	74
cerveza	8, 172, **174**
chalecos salvavidas (barco)	46
cheques de viaje	88
ciclismo	50
cine	**117**, 125
circuitos	95
citas (salir con alguien)	129
citas	91, **127**
clases de cocina	95
clases de idiomas	95
coches	47
comida (comer fuera)	**162**, 167, 187
comida (compra de alimentos)	179
comida (comprar)	179

comida (menú gastronómico)	187
comida (preparación)	168, **179**, 182, 184
comida autóctona	164, 166, 180, **187**
comida halal	184
comida kosher	184
comida orgánica	180, **186**
comida tradicional	164, 166, 180, **187**
comida vegetariana	184
comidas	**162**, 177, 184, 187
compra de alimentos	179
comprar (comida)	179
comprar (general)	69, 71
comunicaciones	79
conciertos	**115**, 125, 126
condimentos	169
conducción	47
conferencias (negocios)	90
conocer gente	102
consonantes (sonidos)	11
consulados	151
conversación	105
correo electrónico	**84**, 112
correo	79
cosas defectuosas	72
costes (alojamiento)	58, 59, 67
costes (bancos)	88
costes (comida)	164, 167, 168, **170**, 180
costes (deporte)	140
costes (general)	86
costes (teléfono e internet)	81, 84
costes (transporte)	47, 50
costes (turismo)	94
costumbres	135
creencias	134
cruce de fronteras	51
cuenta (restaurante)	8, 167, **170**
cuenta	86
cumpleaños	111, 113
cursos (cocina/idiomas)	95

D

dar el pecho	100
datos de contacto	80, 91, **112**
declarar objetos (aduana)	52
deletrear (alemán)	13
demostrativos (gramática)	18
dentistas	152
deportes	136
desayuno	57, 59, 60, **162**
descuentos	**94**, 99

descuentos familiares	94
despedidas	103, **111**
devoluciones	72, 87
días de la semana	33
diccionario (alemán-español)	233
diccionario (español-alemán)	197
dietas especiales	184
diferencias culturales	135
dificultades del idioma	28
dinero	86
direcciones	47, **53**, 112
dirigirse a las personas	104
discotecas	**124**, 125
doctores	149, **152**
drogas (ilegal)	**128**, 151

E

edad	108
seducción	129
elogios (comida)	170
embajadas	151
enfermedades	152, **154**
entonación (pronunciación)	12
entradas	**40**, 41, 43
equipaje	43
escribir	13
estar (verbo)	16
estaciones	34
estancias en casas particulares	68
estilo formal	20
estilo informal	20
estrechar manos	91
estudios	109
exposiciones	94
expresiones locales	8, 9, 122

F

familia	99, **110**
farmacia	152, 153, **159**
fauna	146
fechas (calendario)	33
fiestas (ocio)	126
flora	146
fotografía	75
fracciones	31
frases hechas	122
fumar	128, 155, 165
fútbol	140, 141
futuro (gramática)	25
futuro (tiempo)	35

G

galerías	94
garantías (compra)	72
gasolina	48, **49**
género (gramática)	18
glosario gastronómico	187
gramática	14
guías (excursión)	143
guías (turismo)	92

H

haber	19
habitación de hotel (ilustración)	58
habitaciones (hotel)	57, 59
historia (lengua)	7
historia del idioma	7
hospitales	152
hoteles	56, 59

I

inmigración	51
intereses	114
internet	84
invitaciones	91, 124, **125**

L

lavandería (hotel)	60, 61
leer (libros)	73
leer alemán	13
lenguaje corporal	91
lenguaje informal	20, 108
lesiones	139, **148**, 152
libros	73
literatura	73
llegada al hotel	57
locales (alojarse con)	68

M

malentendidos (alemán)	81, 113
mapas	53, 92, **142**
marcharse	103, **111**
matrimonio	111
mecánico (automóvil)	49
mediaciones	154, 155, 156, **159**
medio ambiente	123
mensajes	61, 83
menús	99, 165, **166**, 167
mesa de restaurante (ilustración)	**169**
meses	33

metro	45
motocicleta	47
mujeres viajeras	156
museos	94
música	74, **115**

N

nacionalidades	107
natación	139, 144
negaciones (gramática)	20
negativas (a citas)	130
negocios	90
niños	40, 94, **99**, 111, 165
nombres	104
números cardinales	30
números ordinales	31
números	30

O

objetos de valor	64, 150, 151
ocio	124
ocupaciones	109
oficina de cambio	87
oficina de correos	79
opiniones	120
ópticos	152
orden de palabras (gramática)	25
ordenadores	77, **84**

P

pagar	70, **86**, 91, 170
países (de habla alemana)	6
países (nacionalidades)	107
partes del coche (ilustración)	48
partes del cuerpo (ilustración)	159
partidos (política)	121
pasado (gramática)	24
pasado (tiempo)	35
pasaporte	**51**, 64, 78, 151
pasatiempos	114
película (cámara)	76
película (cine)	**117**, 125
películas	**117**, 125
pensión (alojamiento)	56
pérdidas (camino)	144, **149**
pérdidas (de objetos)	43, **151**, 160
perros lazarillo	97, 98
personas mayores	94, **97**
plantas	146
playa	144

plurales (gramática)	21
policía	149, **150**
política	121
posesivos (gramática)	22
precios	véase costes
prefijos (teléfono)	82
preguntas (gramática)	23
preposiciones (gramática)	23
prescripciones (médicas)	154, 159
presentaciones (de personas)	102
presente (gramática)	24
presente (tiempo)	34
profesiones	109
pronombres personales (gramática)	20
pronunciación (alemán)	10
protocolo	91, 178
puntuación (deporte)	138, 139

Q

quedar con gente	124, **127**

R

recibos	62, **72**, 87
reciclaje	123
recuerdos	69, **77**
regatear	73
religión	134
reparaciones (automóvil y motocicleta)	49
reparaciones (bicicleta)	50
reparaciones (general)	78
reservar (alojamiento)	57, 59
reservar (entradas)	40, 41
reservar (restaurante)	164
reservar (taxi)	**46**, 63, 178
respuestas (invitaciones)	126
restaurantes	124, 162, **164**, 184, 187
reuniones (negocios)	90
robos	148, 150
ropa	74

S

salchicha (Wurst)	171
salida del hotel	63
salir	124
salud	152
saludos	103
seguros	48
senderismo	142

sentarse	39, 42, 100, 117, 164, 16
sentimientos	1
señales	49, 96, 145, 149, 16
ser (verbo)	
servicios	62, 96, 97, **14**
sexo	13
sillas de ruedas	**97**, 9
sonidos (alemán)	
sonidos vocálicos	
subtítulos (cine)	8, 1

T

tallas (ropa)	
taquillas (equipaje)	
tarifas de cambio	8
tarjetas de crédito	8, 70, 86, 8
tarjetas de débito	70, 8
taxis	**46**, 63, 17
té	17
teatro	**117**, 12
teléfono	**80**, 83, 14
teléfonos móviles	8
temas sociales	12
tener	
tenis	136, 14
tentempiés	16
tiempo	3
tiempo (atmosférico)	14
tienda	6
títulos (dirigirse a las personas)	10
trabajo	90, **10**
trabalenguas	18
transporte	3
trenes	38, **4**
turismo	9

U

urgencias	14
utensilios de cocina	18

V

vacaciones	51, **10**
vacunas	15
verbos (gramática)	2
viajar seguro	14
viajeras lesbianas	12
viajeros ciegos	9
viajeros con discapacidades	9
viajeros homosexuales	12
viajeros mayores	94, **9**

viajeros sordos 97	voluntariado 118
vídeos..75	
vino **176**, 177	## w
violación 150	
visados 52	Wurst (salchicha) 171

10 formas de empezar

¿Cuándo es (el próximo vuelo)?	Wann ist (der nächste Flug)?	van ist (deh·a nèhjs·te fluhk)
¿Dónde está (la estación)?	Wo ist (der Bahnhof)?	voh ist (deh·a bahn·hohf)
¿Dónde puedo (comprar una entrada)?	Wo kann ich (eine Fahrkarte kaufen)?	voh kan ish (ai·ne fahr·kar·te kau·fen)
¿Tienen (un mapa)?	Haben Sie (eine Karte)?	hah·ben sih (ai·ne kar·te)
¿Hay (un lavabo)?	Gibt es (eine Toilette)?	guibt es (ai·ne tua·le·te)
Querría (un café).	Ich möchte (einen Kaffee).	ish mösh·te (ai·nen ka·fe)
Querría (alquilar un coche).	Ich möchte (ein Auto mieten).	ish mösh·te (ain au·to mih·ten)
¿Puedo (entrar)?	Darf ich (hereinkommen)?	darf ish (her·ain·ko·men)
¿Puede (ayudarme), por favor?	Könnten Sie (mir helfen)?	kön·ten sih (mih·a hel·fen)
¿Tengo que (reservar un asiento)?	Muss ich (einen Platz reservieren lassen)?	muss ish (ai·nen plats re·sa·vih·ren la·ssen)